绿色发展与经济学分析研究

袁　婷　于诗濛　聂平莉◎著

中国商业出版社

图书在版编目（CIP）数据

绿色发展与经济学分析研究 ／ 袁婷，于诗濛，聂平莉著． -- 北京 ： 中国商业出版社，2024．7． -- ISBN 978-7-5208-3031-7

Ⅰ．F124.5

中国国家版本馆CIP数据核字第20248SJ137号

责任编辑：郝永霞

策划编辑：佟　彤

中国商业出版社出版发行

（www．zgsycb．com　100053　北京广安门内报国寺 1 号）

总编室：010-63180647　编辑室：010-83118925

发行部：010-83120835/8286

新华书店经销

北京四海锦诚印刷技术有限公司印刷

*

710 毫米×1000 毫米　16 开　13.75 印张　214 千字

2024 年 7 月第 1 版　2024 年 7 月第 1 次印刷

定价：88.00 元

* * * *

（如有印装质量问题可更换）

前　言

随着全球经济的快速发展，环境问题和资源短缺逐渐成为制约人类社会进步的瓶颈。在此背景下，绿色发展成了全球范围内的共同追求，它代表了一种全新的发展理念，旨在实现经济增长与环境保护的和谐共生。《绿色发展与经济学分析研究》一书，正是基于这一时代需求，对绿色发展经济学的理论基础、实践应用及其对经济和社会发展的深远影响进行了全面而深入的探讨。

绿色发展经济学作为一门新兴学科，其核心目标是通过经济手段促进环境保护，实现经济与环境的双赢。本书从绿色发展理念的提出入手，系统阐述了绿色发展经济学的理论基础、创建背景以及分析方法，为理解这一领域提供了坚实的理论支撑。书中不仅探讨了绿色投资对经济发展的积极作用，还深入分析了资源型经济的绿色转型，以及制度保障在绿色发展中的关键作用，为实践者提供了宝贵的指导和启示。在绿色经济的新发展部分，本书进一步展望了绿色经济与可持续发展的关系，探讨了环保产业的发展、绿色发展路径的选择以及新发展理念中的其他重要理念。这些内容不仅展示了绿色发展在经济学领域的理论深度，也体现了其在实践中的应用广度。

在本书的写作过程中，我们广泛参考了国内外的研究成果，力求做到理论与实践相结合。但由于绿色发展与经济学是一个不断发展的领域，加之时间和学识有限，书中的某些观点和论述可能存在不足之处。我们真诚地期待来自学术界和实践领域的批评与指正，以便我们不断改进和完善。我们相信，通过不懈的努力和探索，绿色发展与经济学的研究必将为建设一个更加繁荣、和谐、可持续的世界做出更大的贡献。

●▶目 录

第一章　绿色发展经济学概述

第一节　绿色发展理念

纵观中国特色社会主义建设发展的历程及其理论成果，不难理解，绿色发展理念的提出绝非偶然，其经历了一个从浅到深、从局部到全局的认识不断深化的过程。实质上，这一新发展理念的形成与中国共产党生态文明思想的演化发展是同向而行的。所以，要深入把握绿色发展理念的内涵特征和生态价值诉求，就离不开对中国共产党生态文明思想形成发展的历史逻辑、理论逻辑、价值逻辑的系统梳理和全面考证。

一、绿色发展理念的内涵及特征

自人猿揖别之日起，如何发展、怎样发展就成为人类必须面对的亘古不变的主题。特别是在现代社会，日益严重的生态危机已然阻碍了人类的生存发展。那么，到底何为发展？什么才算是人类真正需要的发展？其实，纵观人类漫长的成长历程，我们清晰地看到，在不同历史时期人们对发展的理解各不相同，甚至相悖，由此就形成了各具时代特色的发展理念和发展方式。对于任何一个民族、国家和社会而言，秉持何种发展理念直接关涉其未来的长治久安和永续发展，因为历史已经给出了确切的答案。

顾名思义，绿色发展理念就是关于绿色发展的看法、思想和观念，如何协调人与自然的关系是其核心问题，而生存对发展而言是前提和基础。在人与自然的关系上，绿色发展摒弃了以往传统发展观对自然的漠视，从人与自然是生命共同体的理念出发，强调两者之间应该协调发展、和谐共生。其核心要义就是既不牺牲生态环境求发展，更不会放弃发展来维持生态环境，换句话而言，就是"既要发展，又要绿色"。其原因在于，自然生态环境一方面直接影响着人类生存质量，另一方面也是经济社会得以持续发展不可或缺的物质基础。历史已经证明，人与自然的关系将会直接影响人与社会、人与人关系的发展。所以要对绿色发展理念的内涵及特征进行深度解读，首先应立足于人与自然关系，尤其是要从马克思自然观入手加以探究和论证。在理论背景和渊源上，绿色发展理念不仅是对传统发展观的摒弃，更是对马克思自然观和发展观的继承和理论创新。

在传统发展观的视域下，所谓发展是指以社会物质财富增长作为衡量标准，单纯强调和重视个人利益、生产经济效益等，漠视自然资源、生态环境的重要性和有限性。在生产方式上，传统发展观往往倡导粗放型的生产模式，忽视对自然资源的节约，缺失对生态环境的保护，其结果是在社会经济快速发展的同时却带来了严重的环境问题，如草原沙漠化、水土流失、水体污染、雾霾、沙尘等。在生活方式、消费方式上，传统发展观崇尚物质主义，强调通过大量生产来满足过度消费和奢侈消费，使自然资源、生态环境遭受不必要的浪费和破坏，甚至让自然受到不可逆转的损害。从人类的生存发展来看，传统发展观将会给子孙后代利益带来损害，它认同以牺牲长远利益为代价来换取当前的发展，忽视全局利益，只重视局部的利益，其本质上同人类可持续发展理念背道而驰。真正意义上的发展并非仅仅局限于财富增长和经济发展，而是要更多地关注社会的公正、正义，爱护好青山绿水，使人们过上美好幸福的生活。换句话而言，就是要树立健康的、可持续的生产方式、生活方式和消费方式，使人与自然能真正实现和解，从而走向和谐共荣。

事实上，人与自然是共荣共生的生命共同体。人类的发展不是抽象的、思辨的，而是现实的、具体的，只有从当下的社会历史境遇出发，才能真正地理解人与自然的关系，也正是在这种现实的关系中，人与自然才能紧密相连、相互交织、协调发展。所以说，人、社会与自然三者共同构成了一个互相规定、密不可分的有机整体，自然界是一个有着属人特点的人化自然，人是不能脱离自然界而独自存在的自然存在物。人和世界之间内秉着两个密切关联、交互作用的维度，即人与社会的关系维度、人与自然生态的关系维度。而人类作为有意识、能思维的自然存在物，就是从这两个维度出发以实践作为中介，即通过物质生产活动与自然之间进行物质和能量的交换，人正是通过这种双向交互作用使自身的生存发展得以维持。正是在不断改造自然的过程中，人类完成了自我实现、自我解放，进而实现了从必然王国到自由王国的飞跃。由此，人才能确立自己为人的一切特征。人类社会的一切活动都建基于自然环境之上，人类社会关系的变革同人与自然关系的演变密切关联、相互交织、同向同行。

总之，人与自然之间不仅有同一性，而且存在一定程度的对立性。自然界和人的同一性集中表现在，人们对自然界的狭隘的关系决定着他们之间的狭隘的关系，而他们之间的狭隘的关系又决定着他们对自然界的狭隘的关系，这正是因为自然界几乎还没有被历史的进程改变。人与自然的对立性集中体现为，自然给人类提供了必要的生活资料、生产资料，同时在满足人类生存发展需要的进程中，使自身从纯粹的自在之物转化成为我之物，即人化自然。

实质上，绿色发展理念的提出不仅标志着人类传统自然观的内在革新，更代表着对传统发展观的现实超越和理论创新。如果以马克思主义发展观及自然观为理论基础和逻辑前提，我们不难发现，绿色发展理念内秉了两个方面的统一、两个维度的共生：人与自然、人与人和谐发展的统一，绿色与发展、生态环境与经济社会的和谐共生。具体而言，绿色发展理念的科学内涵和基本特征都集中体现在其倡导的发展观念之中，其涵盖了社会经济、科学技术、文化道德、价值观念等内容。

首先，从人与自然关系的角度来看，绿色发展理念所诉求的发展是绿色生态的、系统优化的、人与自然协调共生的永续发展，是建设社会主义现代化新格局的必由之路。理念作为精神上的、观念上的存在并非某种现实的物质力量，虽然其本身不能直接实现什么，但当其内化为人的观念结构时就会影响人们观察问题、分析问题的立场和方法，能变革人们的思维方式和价值观念，进而成为人们行动的先导和指南。系统优化、科学全面的绿色发展理念，强调通过绿色和发展的协调共进，促使人口、资源和环境三者之间达到生态有机平衡，进而能够实现人与自然的真正和解。所谓绿色和发展的协调共进，其内蕴两层相互交织的含义：一层是指绿色是发展的底色，即发展不是简单的以人为本而是生态与人互为本位；另一层指发展是绿色得以实现的现实物质基础，其实质是把人与自然的和谐共生视为发展所应遵循的基本价值指涉。由此，我们不难发现，绿色发展理念深化和丰富了马克思主义自然观的理论内涵，其主要表现在以下几个方面。

就系统性、全面性而言，绿色发展理念立足于民族、国家、社会的整体利益和长远利益，不仅非常重视日益凸显的资源匮乏、生态退化、环境污染等一系列问题，比如水体污染、区域性雾霾、土地沙漠化、农业的面源污染等。从思路、着力点的层面看，这一新发展理念还为问题治理和解决提供法治和制度保障，以便促进人口、资源和环境三者协调、和谐、持续发展。实质上，在这一新发展理念里，"绿色"和"发展"是辩证统一的关系，两者既有各自的侧重点，也兼具内在的逻辑一致性。其中"绿色"作为发展的底色，一方面凸显着自然、生命的内在价值，另一方面明确了发展的价值方向、价值目标。相比较而言，尽管"发展"更加侧重于经济的增长，却是在尊重客观规律基础上的发展，是生态承载能力范围内的发展。如果以系统优化性、整体全面性的观点审视绿色发展理念，其所强调的发展是生态和经济的协调发展，是兼顾当代在场的人和未来到场的人的需求、利益的发展，是人、自然与社会三者的和谐发展，绿色性、系统性、可持续性是其本质特征。

就生态性、科学性而言，绿色发展理念强调科学技术在发展中的重要作用，特别主张要以生态学为理论支撑，因为生态学中基本的守衡概念是承载能力的意思，也就是某个区域年复一年在不造成环境恶化的情况下即不相应降低其承载力——能够支撑原始物种的数量。而如何维持生态平衡，降低对环境承载力的破坏，正是理性的、合理的、科学的发展的基本诉求。绿色发展理念作为新的发展观，更加重视科学地、全面地把握人与自然的关系，主张发展要顺应自然、保护自然，要求在尊重自然规律基础上正确处理人口、资源、环境之间的矛盾。为此，在发展观念上，绿色发展理念要求作为社会有机体构件的经济系统、生态系统、环境系统应保持系统优化、整体协调的科学发展。

其次，从发展方式上看，绿色发展理念要求形成低碳、循环、有机、绿色的经济发展体系。在传统的工业文明时代，备受推崇的传统发展模式，追求的是财富和经济的快速增长。其结果是，自然资源的有限性、生态系统的承载力往往被人们忽视，造成了环境污染日趋严重和自然资源日渐匮乏的局面，人类与自然之间渐行渐远。与此相反，绿色发展理念强调人与自然相互依存，共存于一个生命共同体之中，其核心价值观念是以人与自然和谐共存为基本导向，这就要求形成绿色有机的、低碳循环的、生态可持续的经济发展体系。事实上，这种新的经济发展体系遵循和坚持了生态文明建设的基本思路和重要原则，诉求形成低碳循环、有机绿色的经济发展模式。尤其是在新发展阶段的重要历史时期，推动生态文明建设就要坚持绿色发展、循环发展、低碳发展的基本路径。把推动绿色、循环、低碳发展作为转方式、调结构、上水平的重要抓手，加快形成节约资源和保护环境的空间格局、产业结构、生产方式、生活方式，全面增强可持续发展能力。

循环经济、低碳经济、生态经济和绿色经济的形成及发展，是低碳循环、有机绿色的经济发展体系得以建构的关键。在发展目标、实施手段等方面，针对资源短缺、浪费等问题，低碳经济和循环经济通过对传统增长模式的变革，来提高资源能源的利用率，减少对环境造成的污染，使人、社会、自然三者能够协调持续发展。自工业文明以降，传统的生产生活方式、消费模式秉承了"大量生产、大量消费、大量废弃"的基本观念，造成了资源的不必要浪费和日益严重的环境污染。而循环经济、低碳经济依据"减量化、再利用、资源化、减量化优先"的原则，力图从根本上转变传统的增长方式，改变奢侈浪费的消费观念，以便"实现资源永续利用，源头预防环境污染，有效改善生态环境，促进经济发展与资源、环境相协调"。在协调处理人与自然的关系问题上，生态经济和绿色经济尽管在内容、角度和实施路径上各具特色、各有侧重点，但是在手段、方法、目标和核心理论上有着极强的相似性。生态经济是以生态学理论作为科学支撑，强调人类经济社会的发展应兼顾自然生态的承载能力，不应为了发展而罔顾自然，破坏生态环境的平衡。目前，学理界对绿色经济的理解并未达成一致，但普遍认同可持续发展观念、绿色发展理念是其核心理论观念。

最后，在社会生活方面，绿色发展理念通过引导形成健康的、绿色的生产生活方式，力图实现人民对幸福生活的追求和美好的愿景。本质上，这种新的发展观念深刻映射出"以人为本"和"以生态为本"思想的有机结合。任何发展都是人类具体实践活动的现实展开，其所要达到的最终目的就是实现人类解放和人的自由而全面发展。而人类要实现自我解放和全面发展，则需要以自然资源和生态环境的平衡发展为物质前提和基本保障。

在生态文明建设中，"以人为本"并不是简单地把满足人的合理需要，视为发展的价值判断的原则以及价值选择的标准，而是基于敬畏自然、尊重自然、顺应自然的"以人为本"，即在"以生态为本"基础上的"以人为本"。换句话讲，就是把人与自然视为一个共荣共存的生命共同体。因为人与自然的本质是直接统一的，"自然界，就它自身不是人的身体而言，是人的无机的身体。人靠自然界生活。这就是说，自然界是人为了不致死亡而必须与之处于持续不断的交互作用过程的、人的身体"。在这个生命共同体中，人并非自然的主人和征服者，而是创生万物的大自然中的普通一员。人不能离开自然而存在，自然是人类生存发展的无机身体。在人与自然的生命共同体中，不仅每个生命自身都独具存在意义，都值得被尊重，而且共同体本身作为一个有机整体也是一种意义性的存在，更是值得尊重的对象。所谓的"以生态为本"，正是秉承了自然生态系统是由人和自然界共同构成的基本观念，强调不能以牺牲环境为代价来实现人类的利益。人类可以为了满足自身的生存发展需要而改造自然，但必须以顺应自然、尊重自然规律为基础和前提。

二、绿色发展理念的生态价值诉求

就绿色发展理念的主旨而言，绿色协调、和谐共生、美丽永续不仅是生态价值观的根本内容和核心要义，也是广大人民群众所需求的美好生活的具体价值目标。

纵观人类历史，我们就能理解，人类的发展观念要发生根本转变，首先需要变革人类的价值观念。人类的价值观念是发展观念的前提和基石，发展观念表现和折射着价值观念。尽管人作为具有自我意识的类存在物，具有改造自然为我所用的本质力量，但人类一时一刻也不能脱离自然而孤立存在，自然就是人化的自然，人也是自然的人、社会化的人。所以，人类以及人类社会的发展史不过就是人与自然相互交往、共同生成、交互作用的历史。人类以何种价值观念审视自然，自然就会以相应的方式回应人类。所以，只有从价值观上摆正了大自然的位置，在人与自然之间建立了一种新型的伦理情谊关系，人类才会从内心深处尊重和热爱大自然；只有在这种尊重和热爱的基础上，威胁着人类乃至地球自身的生存的环境危机和生态失调问题才能从根本上得到解决。因此，无论在内容上还是在逻辑上，人类的自然观和价值观都具有内在一致性。

在传统价值观视域里，人是唯一具有内在目的、内在价值的存在物，自然价值是依附于人类而生成的。如果说自然有价值，那么也只是为了满足人类的利益和需求的工具价值，即自然对人类的有用性。可以说，在人与自然的关系问题上，这种传统的价值观念强调以人为中心，以自然为征服对象。在这种观念的主导下，充满生命力的大自然被认为是死寂的，是人类取之不尽用之不竭的资源库。自然本身被认为毫无价值可言，是否符合人类的利益和需求才是其是否拥有价值的唯一判据。至此，自然丧失了其本真意义，因为在一个价值仅仅显现为人的需要的世界中，人们将很难发现这个世界本身的意义；当我们完全以一种彻头彻尾的工具主义态度看待人工产品或自然资源时，我们也很难把意义赋予这个世界。与此相反，绿色发展理念摒弃了传统价值观对自然的理解，认为人与自然是一个相互交织、密不可分的生命共同体，人不是自然的主人，自然也不是人类的奴仆，二者都是共同体中彼此相互尊重的普通一员。正如利奥波德在论及大地伦理学时所阐发的，土地伦理是要把人类在共同体中以征服者的面目出现的角色，变成这个共同体中的平等的一员和公民。它暗含着对每个成员的尊敬，也包括对这个共同体本身的尊敬。

那么，在价值观念上，绿色发展理念缘何能放弃以人类为中心的传统价值理念，而以人与生态互为本位的价值理念取而代之呢？原因就在于，绿色发展理念作为对马克思主义自然观、发展观的继承和发展，一方面扬弃了以往传统自然观、发展观对自然的理解；另一方面重新诠释了自然的价值，凸显了发展的终极目的是在人与自然和谐基础上对人的自由而全面发展的追求。从根本上讲，这就为变革传统的以人为中心的价值理念提供了可能，进而使人与自然和谐共存的生态价值观得以确证。而要深刻透彻掌握生态价值观，首先就需要厘清何谓生态价值。在本质上，生态价值观的核心问题就是自然价值具有何种属性，因为自然价值具有何种属性，涉及生态价值观的核心内容。

在日常生活中，"价值"一词其实对我们而言并不陌生，因为它是伴随着人类文明的脚步诞生的。但是对于价值概念的界定，各门具体学科各有其不同的理解。经济学视域里的价值，强调存在物对人的有用性，离开人类的利益和需求，存在物就毫无价值可言。价值的生成过程，就是在原本并无价值的事物上增添人类劳动的过程。所以，在传统的西方经济学理论中，大自然被视为"无价值"之物，其不仅是人类生存发展所必需的取之不竭的资源库，更是人类各种垃圾和废弃物的安置之地。如果从哲学角度加以审视，一般意义上的价值范畴主要指存在物的客观属性、功能满足主体需要的效应，且它是确证于主客体的联系之中，从而揭示了主客体间的一种特定关系，所以不难得出这样的结论，即价值概念属于关系范畴。总体上，学理界是从满足主体需要、意义、属性、效应、关系、劳动等多个层次、多个角度来界定价值范畴。而生态价值是一个新的概念，在其被提出之前，"生态"和"价值"本来并无直接关联，它们是分属于两个完全不同领域的概念，即自然科学和社会科学。生态价值这一概念的提出，实质是学理界从价值观、价值哲学角度为解决生态危机进行的一次非常有意义的理论探索。

简言之，生态价值作为一个复合概念，其被提出绝非偶然，可以说它是在一定历史时期对社会现实的价值追问和伦理告白。无论何种价值观念，除了具有一定的理论性，还具有一定的情境性和普遍性。所以，我们不能把生态价值概念简单理解为"生态"和"价值"的机械式叠加和组合，而应从人与自然关系的角度出发来加以诠释和界定。正是面对日渐匮乏的自然资源和日益凸显的生态危机，人类开始不断反思自己的活动对自然造成的破坏和影响，重新审视人与自然的关系，追问自己到底应以何种姿态面对自然，追问自然的价值是其本身内在固有的还是外在的、工具性的。

总体上，关于生态价值的理解，国内学术界主要形成了以下几种具有代表性的观点：一是立足于经济学，把生态价值界定为自然界对人需要的满足；二是从生态学角度出发，认为生态价值就是自然界维持包括人在内的自然生态系统平衡的价值；三是以生态哲学为理论根据，强调生态价值是紧紧围绕自然环境这一核心而生成的价值关系，也就是生命有机体、生态系统整体与其环境之间的相互依存、互相满足需要的关系；四是在价值哲学视域里，把生态价值视为一切生命的价值源泉和"人文价值的母体"；五是依托价值观的相关理论，提出自然价值观即是生态价值观，生态价值也兼具自然价值内蕴的科学、伦理学和哲学的含义。在科学含义上，自然价值作为反映主客体关系的范畴，表征着包括人在内的所有自然存在物作为主体与其他自然物的需要或利益关系。在伦理学含义上，自然价值侧重于主客体关系中的主体性，强调所有生命体以及整个自然系统存在的意义，它的创造性、生命和自然界创造了地球适宜生命生存的条件，创造了地球基本生态过程、生态系统和生物物种，表示了生命和自然事物按客观生态规律在地球上的生存是有意义的，是合理的。在哲学含义上，自然价值是真、善、美三者的有机结合。"真"代表了自然存在物是客观存在的，具有客观属性；"善"代表着自然存在物的存在对自身的意义以及对他物的意义；"美"是"真"和"善"的统一。

当前，中国特色社会主义已经进入新的历史时期，绿色发展理念作为新时代社会经济行为的理论先导，凸显了以人与自然和谐共生、协调发展的生态价值理念。这种人与自然和谐共生、协调发展的生态价值理念，不仅涵盖了国内学界对生态价值已有的理解，而且体现了新发展理念独特的理论特质。其具体表现为：拓展了价值主体范围的边界，消解了传统发展模式的狭隘性，彰显了人民至上的价值旨归。

首先，在人与自然的关系上，绿色发展理念所诉求的生态价值观，通过强调人与自然相互交往、协同生成、互为主体，拓展了价值评价和判断的主体域，使包括人类在内的一切生命体以及生态系统整体都成为价值的主体，其在本质上突破了传统价值论对主体范围的限定。对此，如果从怀特海的有机哲学视角出发，我们就不难理解，缘何一切系统以及有机体都是拥有主体性的。所谓系统的主体性，特指事物系统是其自身运动变化和与其他事物相互作用的主体。系统主体有自己的目标，有自己的主体方式和价值标准，这决定了它在与其他事物的相互作用中，在物质、信息、能量的交换中有自己的选择性。机体系统的价值是表述系统主体目标和达到目标的主体方式或主体选择性的范畴。现代生态哲学和系统论的相关理论指出，无论是作为个体存在的有机体还是作为整体的生命系统都是具有主体性的，都具有维持其自身繁衍和存在的"自我目的"和"自我利益"。如果以能否满足自身的利益和需求作为评判主体的标准，那么生态学、系统哲学的相关理论已经证实，自然界的生命有机体都是自我的价值主体，它们本身既是价值系统也是评价系统。在大自然中，生态系统整体的价值是由全部生命体的内在价值（即工具价值）交织而成。所以说，生态价值就存于自然生态系统和生命本身之中，不是为了满足人类需求和利益而存在的。

其次，在发展观念上，绿色发展理念所诉求的生态价值，特指在自然平衡和自然固有的承载能力范围内，人与自然在双向互动、协同进化、共生共荣的发展过程中生成的价值，所以它并非仅仅以人类作为价值的唯一判断者。这种生态价值内含两个方面相互交织的内容：一方面是满足人类可持续发展需要的价值；另一方面是满足自然系统和其他物种平衡进化需要的价值。因为大自然的生态平衡作为一种动态的平衡，是自然界长期进化的结果，是不以人的意志为转移的，所以它代表着所有物种的生命活动所要趋向的境况。在创生万物的大自然中，生态平衡规律描述的是生命系统处于何种境况的条件，即是稳定的状态还是非稳定的状态。目前，生态科学已经证明，任何一个物种（包括人类）都不能离开自然环境而独立存在，我们是在与自然打交道的过程中逐渐成长起来的。一方面，我们以自然为师，学习如何与其协调共处；另一方面，在不破坏生态系统稳定和平衡的情况下，我们遵循自然规律，合理支配、妥善利用自然资源使自身得以永续发展。当人类的行为和活动真正遵循自然的内在规律时，那就意味着我们已经知道大自然不是一个无限性的存在，它有着自身的承受极限，一旦超出这个限度，它将会制约人类的生存发展，甚至报复和反噬人类。

最后，在伦理价值观念上，绿色发展理念所诉求的生态价值，是建立在人与生态互为本位原则基础之上的，以实现人与自然和谐发展以及人的自由全面发展为宗旨。在价值观念上，以生态为本的原则扬弃了以往把价值定位成对人类主体的意义的传统观念，否认人类是唯一的价值主体，提出自然界中的非人类的其他存在物也具有价值主体的特性，认为自然的利益同人类的利益并不相悖，自然价值并不是人类主体赋予的，而是创生万物的大自然在进化过程中孕育生成的，是自然本身所固有的。在发展观上，以生态为本的原则消解了人的利益至上和以物质财富的无限扩张为目的的传统发展理念，强调真正的发展应是社会经济与生态环境之间共荣共生的协调发展；强调自然也具有生存发展的权利，并且这种权利不是人赋予的，而是源于生态平衡和自然规律的内在要求。不言而喻，生态科学已经证明，一切物种乃至整个生态系统作为生命共同体能够保有持续存在、进化发展的权利，恰恰是源于其自身固有的规律，即是由生态规律所决定的。人类维持自身生存发展的实践活动不仅是自身主体能动性的显现过程，更是一个维护和尊重其他生命有机体、物种乃至整个生态系统生存权益的过程，其实质是通过以生态为本原则来实现对其他非人类的自然存在物的义务和道德责任。所以，我们在审视人与自然之间关系问题时，不能把其简单化为以谁为中心、以谁为本位的问题。因为，人作为自然进化出来的复杂生命有机体，要维持自身固有的复杂性和完整性就不能脱离自然系统的支撑，离不开与自然之间物质和能量的交换。

生态价值是生态价值观的核心范畴，对其的理解和界定直接关涉能否透彻把握生态价值观的演化和发展。为此，基于绿色发展理念的视角，通过对生态价值的系统梳理，进一步解答在 21 世纪的今天生态价值观缘何备受学理界的关注等问题，从而推动发展理念、发展模式、发展目标、发展行为等变革。基于此，我们有必要从现实背景出发，探寻生态价值观的历史演化和发展进程。

第二节　绿色发展经济学的创建基础

绿色发展经济学，涉及发展经济学、绿色发展、绿色转型等领域。然而，绿色经济学、可持续发展经济学等，迄今尚未进入经济学主流，也未形成公认定义。尽管如此，以市场为导向、以传统产业为基础、以经济与环境和谐为目的，是这些学科研究的共同特点。

一、绿色经济学

绿色经济学，是在可持续发展理论和实践基础上发展起来的一门新兴学科，以人与自然和谐为文化根基，在主流经济学的边缘进行了许多建设性工作。绿色经济学企图突破传统经济学的局限进行理论构建，对传统经济学理论中的一系列价值观念和计算指标进行重新确定，革新经济决策、行动的功利特征和伦理道德属性。

（一）绿色经济学的研究目的

绿色经济学建议，在传统经济学的劳动、土地和人造资本等要素外，加入社会组织资本，对三项成本略做修正：①人类资本，强调"人力"健康、知识、技艺及动机。②将土地成本扩充为生态资本或自然资本。③人造资本不变，或称制造资本。绿色经济特别提出社会组织资本是地方社区、商业团体、工会乃至国家法律、政治组织、国际环保条约（如海洋法、蒙特利尔国际公约）等。无论哪一层级的组织，均会衍生出习惯、规范、情操、传统、程序、记忆与文化等，从而培养效率、活力、动机及创造力，并融入人类福祉的创造。

绿色经济学认为，经济发展必须从生态系统的整体出发，公平对待所有人，关注人、非人类物种和生态效益。绿色经济学的目标，是为所有人、为地球、为生物圈、为其他物种、为自然和其他生命形式谋求共同利益。

绿色经济学的研究目的，是以人类福利为中心建立经济学理论体系。在生产阶段，重点分析以什么方式配置资源以获得最大的产出效果；在交换中，分析生态产品如何流向社会最需要的地方，以达到单位产品的最大福利效果；在分配和消费中，体现人们在经济活动中获得的、以价值为表现形式的那部分增加社会福利的收入和支出。生态价值观反对把科学的"生态平衡"概念不合理地外推为单纯的环境保护主义，也反对"零增长"的经济主张，而认为人类的经济活动应合乎规律地纳入整个生态系统的演化过程中。

促进资源的可持续利用。通过生态创新使生态资本存量在经济发展过程中不至于下降或大量损失，保证后一代人至少能获得与前一代人同样的生态资本和经济福利。这就要构建三种有机统一的可持续发展经济运行机制和发展模式，把着眼点放在绿色（生态）资本运营上，使绿色资本的有效运行和物质资本、人力资本的有效运作紧密结合，促进绿色资本存量的增加和质量的提高，以确保经济发展和环境可持续性的有机统一。

大力发展绿色低碳技术，以维护与创新生态系统，提高生态环境资源系统适应现代经济发展的供给能力、保障支撑能力。通过绿色低碳技术创新以保证后代人的生态资本和福利水平。开展绿色低碳技术创新的重点，一是末端技术，主要是"三废"治理技术；二是污染预防技术，即清洁生产技术。相比较而言，后者优于前者，能较好地实现科技与经济、科技与生态的内在统一与协调发展。

绿色经济学的任务，是支撑人类发展的中长期目标和未来愿景。绿色经济学理论建立在三个假设之上：①把生物生态区当作是产生服务的自然资本，这比看成消极被动的自然资源更好。②创造性企业或个人资本，应同人力资本或人力资源等概念区别开来，因为进化和智慧意味着不可预言，富有创造力，且相当地节约能源。③局部的度量方法总是比全球普适性方法好，度量的尺度应该与管理领域的规模相匹配。

（二）绿色经济的主要特征

绿色经济学提出了有关经济和社会发展的独特观点，秉承"反对人类中心主义，质疑传统经济学中增长、市场及理性效用最大化"理念，在原有经济学基础上解构与重构。

绿色经济学认为，经济无限增长在物理上是不可能的。历史已经证明，全球范围内的环境危机、社会公正（平）、贫穷、毒品等问题，根源在于错误的价值评判，必须彻底改革片面的用经济增长，即用GDP衡量经济社会发展的方法，而用可持续经济福利指标（ISEW）替代，包括环境破坏、自然资本损失、收入差距和家务劳动价值等的衡量。实践证明，ISEW比GDP更科学、更合理。绿色经济学的内涵是事物的真实生长和物品的丰富，而不是寻求破坏生态环境或为此付出生态环境代价。

反对经济全球化，倡导经济地方化。绿色经济学认为，全球化没有带动地方发展，却带来贫富差距的进一步扩大，富国更富，穷国没变富；跨国公司垄断技术、资源、资金，出口垃圾、核废料，把有害工厂转移到发展中国家。发展中国家为追求经济增长，不惜廉价消耗自然资源和劳动力，破坏生态环境，廉价出口初级产品赚取微薄的加工费。英国著名经济学家舒马赫，是经济地方化的代表人物之一。他提倡发展小公司，繁荣小规模经济，采取区域发展和"中间技术"策略，采用"中间层次"技术和管理方式，以较少的资金、自然资源和规模，就地取材，自己生产大部分所需产品。

建设生态社会。经济学的目标是人的利益最大化，政治体制是精英政治。绿色经济学的目标是人的幸福最大化，政治体制是草根政治和民主。绿色经济不仅要求改变现有经济系统，还要改变形成这种系统的体制性根源，建设生态社会。绿色经济学提出各种构想，其中具有代表意义的有草根政治、生态工业、发展新型服务经济、走软实力之路等。

二、可持续发展经济学

可持续发展经济学的鲜明时代特色，集中体现在三个转变上：现代文明由工业文明向生态文明转变，现代经济形态由物质经济向知识经济转变，现代经济发展道路由不可持续发展向可持续发展转变。把发展中国特色的可持续经济科学同"三个转变"的新时代特征结合起来，不断赋予中国特色可持续发展经济科学的鲜明时代特色，也成为研究的主要方向和重要内容。

（一）可持续发展经济学与政治经济学的关系

政治经济学是研究生产关系及其规律的科学，这是马克思主义学者所下的定义。西方经济学（从马歇尔开始称为经济学）被认为是研究资源配置与资源利用的科学。虽然两者研究立场、观点和方法不尽相同，有一点却是共识：政治经济学是各部门经济学的总纲，各部门经济学是政治经济学总则的体现。

按马克思主义政治经济学理论，绿色经济学是研究绿色经济领域内的生产关系及其规律的一门科学；按西方政治经济学家的说法，绿色经济学是一门以绿色为稀缺资源进行配置和利用的科学，是一门边缘学科，也是政治经济学的新分支、新成员。政治经济学与绿色经济学是母子关系，是纲与目的关系，是指导与被指导的关系。

政治经济学是马克思主义三大组成部分之一，是无产阶级政党的理论基础和指导思想。西方政治经济学在微观经济管理和宏观经济调节方面总结出了不少有益的经验和理论，是构建市场经济体制和机制的基本原则。中国实行中国特色社会主义市场经济体制。在制度方面，走社会主义道路，内含了共产党的领导，内含了马克思主义的理论指导，内含了马克思主义政治经济学的应有地位；选择了市场经济机制，遵循经济学的基本原理和规律。在绿色发展经济学的研究和创立过程中，应该取其精华，弃其糟粕，丰富绿色发展经济学的内容。

（二）可持续发展经济学与部门经济学的关系

与之相关的部门经济学有：农业经济学、林业经济学、牧业与草原经济学、渔业经济学、沙产业经济学、工业经济学、环境经济学、土地经济学、服务经济学、消费经济学、国际经济学等学科。部门经济学的研究对象并非简单地重复政治经济学的对象，而是将政治经济学的对象细化、专业化，带有部门产业的具体特征，从而使政治经济学更丰富、更具体、更贴近实际。

部门经济学是研究关于国民经济某部门内的生产关系及其规律的科学。用西方经济学的语言表述，是研究资源在国民经济某部门的配置和利用的科学。

部门经济是国民经济的组成部分，主要任务是为国民创造财富，增加国民收入，因而更注重经济效果或者经济效益，以尽可能少的投入获得尽可能多的收益。作为反映该部门运行规律的部门经济学也把经济效益看得重于其他指标。在绿色经济中，绿色指标是压倒一切的指标。典型的例子是，无论多么重要的经济或发展指标，只要违反绿色规定，就应"一票否决"。作为反映绿色经济运行规律的绿色经济学也把绿色指标看得重于其他指标。

可持续发展经济学与部门经济学有一致和相互交叉的地方，也有差异、矛盾的地方。如，两者都讲求少投入、多产出，都注重微观与宏观的协调。部门经济学为绿色经济学的效益理论奠定了基础，绿色经济学为部门经济学的运行和产品提供质量标准。两者都是政治经济学的分支学科，绿色经济学更应借鉴其他学科的研究成果和重要原理，并使之尽早进入经济学范畴。

三、绿色发展经济学的创建意义

绿色发展经济学的产生和发展，是对世界主流经济学的突破，是工业文明时代的传统经济学向生态文明时代的可持续发展经济学的重大转变，在经济学发展史上具有里程碑意义。

创建绿色发展经济学，可以为加快建设生态文明，贯彻落实科学发展观，缓解我国工业化和城市化进程中的资源环境约束，转变增长方式，推进经济结构调整和新旧动能转换，提高人民生活质量，应对全球气候变化，维护中华民族长远利益以及相关决策提供理论基础。

创建发展经济学，可以为人类可持续发展寻求新的经济学解释。1765年珍妮纺纱机的发明，拉开了工业革命的序幕，人类社会开始了250年的工业化和现代化征程。在现代化的初期，人类并没有感到自然资源供给和环境容量的有限性；随着世界人口的急剧增长和人类消费结构的升级、工业化和现代化程度的不断提高，地球生态系统承载的人口容量逼近甚至超过极限，气候变暖，能源、水资源、粮食和环境危机频繁发生，表明人类需求无限性与地球资源有限性的矛盾上升为人类可持续发展的主要矛盾。我们只有一个地球，人类如何以最小的资源消耗和环境代价获得最大的服务，是伴随工业化和现代化出现并且必须解决的重要问题。在这样的历史大背景下，有关可持续发展、清洁生产、循环经济、低碳经济等理念、思想或行动，成为人类的历史性呼唤和积极探索。

创建绿色发展经济学，可以为资源高效利用提供经济学分析框架。绿色发展、生态文明建设是缓解我国工业化和城市化中资源环境约束矛盾的需要。我国在取得举世瞩目的经济发展成就的同时，也付出了过大的资源和环境代价。有关研究表明，我国环境承载力已经接近或达到上限。我国人口众多，能源、矿产、土地、水和森林资源人均占有仅为世界平均的1/4～1/2，适宜人们生存的土地面积仅约占国土面积的1/3；资源在时空上的不均匀分布增加了交通运输的压力。资源利用效率不高，浪费现象大量存在，我国没有了早期工业化国家廉价利用外部资源的条件；发达国家工业化中逐步出现的环境问题在我国集中出现，呈现结构性、压缩性和复合性的特点。这就要求我们尊重自然规律，用发展的途径解决发展中出现的矛盾和问题。

创建绿色发展经济学，可以为绿色转型发展提供理论支撑。绿色转型发展、加快生态文明建设是我国转变发展方式的必然要求。总体上看，经济增长基本被传统方式"锁定"，突出表现在生产方式上，经济增长在很大程度上依赖投入的增加，增长较为粗放；在生活方式上，以奢侈型、炫耀性消费为特征，导致资源和能源的大量浪费。如果持续以拼资源能源消耗、牺牲环境为代价的发展方式，我国的资源难以支撑，环境难以容纳，发展难以持续，社会难以和谐。因此，必须转变发展方式，加快生态文明建设，促进产业结构优化升级，破解资源环境瓶颈制约，实现人与自然和谐共生。

创建绿色发展经济学，可以为经济结构升级提供理论支撑。我国主动提出绿色化是向市场发出信号，表明要保的经济增长不是所有的产业活动，而是有利于可持续发展的经济活动；不是原来的产业和技术结构，而是有利于绿色低碳发展的产业和技术结构。把建设生态文明的战略决策和顶层设计付诸实践，需要转化为可操作的行动计划和运行机制。绿色化的"化"字具有特殊意义，意味着在时间上的长期持续，在空间上的广泛实施。例如，使一个静止的重物运动，开始时需要很大的推力，因为初始速度较慢；随着速度的加快，需要的推力可以变小。推动经济绿色化也是如此，开始时会因为认识不足、利益掣肘等原因而显得比较困难，一旦下定决心，咬紧牙关地推进，绿色发展会成为社会共识；各种体制机制初步建立后，绿色发展就会具有向前的惯性，也就比较容易继续推动了。

为民生改善提供理论基础。绿色发展、生态文明建设，是满足群众日益增长的环境诉求新期待的需要。生态文明建设能否收到预期效果，一个明显的标志是人与自然能否和谐相处，一个重要的参考依据是居民对环境质量改善是否满意。环境是一种公共产品，不损害群众健康的环境质量是政府应当提供的基本公共服务。只有加快生态文明建设，才能使发展的成果更好地为民所享，并为子孙后代的发展留下足够的资源和空间。

为利用市场机制推进绿色发展提供决策参考。推进绿色发展、加快生态文明建设，是应对气候变化的需要。当前，世界各国的竞争已从传统的经济、技术、军事等领域延伸到生态环境领域，贸易保护主义抬头，一些西方国家增加了进口产品的"碳足迹"要求，"碳关税"等成为维护本国利益的绿色壁垒。我国二氧化碳、二氧化硫等排放量居世界前列，发达国家要求我国减排的外部压力不断加大。如果我们不加快推进绿色低碳经济发展转型，外贸必将受阻，发展空间必然受到挤压。我们必须抓住应对气候变化的契机，变挑战为机遇，化压力为动力，在世界技术创新和产业结构调整中，抢占制高点，提高可持续发展能力。

第三节　绿色发展经济学理论与方法

这里所指的绿色发展经济学，主要研究我国绿色发展、产业转型和新常态下的经济发展范式，并试图为其成为一门综合性经济学科积累资料、奠定基础；绿色发展经济学覆盖发展经济学、技术经济学、资源经济学、环境经济学和社会学等学科范畴。

一、绿色发展经济学的理论假设

绿色发展经济学，是研究绿色发展、转型发展理论与实践的经济学，不仅要求在理论前提、理论假设、核心理论、研究目标等方面具有可持续性，也能保证经济发展和生态系统的"双赢"。

绿色发展经济学，基本假定是自然资源和环境容量的有限性。传统的经济学的前提是自然资源供给的无限性，经济基础和物质财富的无限增长所依赖的自然资源取之不尽，可以无偿索取和利用；环境消纳废弃物的能力无限，人类生产和生活的废弃物排放所需要的环境容量可以无偿利用且不受限制。建立在这种"无限"基础之上的工业文明，必然以为物质财富可以无限增长，经济基础可以无限增长，消费群体和人口数量可以无限增加。那么，传统经济学理论就为经济无限增长提供了支撑。

绿色发展经济学，要解决生态环境从经济发展的外生变量向内生变量的转化。主流经济学理论框架的一个特性是，生态环境被看作经济增长的外在因素。福利经济学、环境经济学和生态经济学等，虽然从不同角度强调了生态环境对经济发展的重要性，但没有把它看作决定经济发展及其可持续性的内在驱动力。绿色发展经济学的理论框架，应当也必须进行生态环境内生化及创新分析，将生态环境假定为经济系统运行与发展的内生变量而纳入分析框架。传统经济学研究均把生态环境看作经济增长的外在变量，是生产力发展的外部条件，是"生态环境外因论"。

绿色发展经济学，要解决市场机制、技术创新、生态原则的紧密结合与协调联动。现代经济发展，必须把市场机制、技术驱动、生态环境支撑三者紧密结合、有机统一。主流经济学强调市场机制和技术进步能解决经济增长中的一切问题，否认生态环境对经济增长的作用。市场机制和技术进步，即使可以解决资源环境的某些问题，不可能也不会改变地球资源的有限性。人的经济社会活动应该且必须遵循生态规律，依据生态系统安全优先原则，生态优先是生态保护和经济发展等一切活动的最基本原则。用生态原则矫正市场机制和技术"双刃剑"带来的生态环境负效应，使经济运行朝着生态化方向发展。

绿色发展经济学强调在经济增长的同时，通过提高资源效率、促进清洁技术和可持续产业的发展，实现环境保护和生态平衡。环境与经济的双重效益：该理论认为，通过投资绿色技术和可再生能源，可以创造新的就业机会，促进经济多样化，同时减少对环境的负面影响。绿色发展经济学探讨了各种政策工具，如碳税、排放交易制度、绿色补贴等，以激励企业和个人采取更加环保的行为。绿色发展经济学与联合国提出的可持续发展目标紧密相关，旨在通过经济、社会和环境三个维度的协调发展，实现全球范围内的可持续发展。

绿色发展经济学，必须修正经济人假设，将经济行为主体视为社会生态经济人，并将其行为规范建立在社会生态经济人假设基础上。经济人假设是经济学的基本假设，是经济学的逻辑起点和理论基石。按照理性经济人的假设，所有行为主体的唯一目标是最大限度地追求利润，获取经济利益最大化。社会生态经济人要求促进人与社会、微观利益与宏观利益、社会利益和生态利益相统一，保证当代人福利的增加不以后代人福利的减少为前提，实现代际公平。在"生态—经济—社会"复合系统中，经济人既是社会人，又是经济人，还是生态人；每个人集生态、经济、社会于一身，即人在经济系统中是经济关系主体，在社会系统中是社会关系主体，在生态系统中是生态关系主体；社会生态经济人假设是经济人、社会人与生态人假设的有机统一。

总之，我们要拓展绿色发展经济学的视野和领域，必须以当今世界日益发展的新兴经济学为基础，科学地吸收古今中外一切经济学说的合理成分，构建一种超越主流经济学的研究范式，实质是以人为本和以生态为本的有机统一、人与自然和谐发展、生态与经济协同发展、人的发展和自然演进是经济发展的新范式。

二、绿色发展经济学的方法论

绿色发展经济学的研究基础和分支，可以进一步细分为若干相互独立的内容，如资源经济学、环境经济学、发展经济学、绿色经济学、可持续发展经济学等。对这些理论及其相互关系的讨论，是绿色发展经济学研究的必要前提。

（一）绿色经济的科学方法论

传统经济学过分追求数学模型的简洁和完美，提出的一系列理论假设和均衡理论，解释不了经济活动的非线性、不确定性和不可逆性。绿色经济学的研究领域，从单纯的经济系统拓展到生态系统、社会系统与经济系统的结合体；跨学科、复杂性、整体性和远瞻性，是绿色经济学方法与理论的特色，有机结合系统论与还原论；理论与方法论的哲学基础是热力学定律、一般系统论。

符合自然生态规律和人的本性。理性"经济人"的效用最大化、完全市场竞争和对经济增长的绝对追求，是可持续发展的障碍。新古典经济学主张的政府调节带有随机性。绿色发展经济学以生态系统和生态伦理为基础，经济政策包含环境影响，能保证地区之间和代际对资源和财富分配的公平性，还能体现人的健康状况、接受教育的程度、工作的质量，联系密切的社区以及文化生活的活跃等因素。

（二）绿色发展的驱动力分析

绿色发展经济学，覆盖绿色经济、生态经济、循环经济、低碳经济等，这些经济形态，既相互联系、一脉相传，又各有侧重、相互独立。

无论是绿色发展，还是绿色经济、生态经济、循环经济与低碳经济，均有着某种程度的公益性特征，虽然可以产生经济效益，但更重要的是社会效益和环境效益。从中国近年来的具体实践看，绿色发展的驱动力可以概括为政府规制、企业主体、公众祈求，这些均是从行为主体角度出发的；如果从企业角度看，环境倒逼、技术引领、企业社会责任，甚至特种原料需求等，也会成为绿色转型的动力。此外，先进理念引导和温室气体减排的国际压力，也是我国主动选择绿色转型和应对气候变化的重要原因。

与西方国家不同，我国各级地方政府是经济发展的主要动力，也必然是中国绿色转型发展的主要力量。正确的发展观形成之后，干部是决定因素。除规划、法规政策、监督执行等政府职能外，"你看附近的那个县发展那么快"的群众比较，也会成为地方干部推动发展的重要因素。

企业是绿色发展转型的主体，内在动力来自环境标准倒逼、技术创新引领和企业社会责任等方面；此外，产业转型升级、供给侧结构性改革、公众对环境权益诉求、对环境污染行为的举报以及司法判决等外在因素的作用都会促进企业发展转型。部分企业转型还来自"资源陷阱"效应：企业发展需要的特种资源稀缺性迫使企业提高产品附加值，从而带来产品结构升级。

绿色转型发展，还可以分为主动应对和被动应付两大类：我国在气候变化应对上，采取主动应对策略，由此带动了一系列的战略性新兴产业的发展。由于基础设施的建设和信息化的发展，促进了共享经济的迅速发展。共享经济的前提是，或者有基础设施、信息等可以共享的资源，或者借助网络等第三方平台，基于闲置资源使用权（资产或技能）的暂时性转移，提高存量资产的使用效率并创造更多的价值，从而为节约资源、保护环境，实现可持续发展开创了新途径。

第二章　绿色发展经济学的理论基础

第一节　自然科学基础

一、生态系统与深生态学

（一）自然生态系统及其构成

生态系统强调在一定自然地域中生物与生物之间，生物有机体与非生物环境之间在功能上的统一。生物群落及其与环境之间不断进行物质循环和能量交换，构成生态系统。

从营养结构看，生态系统包括非生物环境、生产者、消费者和分解者四种基本成分。

1. 非生物环境

生态系统中的非生物物质和能量主要包括阳光、热能、水、空气、无机盐等。

2. 生产者

在生态系统中，生产者是把简单的无机物转变成有机物的自养生物。绿色植物通过光合作用把环境中的无机物转化为有机物，把太阳的辐射能转变为体内的化学能。光合细菌和化学能合成细菌也是生产者。

3. 消费者

在生态系统中，那些直接或间接以植物为食、吃现成有机物维持生命的异养生物，是消费者。直接吃植物的动物，称为一级消费者，如蝗虫、鹿、羚羊等。以一级消费者为食物的动物是二级消费者，如吃浮游生物的鱼类等。以二级消费者为食物的动物是三级消费者。

4. 分解者

在生态系统中，细菌、真菌、某些原生物及腐食性动物（如蚯蚓等），它们能把动植物的尸体、排泄物和残留物等所含的有机物分解为较简单的无机物，供植物再利用，所以被称为分解者。

（二）物质循环（物流）、能量流动（能流）、价值流

物流可分为物质循环（物流）、能量流动（能流）、价值流三类。

其中物质循环又分为以下两类：

生态系统中的物质循环。以生产者→消费者→分解者→环境→生产者的过程进行。

经济系统中的物质循环。以生产→分配→交换→消费的过程在社会各部门之间循环流动。

自然物流与经济物流的相互转化，实质上是在社会、技术子系统的作用下，环境子系统与经济子系统之间的内在联系和相互促进的关系。

能量流动（能流）有两个显著的特点，其一是流动的单向性和非循环性，并且随着热量的释放而参与物质循环；其二是能量的递减性，即随着能量的传递和转移，能量是逐渐消耗、逐级减少的，并且遵循热力学定律；而且，能流分为自然能流和经济能流，并且经济能流是由自然能流转化而来的。

价值流是人类通过有目的的劳动过程，把自然物流（能流）变换为经济物流（能流），价值沿着生产链不断形成和转移，最后通过市场买卖，使价值得以实现并得以增值，并且价值的逐级递增和能量的逐级递减发生在同一生产过程之中，两者融为一体。

在生态系统中，能量传递是单向的，最终转化为热量散失在环境中。所以，能量的传递称为能流而不是能的循环。严格来说，能源是不能循环的，永动机不能生产出来就是佐证。从能量的传递规律看，生物群落是一种典型的耗散结构。

在人类社会经济系统，太阳能负熵流（历史上的负熵流）有两种利用途径：传统能源的清洁利用和新能源及可再生能源开发和利用。以煤、石油、天然气等

化石能源的形式存在，是现有线性经济系统生产和消费的主要驱动力。经济系统因而集中于寻求对太阳能负熵流的开发利用。

（三）生态系统的主要特点

1. 整体协同的动态平衡

为生存与繁衍，生物须从环境中摄取物质与能量，如空气、水、光、热和其他营养物质。生物通过释放气体、排泄物、残渣和遗体回归自然。环境影响生物，生物也影响环境，两者构成一个整体（系统），处于相互影响和相互协调的动态平衡之中。作为生物物种之一，人既依赖于自然环境生存和发展，又对自然产生正、反两个方面的影响。

生态系统可在人工建设等影响下建立起新的平衡，达到更合理的结构、更高效的功能和更好的生态效益。生态平衡包括三种相对平衡：①收支平衡。物质输出与输入的大致平衡；②结构平衡。生物与生物之间，生物与环境之间，以及环境各部分之间，保持相对稳定的比例关系；③功能平衡。由植物、动物、微生物组成的生产—加工—分解、转化的代谢过程，使生态系统和生物圈之间的物质循环保持正常运行。由于各种生物的代谢机能不同，适应外部变化的能力大小不一，生物与环境之间维持的平衡不是恒定的，经常处于变化之中。

2. 生物之间的相互关系

（1）生物

由于生活环境要求相近而生活在一起的物种。如不同植物（上层乔木、中层乔木、下层灌木、地面草丛）以及以这些植物为生的动物，因为共同的小气候或化学环境而形成相互依存的联系。

（2）共生

两种生物共同生活在一起，相互依赖，互惠互利。倘若彼此分开，则双方或其中一方便无法生存。如菌根是真菌与高等植物根系形成的共生关系。真菌利用根的分泌物提供营养，而高等植物的根系则利用菌丝增加其吸收面积，真菌还为根系提供氮素和矿物质。

（3）寄生

一种生物生活在另一种生物的体内或体表，以摄取其营养维持生命。前者是寄生物，后者是宿主（或寄主）。某些寄生微生物（包括细菌、病毒和原生动物等）是动物或人类流行病的病原体，有时是靠某些吸血的节肢动物来传播的，如疟疾靠疟蚊传播、鼠疫靠蚤类传播等。

（4）竞争

利用共同资源的两种生物，由于争夺食物和空间等发生斗争。两个物种越相似，生态要求就越重叠，竞争也就越激烈。"一山不容二虎"，说的就是这个道理。竞争结果是一种物种生存下来，另一种物种被淘汰，也可能生态要求发生分化，在食物、栖息地等的选择上发生改变。只有这样，它们才可能在重叠的分布区内长期共存。

3. 生生不息的循环演进

物质在自然界的循环不只是大自然不断演化的基础。植物从土壤和空气中吸取无机物，通过光合作用合成有机物，部分供动物使用，一些残破或衰老的部分归还土壤，并不断向大气释放氧气和二氧化碳。动物取食植物，部分用于建造机体和维持正常的生理功能，也通过排泄与呼吸，把另一些物质与能量分别输送给大气及土壤。地表微生物对动物归还的有机物进行加工分解，除部分用于自身繁殖外，被分解后的简单化合物及元素，分别释放回大气，再度供植物吸收利用，如此相互转化、交换和周而复始的循环，使自然界成为具有一定程度的自生自灭和自给自足性的自动调节系统。这种分解转化过程，是生态系统的基本代谢功能，也是生态学基本规律之一。

4. 自我调节的再生能力

生态系统具有自我调节和修复能力，若受到外来干扰，便会通过自身调节维持相对稳定的状态。当水体生态系统受污染时，一些生物可能受害或死亡。如果污染不十分严重、经过一段时间的自净后，又能重新恢复到正常状态。但是，生态系统的自我调节能力是有限的，过多的污染物进入水体，生态系统就会遭受严重破坏。森林被过量砍伐也将难以恢复。一般来说，结构和功能比较复杂的生态系统抵抗外界干扰的能力较强。由单一种作物构成的生态系统却不然，一次寒潮、病虫害或干旱，都有可能遭受严重破坏，甚至彻底毁灭。

二、热力学定律与耗散结构

（一）热力学第一定律

热力学第一定律，即能量守恒定律，描述了热能可以从一个物体传递给另一个物体，在转化和传递过程中能量的总和不变。

物质的生产和消费，从本质上说，是人类为满足自身生存和发展需要所进行的一系列针对物质的物理或化学的加工、转变和利用过程，其中伴随着能量的传递和转化。这些过程遵守物质守恒和能量守恒定律。

不论在生产和消费过程中还是在过程之后，物质都没有消失，只是从原来"有用"的原料或产品变成了"无用"的废弃物或污染物进入环境，物质的总量保持不变。"有用"和"无用"是相对的，一方面，生产和消费过程消耗的资源和产生的废弃物将不断减少；另一方面，大部分废弃物将重新成为原材料进入生产和消费过程，形成物质循环利用的经济系统。

与物质一样，能量在生产和消费过程中及其以后也没有消失，只是在不同的系统之间传递或转移，或转变为其他形式的能量，最终大多以热量形式耗散到自然环境中，能量总值保持不变。在现有技术经济条件下，能量循环利用还做不到，但可以通过梯级利用（分级利用）、合理匹配等方式提高利用效率。因此，对于任何一个经济系统而言，用热力学第一定律来描述，必须遵守物质守恒和能量守恒定律。

（二）热力学第二定律

热力学第二定律，描述过程变化方向所遵循的规律：封闭系统总是自发地朝着使系统熵增加的方向发展。统计热力学意义下的熵，是分子热运动无序程度的量度：分子热运动的无序度越高，熵值就越大。将热力学熵的概念推广，可用广义的熵来描述分子热运动以外的其他物质、运动方式、系统的混乱程度、无序度和不确定度等。

在现实的变化中，系统通常是开放系统，与环境有着密切的物质和能量交换。在经济系统的生产和消费活动中，物质被使用、能量对外做功，都是熵增过程。物质和能量在使用后，虽然在量上保持不变，但质已发生变化，无序度明显增加，典型的情形如新鲜水变成污水、电功变成废热等，物质和能量的可用程度降低，而不可用程度加大。这些正熵被无限制地排放到与经济系统密切相关的生态环境中，引起生态环境系统无序度的增加，造成环境污染。

（三）耗散结构与熵增

比利时科学家伊利亚·普里高津（Ilya Prigogine）在研究某些远离平衡状态并且包含多基元多层次地开放化学系统时，发现这些系统通过耗散运动（与外界进行物质、能量、信息交换），在系统内部涨落（局部的起伏偏差）触发下，自组织地形成某种动态稳定的时空上有序的结构，称为耗散结构。普里高津因此荣获 1977 年诺贝尔化学奖。耗散结构理论极大地丰富了哲学思想，在可逆与不可逆、对称与非对称、平衡与非平衡、有序与无序、稳定与不稳定、简单与复杂、局部与整体、决定论与非决定论等诸多哲学范畴都有其独特的贡献。

广义地看，人类社会也是远离平衡的开放系统。生命系统需要新陈代谢，必然远离平衡。作为一个物种本身，人的数量是绝对守恒的，即出生以后的人必定死亡。生命系统、社会经济系统都是耗散结构，具有丰富的层次和结构。这些系统内部不断产生正熵，使系统朝着混乱的方向发展。为维持自身在空间上、时间上或功能上的有序状态，系统就要不断地从外界引入负熵流，进行新陈代谢过程。因此，像都市的形成发展、城镇交通、航海捕鱼、教育、经济发展等社会经济问题都可作为耗散结构理论应用的领域。

物理学家赫尔曼·哈肯（Hermann Haken）提出了从研究对象到方法都与耗散结构相似的"协同学"，1981 年获美国富兰克林研究院迈克尔逊奖。耗散结构理论和协同学并称为自组织理论。所谓自组织现象，是指自然界中自发形成的宏观有序现象。

经济系统是开放系统，大部分负熵流直接或间接来自太阳。线性经济系统将自身进化过程同与之密切相关的自然生态系统分隔开来。经济系统的有序进化以生态环境的混乱退化为代价，反过来又影响到经济系统负熵流的有效摄入，加上经济规模自身的无度发展，熵产增加。

（四）自组织的特征与机制

自组织是现代非线性科学和非平衡态热力学最激动人心的发现之一。基于对物种起源、生物进化和社会发展等的深入观察和研究，一些新兴交叉学科从不同角度界定了自组织概念。

自组织是一个系统在内在机制驱动下，从简单向复杂、从粗放向细致方向自动发展，以不断提高复杂性和精细化的过程。从统计力学观点看，自组织是指一个系统自发地从最可几状态向概率较低方向变化或移动的过程。从进化论观点看，自组织是一个系统在"遗传""变异""优胜劣汰"等机制作用下，其组织结构和运行模式不断自我完善，以不断提高其适应环境能力的过程。达尔文的生物进化论的最大贡献就是排除了外因的主宰作用，首次从内在机制上、从一个自组织的发展过程中来解释物种的起源和生物的进化。

自组织特征。自组织现象是包括生命系统在内的许多自然系统中，最引人入胜而又发人深思的一种行为。与"他组织"相比，自组织系统的行为模式具有以下的显著特征：

1. 信息共享

系统中每一个单元都掌握全套的"游戏规则"和行为准则，这一部分信息相当于生物 DNA 中的遗传信息，为所有的细胞所共享。

2. 单元自律

自组织系统中的组成单元具有独立决策的能力，在"游戏规则"的约束下，每一个单元有权决定自己的对策与下一步的行动方向。

3. 短程通信

每个单元在决定自己的对策和行为时，除了根据其自身状态外，往往还要了解临近单元的状态，单元之间通信的距离比起系统的宏观特征尺度来要小得多，而所得到的信息往往也是不完整的、非良态的。

4. 微观决策

每个单元做出的决策只关乎自己行为，与其他单元的行为无关。所有单元各自行为的总和，决定整个系统的宏观行为。自组织系统一般并不需要关乎整个系统的宏观决策。

5. 并行操作

系统中各个单元的决策与行动是并行的，并不需要按什么标准来排队，以决定其决策与行动顺序。

6. 整体协调

在诸单元并行决策与行动的情况下，系统结构和"游戏规则"保证了整个系统的协调一致性和稳定性。

7. 迭代趋优

自组织系统的宏观调整和演化并非一蹴而就，而是在反复迭代中不断趋于优化的。事实上，这类系统一般无法达到平衡态，而往往处在远离平衡态的区域进行永无休止的调整和演化；一旦静止下来，表示这类系统已经"死亡"。

一个经济系统的运行、调控、产业布局及子系统行为特征，可参照上述理论进行分析或决策。

（五）混沌理论

混沌理论产生于物理学和数学领域。美国气象学家爱德华·诺顿·洛伦茨（Edward Norton Lorenz）偶然发现：气象预测中一个微小的数据误差会带来与原来预期截然不同的结果——促使他在对多方面进行研究后，于 1963 年率先提出了混沌的概念。

爱德华·诺顿·洛伦茨（Edward Norton Lorenz）所提出的混沌与我们通常所理解的混沌或混乱不同，并不意味着无序，也不是有序的对立面，而是有序的"前兆和伙伴"，是包含于无序中的有序模式，随机出现却包含着有序的隐蔽结构和模式，即在混沌中隐含着局部随机整体稳定。混沌理论作为一个科学理论，具有以下三个关键或核心概念：

对初始条件的敏感性：即著名的"蝴蝶效应"。一个很好的比喻是：一只蝴蝶在巴西扇动翅膀，可能会在美国得克萨斯州引起一场龙卷风。这一说法得到广泛传播。混沌系统对初始条件是非常敏感的，初始条件的细微变化都可能导致不成比例的巨大后果。

分形：分形是著名数学家曼德勃罗特创立的分形几何理论中的概念，意为系统在不同标度下具有自相似性质。自相似性是跨尺度的对称性，也即意味着递归，即在一个模式内部还有一个模式。分形具有两个普通特征：第一，自始至终都是不规则的；第二，在不同的尺度上，不规则程度却是一个常量。

奇异吸引子：这是系统被吸引并最终固定于某一状态的性态。有三种不同的吸引子，控制和限制着物体的运动：点吸引子、极限环吸引子和奇异吸引子（即混沌吸引子）。点吸引子与极限环吸引子都起着限制的作用，以便系统的性态呈现出静态的、平衡的特征，故也被称为收敛性吸引子。而奇异吸引子则与前两者不同，它使系统偏离收敛性吸引子的区域而导向不同的性态。它通过诱发系统的活力，使其变为非预设模式，从而创造了不可预测性。

三、系统论与系统调控

简单起见，可以将研究或评价对象定义为一个经济系统。例如，一个国家、一个地区、一个企业、一个社区、一幢大楼或一个家庭等都是一个经济系统。可以借用 20 世纪 50 年代后流行的"老三论"，即系统论、信息论和控制论等评价方法。与此同时，"新三论"也得到广泛应用，"新三论"实际上是"老三论"的发展，包括耗散结构理论和协同学（所谓自组织理论）、混沌理论和突变理论等。

（一）系统论及其特征

系统论是研究系统的一般模式、结构和规律的学问，研究各种系统的共同特征，用数学方法定量描述其功能，寻求并确立适用于一切系统的原理、原则和数学模型，是具有逻辑和数学性质的一门科学。系统（System）一词来源于古希腊语，其含义是"由部分组成的整体"；现代定义是"由若干元素按一定关系组合的具有特定功能的有机整体，其中的元素又称为子系统"。

系统科学研究必须确定系统元素，划定系统的边界。依据系统论的观点，世界上任何事物都可以看作一定的系统，而任何事物都以这样或那样的方式包含在某个系统之内。系统是普遍存在的，各种各样的系统可以根据不同的原则和条件来分类。

按与外部环境关系，可分为开放系统、封闭系统、孤立系统等；

按状态，可分为平衡态系统、非平衡态系统；

按复杂程度，可分为简单系统、复杂系统、超复杂系统；

按规模大小，可分为小型系统、中型系统、大型系统和巨型系统；

按人工干预情况，可分为自然系统、人工系统、自然与人工复合系统。

例如，经济系统和生态系统都是非平衡态的超复杂巨型系统。

一般而言，系统具有如下几个基本特征。

集合性：系统至少由两个以上的子系统组成，如自然资源可以分为土地、淡水、森林、草原、矿产、能源、海洋、气候、物种和旅游等十大子系统。

层次性：系统可以分解成不同等级（或层次）的子系统，如国家生态系统和区域生态系统等。

关联性：子系统与子系统间、子系统与系统间、系统与外部环境间，都按一定关系相互影响、相互作用。如森林系统和气候系统之间相互影响、相互作用，气候因素决定了一个地区是否能形成森林，森林又反过来影响小气候。

目的性：系统具有特定的功能。

整体性：系统是一个有机的整体，如十大自然资源系统互为依托构成生态大系统。

有序性：系统内部按一定的规律运行，如水生态子系统按水循环规律运行。

平衡性：系统在不同情况下处于平衡或非平衡两种状态。长期来看，水资源总体上处于平衡状态。

（二）控制论与系统调控

控制论的诞生和发展，与美国数学家诺伯特·维纳（Norbert Wiener）的名字联系在一起。控制论是研究各类系统的调控规律的科学，其基本概念是信息、反馈和控制。在经济系统中，控制就是接受自然资源和生态环境系统的信息反馈，不断调整人们的经济活动行为，使之处于自然生态系统的承载能力和弹性恢复能力的限度之内。从某种意义上说，"管理"就是"控制"，就是把要"管"的事情，调节到所要达到目的的轨道上去。所以，"控制"这个词即便用到人身上，也没有贬义，而是事在人为。企业管理、人事管理和知识管理等，都是工业经济发展的关键。

无论是人、机器还是社会的组织，都可以分成三大类器官：中枢决策器官、感觉器官和效应器官。分别属于人、机器和社会的这些同类器官的功能又有很多相似之处，从而使人们感到有探讨共同规律的可能性。有了这种相似的结构和特征，就可以抽象形成相似的研究方式。反馈可分为正反馈和负反馈两类。通过新信息的反馈使原有信息得到加强的叫正反馈，反之则叫负反馈。无论是对人、机器还是组织，负反馈的现象出现得要比正反馈多。通过反馈可以实现控制，所以控制论之父维纳称控制论为"关于动物和机器中控制和通信的科学"。

人通过眼、耳、鼻、舌、身等各种器官接收外界信息，通过脑细胞的处理、分析做出判断并最终形成决策，由手和脚来执行。一个组织的运作过程与此极为相似，只是由于治理结构的差异会出现决策者的不同。对金字塔形的治理结构而言，一般由情报机构和公共关系部门搜集信息，核心决策层分析处理并做出决策，由职能部门负责执行。在一个工厂里，情报机构由统计室和情报室组成，决策机构由厂长和总工程师组成，职能部门则由采购科、销售科和各车间组成。对于扁平结构的组织而言由一线的管理者根据判断做出决策，并付诸实施。

（三）信息论与知识系统

信息论可以分为两种：狭义信息论与广义信息论。狭义信息论是以数学方法研究通信技术中关于信息的传输和变换规律的一门科学。广义信息论，以各系统、各科学中的信息为对象，研究信息的本质和特点，以及信息的取得、计量、传输、储存、处理、控制和利用的一般规律。信息论为控制论、自动化技术和现代化通信技术奠定了理论基础，为研究大脑结构、遗传密码和生命系统开辟了新的途径，为管理科学化和决策科学提供了思想武器。

根据科学学专家齐曼的理论，知识具有七个方面的特点：①不可替代性。在经济理论中，所有物品都是可以被替代的，而每一种知识具有独特性，所以知识是难以替代的。②不可相加性。即知识不遵从物品的加法定律。③不可逆性。人们一旦掌握了某种知识，便不可被剥夺，某种知识一旦传播开来，就不可收回。④非磨损性。知识在使用中本身不会被消耗，可被重复使用。但知识存在老化的问题，即知识会随着科技的发展而过时，因而失去使用价值。⑤不可分性。一条信息不可能被分成几个部分，在这里不存在半条信息的说法。⑥可共享性。所有物质商品都有排他性，但一人拥有的知识不排除他人也同样拥有，这一点与自然环境相同。⑦无限增值性。知识在生产、传播和使用过程中，有不断被丰富、被充实的可能性。当知识成为经济增长要素后，经济增长方式就会发生根本性的变化，经济的高速、持续增长就有了可能。

在经济系统中，涉及经济发展、资源开发利用、环境保护和生态恢复、科学技术、制度创新和运行机制等多方面因素。使这个系统正常运行，就要划定边界条件，考虑内外交流。通过系统内部信息反馈、控制调节自然资源的循环、生态环境的改善，保证经济生产、自然资源、环境质量和科学技术之间的动态平衡，实现系统的可持续发展。

第二节　资源环境经济学

一、资源经济学

资源经济学认为，经济的本质是人类将自然资源转换为生存资料。资源经济学认为，"土地是财富之母"。对自然资源作为"财富之母"地位的肯定，不仅是对客观存在的承认，也具有重要的认识论意义。资源有社会资源和自然资源之别。社会资源包括人力、知识、信息、科学、技术以及累积的资本及社会财富等，其最大特征是累积性和可变性。自然资源包括土地、森林、草原、降水、河流、湖泊、能源、矿产等，本质特征是有限性，并且一些资源是不可再生的。

（一）市场供求关系

1. 市场的需求

需求指消费者在某一特定时期内，在每一价格水平上愿意并且能够购买的商品量。对于消费者而言，价格越低，购买商品的欲望就越强烈，购买的商品量就越多。同样，较低的价格也可能使一些原来没有购买力的消费者开始购买这种商品。

2. 市场的供给

供给指生产者在某一特定时期内，在每一价格水平上愿意且能够供应的商品量。对于生产者而言，价格越高，生产和销售商品的动力就越强，生产和销售的商品就越多。同样，较高的价格也可能吸引一些新的厂商进入市场，从而扩大商品的供给。

3. 需求和供给的关系

当供给量与需求量相等时市场出清。这时市场达到均衡状态。从需求角度看，价格、税收会对需求量及消费量产生明显影响，产权明晰会对商品消费产生需求；从供给角度看，政府政策会从供给方面对商品投资产生积极的影响和作用。

（二）价格对需求量的影响

经济理论认为，价格是影响某一商品需求量的首要因素。影响需求量的因素包括收入、相关商品的价格、个人偏好等。假定影响商品需求量的其他因素不变，价格与需求量之间的一般关系是：随着价格的上升，需求数量下降；反之，随着价格的下降，需求数量上升。

（三）税收对消费量的影响

税收对消费量的影响，主要表现在对商品征收间接税（即流转税）。该税通过直接影响商品的价格，从而影响商品的需求量。对商品征收的间接税主要有两种方式：从量税和从价税。按照供求与价格关系理论，消费者支付的商品价格上升，会使消费者对该商品的需求量减少，并导致生产者相应减少生产量，市场因政府课征间接税，引起供求变化形成新的市场供求均衡量。一般地，税收会使征税前的销售量下降。税收对消费量影响的大小，与商品需求弹性没有直接关系，如果说存在间接关系的话，主要体现在价格变动对商品需求量的影响。

二、环境经济学

绿色发展之所以要政府推进，因为涉及外部性问题。外部性是指一些产品的生产与消费会给不直接参与这种活动的企业或个人带来有害或有益的影响。福利经济学显示，如果一种商品的生产或消费会带来一种无法反映在市场价格中的成本，就会产生"外部效应"。其中有益的影响称为"外部经济"，否则就是"外部不经济"。

（一）外部性和市场失灵

当个人追求自己的福利时，一只"看不见的手"会导致其他社会成员的福利增加。隐含的假定是，单个消费者和生产者的经济行为对于社会上其余个人的经济福利没有任何影响，单个经济活动主体从经济行为中产生的私人成本和私人收益，等于该行为所造成的社会成本和社会收益。现实中，单个经济单位从其经济行为中产生的私人成本和私人收益与社会成本和社会收益根本不对等，存在生产太多或者生产不足。

新古典经济学认为，在完全竞争市场条件下，社会边际成本与私人边际成本相等，社会边际收益与私人边际收益相等，从而实现资源配置的帕累托最优。但当理想世界市场经济的任一假设条件得不到满足或不成立时，就会出现市场失灵。市场失灵有狭义和广义之分。狭义的市场失灵是指资源配置无效率，即资源配置达不到帕累托效率的状态。广义的市场失灵则指微观经济无效率，宏观经济不稳定，社会不公平等。从经济学角度看，环境污染是一种典型的"市场失灵"。

当"市场失灵"时，必须依靠外部力量，即政府干预加以解决。政府可以通过税收与补贴等经济手段使边际税率（边际补贴）等于外部边际成本（边际外部收益），使外部性"内部化"。比如政府对造成负外部性的生产者征税，限制其生产；给产生正外部性的生产者补贴，鼓励其扩大生产。通过征税和补贴，外部效应内部化了，实现私人最优与社会最优的一致。这就是庇古提出的"修正税"办法。排污收费制度、退耕还林制度等就分别是征税手段和补贴手段的应用。要激励人们从事具有正外部性的生态保护行为，补偿机制不能少。

（二）公共产品

按照微观经济学理论，社会产品可以分为公共产品和私人产品两类。按照萨缪尔森为公共产品给出的定义，纯粹的公共产品是每个人消费这种产品不会导致他人对该产品消费的减少。纯粹的公共产品具有以下两个基本特征：非竞争性和非排他性。所谓非竞争性，指不会因为消费人数的增加而引起生产成本的增加，即消费者人数的增加所引起的社会边际成本等于零。非排他性则指产品一旦提供，就不能排除社会中任何一个人免费享受其带来的利益。

（三）科斯定理与产权理论

罗纳德·哈里·科斯（Ronald H. Coase）于1960年发表了《社会成本问题》一文，并因此于1986年获得诺贝尔经济学奖。科斯定理是：在产权明确、交易成本为零或很低的前提下，通过市场交易可以消除外部性。即只要产权明确界定并受到法律的有效保护，那么，交易的任何一方拥有产权都能带来同样的资源最优配置结果，这可通过双方的谈判自然地实现；产权赋予不同的人，只是带来收入分配结果的不同。科斯还认为，即便外部效应涉及多方，即使不把公共资源的产权赋予某一个人，市场也可以自动地纠正外部效应。

"科斯定理"强调产权的重要性，认为解决外部性问题的关键是界定和保护产权。所谓产权是指经济当事人对其财产（物品或资源）的法定权利，这一权利是排他的、可转让的和永久的。"产权包括一个人或其他人受益或受损的权利""产权是界定人们如何受益或受损，因而向谁提供补偿以使之修正人们所采取的行动"。在市场体制中，一切经济活动都以明确的产权为前提。

产权可以分为私有产权、法人产权、公共产权。公共产权具有不可分性、非排他性、不可转让性等特征。公共产权在消费规模上没有限制，在收费上存在困难，存在外部性（即一个成员在对公共财产行使权利时，会影响其他成员的利益）。

三、生态经济学

生态系统演化由人的活动与自然力复合构成。在地球进入人类纪后，自然生态系统及其变化，既有自然变化规律，如地震、火山爆发等，也有自然对人类的报复，如环境污染等。

生态演化遵循生态规律，离不开生态学的支撑。生态学是研究生物与环境之间的一门科学。我们在进行绿色发展经济学研究中也引用生态学中的一些概念、方法和理念。

（一）生态经济学的研究对象及其演进

生态经济学是一门跨社会科学（经济学）与自然科学（生态学）的交叉学科。生态经济学是一门研究再生产过程中，经济系统与生态系统之间的物流循环、能量转化和价值增值规律及其应用的科学。广义地看，生态经济学是研究合理协调人与自然间的物质变换，使人们的经济活动既能取得近期的和直接的收益，又能取得远期的和间接的好效果的科学。

生态环境已经从单纯自然意义上的人类生存要素转变为社会意义上的经济要素。这有两层含义。第一，符合人类生活需要的良好生态环境已经短缺，拥有良好的环境已经成为人们追求幸福的目标之一。第二，自然生态环境对于废弃物的吸纳能力已经或接近饱和，局部地区甚至已经超负，继续利用它进行生产就必须再生产出新的环境容量，因而需要投入资金进行"建设"（生态恢复和污染治理），良好的生态环境已成为劳动的"产品"。

进入 21 世纪，中国生态学会不仅增加了专业委员会，如生态工业专业委员会，还将工业生态也纳入自己的研究领域，参与循环经济的理论和实践研究。

生态系统的类比。工业生态系统与自然生态系统存在相似性。在系统发育初期，系统内各组分之间只存在简单的线性关系，地球上无限资源进入产业生态系统，再无限制地排出废弃物。

自然生态系统是迄今为止人类所知道的唯一能够长期稳定存在的系统。在生命初期，可用资源很多，而有机生物数量很少，以至于对可利用资源的影响可以忽略不计。这可以看作一个线性的进化过程：相互独立地发生物质流动。

在随后的进化过程中，资源变得有限了。在这种情况下，生命有机物互相依赖并组成了复杂的相互作用的网络：不同种群之间的，也就是二级生态系统内部的物质循环变得极为重要，资源和废弃物的进出量则受到资源数量和环境能接受的废料能力（所谓的容量）的制约。

（二）循环经济体现的生态学本质

在经济系统中，生产和消费活动遵从质量守恒定律。经济系统投入是燃料（如煤炭）、食物（如小麦）和原材料（如矿石）等，这些投入的一部分转换成有效用的商品，另一部分变成污染物排放到环境中。除了储存，商品被最终消费后，也要进入污染物流。无论是商品被"生产"还是被"消费"，实际上只是提供了某些效用、功能和服务。

如果生产和消费中不产生积累，投入的环境物质最终必然以污染物的形式返回到环境中。

在现实中，生产和消费过程都存在积累。由此可得出一个推论：在一个足够长的时期内，制造产品的物质（已被消费的和未被消费的），加上生产和消费中产生的废弃物，大致等于最初从自然界中获取的物质；然而，废弃物不一定必然排入环境中。如果能循环利用，废弃物就有可能返回到生产过程，从而成为原材料的一部分，再次被利用。

为进一步考察物质平衡关系，需要对传统的经济系统做一些改造。通常的经济系统只包括生产部门和消费部门。考虑到生产过程实际上只是对来自环境的物质进行了加工，其中，并不"生产"任何新的物质。同时根据物质流动关系和功能的不同，又可以把生产部门分解为能量转换和物质加工两个部门。考虑到污染物处理已经成为现代经济系统的基本功能，在经济系统内部还应设立污染物处理部门。

在物质生产活动中，存在着自然再生产和经济再生产的相互制约、相互影响。其中，自然再生产是经济再生产的基础和前提。社会再生产是物质资料再生产、人口再生产和生态再生产的统一体。人口再生产是主体，物质资料再生产是人类生存基础，物质资料再生产、人口再生产的基础和前提是生态环境再生产。人口增长是经济再生产和生态再生产的联系环节。作为自然人要参与生态环境再生产，作为社会人要通过经济再生产来实现。劳动是沟通两种再生产的桥梁。传统经济极力追求经济再生产、追求最大效益，追求提高生活水平和改善生活质量。但必须看到，超过了自然再生产的负荷能力，就无法保证经济再生产的稳定、持续运行下去。

生态经济学和资源经济学、环境经济学的研究差别：资源经济学研究的是自然投入经济系统收益。环境经济学研究的是经济系统投入自然界（环境）收益，即产生环境效益。生态经济学却没有固定的投入主体和受益者，生态经济学因而属于经济学的附加范畴。

（三）深生态学

深生态学（Deep Ecology）是挪威哲学家阿恩·内斯（Arne Naess）创立的现代环境伦理学中的概念，是当代西方环境主义思潮中最具革命性和挑战性的生态哲学。深生态学要突破浅生态学（Shallow Ecology）的认识局限，对所面临的环境事务提出深层次的问题并寻求深层次的答案。而今，深生态学不仅是西方众多环境伦理学思潮中一种令人瞩目的新思想，也已成为当代西方环境运动中起先导作用的环境价值理念。

深生态学由三个理论部分组成：最高前提、生态智慧及"纲领或原则"。

最高前提是，一个与现代社会主导的个体主义和还原论相对立的整体主义世界观。这种世界观认为，人与自然不相分离，而是自然的一部分，包括人在内的所有存在物的性质，由它与其他存在物及其与自然的整体关系所决定。在深生态主义者看来，要达到这一认识，只能靠直觉领会。

深生态主义者认为，一旦认识到自然的整体性和个体的关联性，会形成"生态智慧"（Ecosophy），即两个终极规范："自我实现"以及由此引申的"生命中心平等"或"生物圈平等主义"。自我实现是人类精神向非人类存在物以至自然整体认同的过程。这个"自我"不是传统意义上的"自我"，而是"更广意义上的生态自我"。人不再是孤立个体，而是无所不在的关系物；自然不再是与人分离的客体，而是"扩展的自我"。内斯用"最大化共生""最大化多样性""成己成物"等词汇来形容，于是有了第二个终极规范。"生命中心平等的直觉是生物圈中的一切都同样拥有生活、繁荣并在更大的自我实现中展现个体和自我实现的权利。这个基本直觉是生态圈中所有机体和存在物，作为整体中相互联系的部分，都具有内在价值。"

深生态学家希望作为深生态学的"最高规范"的"自我实现"和"生物中心主义平等"观念，使人们从根本上转变传统的环境价值观，自觉减少人对生态系统的不利影响，以维护人与自然万物赖以生存的生态系统的稳定与完整性。为较完整地表达深生态学的基本环境价值理念，1984年4月，阿恩·内斯提出著名的"八大基本原则"：①人类与非人类在地球上的生存与繁荣具有内在的、固有的价值。非人类的价值并不取决于他们对于满足人类期望的有用性。②生命形式的丰富性和多样性是有价的，并有助于人们认识它们的价值。③人们除非为了满足生死攸关的需要，否则无权减弱这种生命的丰富性和多样性。④人类生活和文化的繁荣是与随之而来的全人类人口的减少相一致的。非人类生活的繁荣要求这种减少。⑤目前人类对非人类世界的干涉是过分的，且这种过度干涉的情形在迅速恶化。⑥政策必须改变。这些政策影响基本的经济、技术和意识形态的结构。变化的结果将与现在情形明显区别。⑦这种观念变化主要在于对"生活质量"（富于内在价值情形）的赞赏，而不是坚持追求一种不断提高的更高要求的生活标准。⑧同意上述观点的人们，有责任直接地或间接地去努力完成这个根本性的转变。

深生态学的两个"最高规范"和八个基本原则，集中反映了深生态学理论的本质特点，既是一种新型的环境价值理念，又是一种环境保护运动的行动纲领。

第三节 宏观经济学与微观经济学

经济学有众多分类，宏观经济学和微观经济学是其中的一种。亚当·斯密（Adam Smith）思想是微观经济学概念，凯恩斯理论是宏观经济学概念，两者存在明显差异。

一、西方经济学演进

（一）西方经济学的发展

1936 年，"凯恩斯革命"奠定了现代宏观经济学的理论基础。20 世纪 60 年代后期，货币主义学派（Monetarism）、新古典宏观经济学派（New Classical Macroeconomics，也称理性预期学派）和供给学派（Supply Side Economics）等相继出现，新凯恩斯主义重新抬头。

1. 凯恩斯主义的建立和发展

宏观经济学（Macroeconomcics）将社会看成一个经济整体，考察和研究整个社会经济活动的总体问题，总因素、总体经济问题相应的各个总量以及各经济总量的相互作用等。挪威经济学家拉格纳·弗里希（Ragnar Frisch）在 1933 年使用了宏观经济学一词，约翰·梅纳德·凯恩斯（John Maynard Keynes）1936 年出版的《就业、利息和货币通论》奠定了现代宏观经济学的理论基础。从经济学史看，研究整体国民经济活动、使用总量分析由来已久，从英国经济学家威廉·配第（William Petty）1662 年出版《赋税论》算起的历史超过 300 年，古典经济学家亚当·斯密（Adam Smith）、大卫·李嘉图（David Ricardo）等对宏观问题也都有所探讨。古典经济学主要研究微观经济，信奉萨伊定律和"看不见的手"的作用。新古典经济学并没有系统的古典宏观经济理论，后来者出于对比需要才将新古典经济学著作的观点整理出来。凯恩斯的重大突破主要表现在以下方面。

否定萨伊定律，建立了有效需求原理。新古典经济学信奉"供给会创造自身的需求"这一萨伊定律，否认危机和失业；凯恩斯认为"有效需求不足"，需求会创造供给，承认资本主义存在严重的危机和失业，主张膨胀性财政政策。

突破了马歇尔的利息率理论，即利息率取决于资本的供求关系，而资本的供求又是利率的函数。凯恩斯提出利息率由货币供给和需求决定的理论。实物分析与货币分析被统一在一个理论模型中，突破了新古典经济理论中价值论与货币论分离的"两分法"，货币不再"中性"。

突破古典经济学的微观个量分析，代之以宏观总量分析，开创了现代宏观经济分析先河。凯恩斯所取得的突破打破了古典主义的自由竞争，工资、产品价格可迅速灵活调整等前提假设，不是从古典主义大厦的内部找出逻辑上的错误，而是从其基础上加以否定。

理论上，希克斯·汉森模型（即 IS-LM 模型）加菲利浦斯曲线（Phillips Curv），构成了宏观经济学的核心内容；实践上，公共部门决策者和私人都自觉运用模型分析政策产生的可能影响，预测经济发展趋势。到 20 世纪 60 年代中期，以萨缪尔逊、托宾、希克斯等为代表的"新古典综合派"（Neoclassical Synthesis）一直在西方经济理论中占统治地位。

2. 新自由主义学派的兴衰

20 世纪 60 年代后期，弗里德曼等人的观点形成货币主义学派；20 世纪 70 年代中期，新古典宏观经济学派代表罗伯特·卢卡斯（Robert E. Lucas, Jr.）提出"政策无效论"；供给学派的主张成为里根政府制定政策的依据。

货币学派。20 世纪 60 年代弗里德曼从微观经济学原理出发，认为长期看菲利浦斯曲线（Phillips Curv）的通胀率与失业率的此消彼长会被打破，自然失业率的平衡取决于劳动力供求关系及其他微观因素，而不是货币平均增长率。20 世纪 70 年代西方国家的"滞胀"证实了弗里德曼的观点，弗氏因此获得 1976 年诺贝尔经济学奖。货币主义认为，货币供应量的变动是物价水平和国民经济活动变动的原因；主张减少政府干预、实行单一规则的货币政策，以有效制止通货膨胀。

新古典宏观经济学派。卢卡斯引入约翰·F. 穆斯（John F. Muth）的"理性预期"概念并不断加以发展，1976 年提出"政策无效论"。理性预期学派在三个基本理论前提下得出的：一是理性预期；二是市场迅速出清，物价和工资灵活可变；三是经济当事人最大化。由此推导出当货币供应量增加，由于人们预期到通货膨胀，最终使就业量和实际国民收入不变，即政策无效论。尽管"政策无效论"有局限性，但卢卡斯的理性预期被广泛地接受和应用，卢卡斯因此于 1995年被授予诺贝尔经济学奖。

供给学派。精髓在于"减税政策"：通过降低税率，减少所得税和企业税以刺激储蓄、投资和生产，增加商品和服务供给，用"拉弗曲线"强调降低税率的生产性、效率性。后来供给学派并未形成完整的理论体系，仅是为阻止 20 世纪70 年代末滞胀恶化而提出的政策建议，并为里根政府所采纳，掀起了一场"供给革命"。结果却使美国出现了低投资率、低生产率、高汇率，投资下降，国际竞争力下降。尽管如此，供给经济学的出现，为经济理论在政策领域开辟了一块新天地。

3. 凯恩斯主义的复兴和学派林立

新凯恩斯主义（New Keynesianism）是 20 世纪 80 年代发展起来的学派，尚未形成理论体系，从非瓦尔拉均衡入手发展了凯恩斯《通论》中的观点，即经济的波动是由于市场失效、不完全的，短期内价格和工资是黏性的、市场无法持续出清，成为"克林顿经济学"的理论基础。这一学派在以下几方面取得了新的进展。

劳动合同与工资刚性。斯坦利·弗希尔（Stanley Fischer）和约翰·泰勒（John Taylor）提出了交错合同理论，即劳动力合同事先载明名义工资额，受此影响在合同期内甚至到期后名义工资呈刚性，劳动力市场是非出清的。加入这一点的宏观经济模型反映实际情况，对货币管理政策具有重要意义。一方面证明"政策无效论"不能成立，另一方面使货币管理当局通过控制工资进而控制就业。"隐性合同理论""厂商与工会双边垄断理论""效率工资假说"等被提出以解释实际工资刚性，坚持市场非出清假设。

垄断竞争与产品市场价格刚性。从 20 世纪 80 年代中期起，一些经济学家对仅强调名义价格刚性的模型不满，将注意力从劳动力市场转向产品市场，提出了"菜单成本理论"，即价格变动需要重新印制价格目录"菜单"的成本，通知消费者的时间费用、价格变动引起消费者减少的费用，甚至研究和确定价格变化的费用。还用企业成本加定价解释产品市场实际价格刚性，提出了信贷配给理论，以进一步拓展这一学派的研究领域。

迄今，没有一个学派的理论能系统化，对西方国家的经济进行恰当的说明、预测和诊治。即使像萨缪尔森等宣称为"现代主流经济学新综合"，也是拼凑各家所长。现代西方宏观经济学呈现出学派林立的局面。凯恩斯主义分成不同学派；新自由主义学派除上述三个学派外还有公共选择学派、伦敦学派等，以及由众多学派组成的激进派等。

（二）宏观经济学派与微观经济学派的政策重点异同

从宏观经济学派和微观经济学派角度，理解未来经济转型，政策含义不一样。

凯恩斯主义宏观经济学的公式是：GDP=消费+投资+净出口（还可以写上政府部分）。也就是，经济增长有"三驾马车"。从政府调控角度看，出口不行了，上投资，投资不行了，靠消费，这也是很多人理解的经济增长模式。

从亚当·斯密理论看，中国经济增长需要进一步开放和开发国内市场，由企业家创造新的产品以满足市场需求。从凯恩斯理论看，经济增长靠内需，特别是通过货币政策和财政政策刺激总需求，这是政府职能。凯恩斯的理论是，由政府补贴或增加货币量，刺激消费，如多买电脑，让原来的电脑提前"退休"。从亚当·斯密角度看，增加需求是通过生产质量更高、价格更低的新产品，如苹果公司的iPad。从亚当·斯密的理论看，增加需求意味着开发市场，必须靠企业家创新。企业家创新要激励机制，有可靠的产权保护、较低的交易成本。从凯恩斯的角度讲，增加需求靠政府的经济刺激，而不是创新。然而，当企业家发现在宽松货币政策下很容易卖掉产品，而产权保护并不可靠时，没有人愿意认真创新，因为创新是长期持续和承担风险的行动。

投资。从亚当·斯密的角度看，投资是为了提高生产率。投资如果不能提升生产率，就失去了意义。如果投资有效，储蓄率高不仅不是坏事，还是经济发展所必需。从凯恩斯主义角度看，投资是为了增加需求，无论有无生产率，只要增加投资就能扩大需求，就可以创造GDP。凯恩斯主义推动的经济增长，不仅生产率不高，反而常常是浪费的。GDP增加了，真正的财富并没有增加。

贸易。据亚当·斯密的观点，市场规模越大，分工越细，创新越多，经济发展就越快。好的贸易政策是降低贸易壁垒，扩大市场自由，反对贸易保护。从凯恩斯主义的角度看，只有净出口才可以增加需求，从而增加 GDP。信奉凯恩斯理论一定会导致各种形式的贸易保护主义政策，因为只有少进口、多出口才能增加 GDP。从亚当·斯密的角度看，这完全是错误的。

所有制结构。经济发展靠国有企业还是民营企业？从凯恩斯理论看，不管企业身份，只要能增加需求就好。在产权改革与法治制度不完善的情况下，增加总需求的最好办法是增加国有企业投资。在中国的经济刺激政策中，大量贷款因而给了国有企业，由于投资增加，增速上去了。从亚当·斯密的角度看，这样做对经济持续增长不但没有积极意义，反而会造成巨大伤害。

二、古典经济学对生态问题的关注

在古典经济学起源阶段，研究对象是以土地为代表的自然资源和劳动。1776年，亚当·斯密在《国富论》中提出了国富就是生产的论断，强调经济先应注意生产发展。以《国富论》为代表的古典经济学派强调对生产要素投入的研究，将劳动、土地资源看成生产的基本要素，是生产的基本源泉。在威廉·配第价值理论中，有"劳动是财富之父，土地是财富之母"的名言。以弗朗西斯·魁奈为代表的重农学派认为，财富是土地赐予的，土地资源和劳动是创造价值的条件。

19 世纪下半叶，随着大机器的使用和生产规模的扩大，物质产品丰富起来，人们意识到需求对市场的影响，产生了新古典经济学理论，主张建立生产和消费的平衡关系，保持供应和需求平衡，使资源得到最优配置（所谓的帕累托最优）。在艾尔弗莱德·马歇尔的《经济学原理》中，包括了较丰富的自然资源和环境经济学内容。马歇尔第一次提出了自然环境的价值问题。新古典主义学派重视资源的配置，重视需求和效用，却忽略了对资源本身的研究。当时的经济学家更是忽视资源的作用和影响，希克斯关于资本和价值的讨论、德布鲁和阿罗的经济平衡模型，都没有涉及资源问题。诺贝尔经济学奖得主索罗的经济增长理论，强调资金、劳动力和技术进步的作用，没有将自然资源作为经济增长潜力的决定因素。20 世纪 30 年代，霍泰林发表的《枯竭性资源经济学》，得到了关于可枯竭资源连续开采的租金变化率与利率相等这一经典结论，可惜在当时并没有引起足够重视。

西方学者对生态问题的关注及其贡献见表2-1。

表2-1　西方学者对生态经济的贡献

作者	主要贡献
亚当·斯密	认为劳动是财富的源泉，在处理个人利益和社会利益上强调市场"无形之手"的作用，提倡自由经济，反对管制
马尔萨斯	首次提出人类自身种群的繁衍和赖以生存的食物数量之间的矛盾，即人口的增长快与物质增长的矛盾；首次提出了生态学中的种群生存的环境负荷问题
李嘉图	提出了级差地租理论，将物质投入和区域总生产联系起来，阐述了资源状况对经济发展的影响
卡尔	提出了物质—能量之间的一般规律、物质不灭和熵增原理
达尔文	运用"物竞天择、适者生存"的学说，阐明了自然界物种的形成、变异、适应、竞争进化和协调进化等生物学共有的一般规律
米勒	拓展了亚当·斯密关于个人和社会行为之间的关系，认为所有权的使用和其他一些社会责任是市场经济的基础；同时还阐述了竞争性经济对自由的重要性；把生产要素概括为人口增长、资本积累、技术进步和自然资源，并逐一分析了它们与经济增长的关系，并认为分配规律是人为的、可以改变的。其经济理论被认为是西方经济学历史上的第一次综合
詹文斯	边际效用价值研究的先驱，首先意识到能源对经济社会发展的重要性
海克尔	首先提出生态学的名词并加以定义，指出生态学是研究有机体与外部世界关系的一般学科，外部世界是广义的生存条件
斯坦利杰文	将生态问题和经济问题纳入一个体系加以考察，揭示了能量流动的非线性动态性质
庇古和科斯	在存在外部性的条件下，可采用税收来弥补私人成本和社会成本之间的差距，以实现资源的优化配置，构成了新古典主义《福利经济学》的基本框架。科斯认为只要产权明晰，私人之间的交易活动不存在交易成本，则私人之间达成的契约可以解决外部效应所引起的问题，实现资源的最优配置
霍泰林	研究了资源稀缺性和租金的动态变化，得出资源稀缺性租金的动态变化，在最优化的表现方式上，租金率的变化与社会贴现率相等

三、发展经济学及我国的贡献

（一）发展经济学的起源及主要观点

发展经济学作为一门独立学科，创立渊源或思想观点的酝酿可以追溯到 20 世纪 30—40 年代甚至更早。20 世纪 50 年代后，一大批亚非拉国家先后摆脱殖民主义统治，赢得了政治独立。这些国家意识到，只有尽快发展经济才能改变自己在世界上所处的地位。出于国家间经济联系的增强及自身发展的需要，发达国家经济学家感到有必要进行发展中国家经济发展问题研究。联合国和世界银行等国际组织，对发展经济学的形成和发展做出了积极贡献，出版了大量的世界各国经济统计资料；组织不同经济学领域的专家到发展中国家考察，并就发展问题举办专题研讨会。欧美国家的许多专家也改弦更张，开展发展经济学研究。因此，发展经济学逐步成为热门话题并进入大学经济系课程。

20 世纪 50 年代和 60 年代，是发展经济学的大发展时期。许多经济学家根据发达国家的发展经历，构建理论模式以解释发展中国家经济落后的原因。影响较大的学者及其理论有：刘易斯的二元经济模型、保尔·罗森斯坦—罗丹的"大推进"理论和平衡增长理论、拉·纳克斯的贫困恶性循环理论、W. 罗斯托的成长阶段理论及以劳尔·普雷维什为代表的拉美结构主义理论。一般共识是，西方经济学特别是新古典主义经济学并不适合于发展中国家，因为其市场体系不完善，价格严重扭曲，社会经济结构缺乏弹性，生产者或消费者行为不符合"经济人"逻辑。只有借助国家计划或政府干预，才能从一个以农业占统治地位的经济转向以工业和服务业为主的经济。资本稀缺是制约发展中国家经济增长的主要因素，资本积累是加速发展的关键。

一国经济增长大体经历五个阶段，依次为传统社会阶段、经济起飞准备阶段、经济起飞阶段、成熟推进阶段、高额群体消费阶段，而经济起飞阶段是最关键的转折点，跨不过这个阶段经济将形成恶性循环，跨越这个阶段的关键是净投资上升到国民收入的 10%，形成一批重要的工业部门。一定时期内，生产过程中资本要素的大量投入将推动经济快速增长；由于资本的边际报酬递减规律的作用，资本积累及大量投入并不能无限地推动经济持续、快速增长，当资本边际报酬降低到一定程度就会遇到经济增长的第二个转折点。

在生产力水平低下的落后国家或贫穷国家，经济发展的比较优势主要体现在相对丰富的自然资源要素或初级加工产品上，农业、自然资源初级加工产业成为国民经济中的主导产业，通过出口农产品和初级产品，甚至是直接出口物质资源来换取本国不能生产的资本、技术密集性产品。这种经济增长方式是短暂的，资本有效积累成为经济增长能否突破第一个转折点的关键，成功转折的重要标志就是把国民储蓄水平提高到具有打破贫困恶性循环的临界点。

在第二个转折点，经济增长有三种可能。一是成功转变，技术进步、知识生产与扩散、制度创新等成为推动经济持续增长的源泉，全要素生产率（TFP）提高迅速，以西方发达国家最为突出。二是部分人口大国，如东亚国家和地区，劳动人口不断增长，劳动力供给不断增长减缓了资本边际报酬递减速度。改革开放后我国的资本贡献率不断提高部分解释了这一现象。劳动年龄人口增长一旦停止，随着老龄化社会的到来，经济增长的人口红利逐渐消失，进入第三次转折，经济增长源泉转移到依靠知识和技术为核心的 TFP 提高上来。三是转折失败，由于劳动力短缺、技术进步缓慢导致资本边际报酬迅速递减，经济增长率、劳动力、资本边际生产力下降，并带来经济发展形势与政策停滞不前。苏联就是典型的例子。

依赖于计划化、国有化和进口替代战略的大多数发展中国家，没有取得预期成就；那些对外开放、发挥市场作用、实行出口导向的发展中国家（如东南亚地区）却取得了较快发展。

（二）我国的发展对发展经济学的贡献

中华人民共和国成立后，特别是改革开放以来，我国经济持续健康发展，从一个积贫积弱的发展中大国、落后的农业国快速发展成为世界第二大经济体、重要的工业国，不仅对世界经济发展做出了巨大贡献，也将为深化发展经济学研究做出重要贡献。

1. 为研究历史悠久大国的发展做出了贡献

我国的显著特点之一是大国：人口众多，幅员辽阔，各地发展不平衡，既有受计划经济体制影响特别大的地区，也有市场经济意识较浓的地区。历史悠久，几千年积淀的历史文化厚重。在发展中把"大"的特点转化成发展优势。一是中国共产党的坚强领导维护了社会团结和稳定，放大了社会正能量。二是政府积极作为，资源动员能力和执行力很强。党和政府工作中心转移到经济建设上来，"发展是硬道理"成为共识。三是实行非均衡的发展战略。从改革开放初让一部分人、一部分地区先富起来，到先富带后富、逐步实现共同富裕。同时，我国市场经济体制还不完善，发挥市场在资源配置中的决定性作用和政府作用，成为改革方向。处理好政府与市场的关系，为深入研究政府在经济发展中的地位和作用提供了丰富的实践。

2. 为研究经济发展的制度安排做出了贡献

我国长期实行计划经济，碰到了与所有实行计划经济国家一样的低效问题。苏联、东欧国家选择了休克疗法，而我国选择了社会主义市场经济体制，对人类经济发展和发展经济学研究做出了独特贡献。我国推进的经济体制改革：一是放开。鼓励和引导非公有制经济发展，国民经济焕发出蓬勃生机。二是开放和引进。通过招商引资、承接产业转移，解决了发展之初的技术、资本、管理问题。三是推进国有企业改革，发展股份制和混合所有制，并成为社会主义市场经济的微观主体。四是推进行政体制改革，发挥市场在资源配置中的决定性作用和政府作用。始终坚持充分发挥人民群众的积极性、主动性和创造性，坚持顶层设计与尊重群众首创精神相结合，成为经济发展和制度创新的有效路径。

3. 为研究农业大国转型发展做出了贡献

农业人口占比高，一般认为是不利于经济发展的，但我国将之变成了有利条件。改革开放之初，我国利用劳动力丰富的比较优势，通过承接产业转移发展劳动密集型产业，大力发展外向型经济。劳动密集型产业的快速发展吸纳了农村富余劳动力就业，产生巨额人口红利。改革开放还激发了广大劳动者致富和创业热情，本来人口众多的劣势变成了经济发展的"红利"。农民外出打工不仅收获了资本意义上的"红利"，还提高了能力和素质：接受城市文明的熏陶，学到了现代经济理念和生产方式；农民工返乡创业，又促进了农业和农村发展水平的提高。我国没有停留在依靠廉价劳动力的发展阶段，而是将人力资源转化为人力资本。随着资本的逐渐丰富，不断推动经济转型升级、提质增效。

4. 为研究追赶型发展和可持续发展做出了贡献

信息化提供了后发赶超的机遇。互联网是一种信息传播工具，还是一场深刻的思维革命，让人们重新认识农业现代化。电子商务的兴起有利于解决农民种什么、怎么种和卖什么、怎么卖的问题。"互联网+"有助于打破城乡间人才、资金、信息等资源的单向流动困局，有利于城乡一体化发展，也让人们重新认识工业化。我国不失时机地提出了《中国制造2025》，以信息化促进工业化，实现后发赶超，还让人们重新认识城镇化。"互联网+"的出现使人不必集中居住就可以获得相关收益和便利，以免付出"大城市病"的代价；还为共享经济的发展创造了条件。

5. 为发展经济学理论体系的构建做出了贡献

中国陆续引入西方经济学，张培刚、谭崇台等呼吁建立适合发展中国家实际和要求的新型发展经济学：①把发展中大国作为研究对象，兼顾中小发展中国家。②不能就经济谈经济，而要联系历史、社会、政治、文化、教育等方面，综合探讨发展中国家经济起飞。③从发展中国家的国情出发，制定发展战略。④研究计划与市场之间的关系在不同类型发展中国家的新发展。我国一大批中青年学者致力于转型发展问题研究，对新型发展经济学的繁荣和发展做出了贡献。

第三章 绿色投资对经济发展的影响

第一节 绿色投资与经济发展的关系

一、绿色经济发展的重要性

（一）我国发展绿色经济的必要性

由于我国的工业化发展起步较西方国家晚，因此对环境污染问题引起重视也比较晚。随着我国改革开放的实施，工业开始快速发展，随之而来的环境问题也日趋凸显。在 20 世纪 90 年代，我国开始关注绿色经济。到目前为止，我国的绿色经济价值观还没有完全形成，因此迫切需要对绿色经济理论和实践进行进一步研究。在这个背景下，对我国发展绿色经济的必要性进行分析，将有助于我国绿色价值观在全社会范围内达成共识。

具体来讲，我国发展绿色经济的必要性主要体现在以下几个方面。

1. 有助于改善资源环境问题

人类无法脱离自然生态环境而生存，可以说自然生态环境是人类生存的最重要的基础。我国是拥有几千年文明的国家，数千年来，人们在生活实践中总结了众多经验和哲学道理，在人与自然的关系方面也有很多谚语，体现了自古以来人们就开始思考人与自然的关系。例如，古语有云："留得青山在，不怕没柴烧。"从字面上理解，吃饭是人得以生存最基本的也是最重要的保障，"留得青山在"，就能烧火做饭，使人的生命持续下去。而实际上，其中还包含着更深的含义，"留得青山在"就是保护自然生态环境，也就是留存生产力，只有这样，才能在以后的生产生活中有足够的资源和生产力。而对生态环境的改善，实际上就是对生产力的发展。人类在发展过程中，绝对不能为了使经济短暂、快速发展，而不顾自然资源的承受能力，对其进行过度开发。如果依靠高投入、高消耗来换取经济的短暂、快速增长，则将给自然资源带来巨大的压力，同时自然生态环境也会迅速恶化，使经济的长远发展难以持续。这是典型的只顾眼前利益、不顾长远发展的做法。

作为一种新的发展观，绿色经济发展观将自然环境资源看作经济发展资源，将生态环境优势看作社会发展优势。从本质上看，绿色经济就是一种经济模式，这种模式要求以保护环境和节约资源为前提进行经济发展。针对我国的资源问题，采用绿色经济的发展模式能够帮助改善我国的资源环境问题，从而实现我国经济的可持续发展。

2. 有助于促进产业转型升级

目前，我国的产业结构出现了一些困境，一方面，部分传统产业产能严重过剩；另一方面，新型产业发展的基础比较薄弱。因此，我国经济发展的产业结构亟须调整和升级。面对我国产业结构出现的上述困境，我国多个省份已经开始通过发展绿色经济、增加绿色投资、发展新型绿色产业的方式，来实现产业结构的优化。具体来讲，包括以下几个方面。

第一，部分省份将其省内产能过剩的一些钢铁、水泥、玻璃等高耗能、高污染的行业淘汰，从而突破产能过剩的困境。

第二，将绿色技术和绿色工艺应用到传统产业中的各个环节，通过对传统产业的改造、升级，使其向着更加环保和更加节约的方向发展。

第三，积极发展新兴绿色产业，注重对新兴绿色产业基础技术和前沿技术的研发，并加大此项研究的资金投入和政策支持力度，从而促进本省工业的绿色转型。绿色经济的发展必然会引发新的观念、新的机制、新的方法，这些将为产业机构转型提供源源不断的新动力，也是实现经济可持续发展的动力。

3. 有助于提高人们的幸福感

发展绿色经济就是在自然环境、经济发展、人类社会发展等方面实现绿色化，以达到保护自然环境、经济平稳发展、人类社会和谐的目的。近年来，在我国，人们的物质生活水平已经得到了大幅提升，人们的基本生活已经得到保障。但是，随着人们生活水平的提高，产生了巨额的社会成本和生态成本，因此单纯的经济增长并不能代表社会福利的增加。发展绿色经济是一种新的发展观，也是一种新的民生观，发展绿色经济能促进绿色投资的发展，使产业结构得到优化，还可以扩大绿色就业，从而提高人民的幸福感和满意度。

4. 有助于提升自主创新能力

绿色经济是一种可持续经济，是在创新驱动下发展起来的。绿色经济除了致力于发展节能环保行业之外，还在发展过程中重视科学技术。绿色经济有助于自主创新能力的提升。从经济发展的宏观层面来看，在新常态下，经济发展若是仍旧按照传统的粗放型增长方式，即依靠生产要素和环境资源的低成本，或者依靠生产技术的简单模仿，是难以得到长期的可持续发展的。要想解决这一问题，就必须将传统的经济发展动力转变为以科技创新为核心的创新驱动力，通过不断创新生产方法和生产技术，优化调整产业结构，压缩过剩产能，减少低效供给，增加有效需求，培育经济发展的可持续性，为经济发展提供持久动能；另外，要加快科技创新，全力推进高新技术产业发展，从而为经济创造新的增长点。

（二）绿色经济是未来经济发展的必然趋势

1. 发展观念的转变是实施绿色投资的关键

转变发展方式，即要转变传统的发展观念，在今后的投资与消费等经济活动中，要始终贯彻科学发展观，谋求经济、社会与资源环境的高度融合的可持续发展观。只有在坚持可持续发展观念的基础下，社会、企业和公众才会有动力探索新的投资和消费方式，从而大力推进循环经济、低碳经济和清洁生产。这种新的发展理念和发展模式不仅是发展绿色投资的指导思想，而且有利于推进投资的绿色化发展。

（1）观念转变

这种观念的转变体现在以下三个方面：

第一，从全社会的角度转变单纯追求国内生产总值增长的经济发展目标，尽力引导投资行业和投资方式从人类和环境相冲突的传统投资模式向可持续发展观念下的投资模式转变，寻求一种能使经济、社会、生态环境协调发展的绿色投资模式。

第二，企业和公众作为投资和消费主体，应转变投资和消费理念。在追求可持续发展的总体目标下，企业和公众不仅是社会经济增长的主要推动者和社会财富的创造者，更是具有社会责任的生态人，应转变"环境无价、资源低价"的观念。

第三，传统投资方式下积累的资本没有考虑对环境的损害，在可持续发展理念下，必须将环境成本计入投资成本，从社会、经济、生态环境三个角度衡量投资的效益和成本。

（2）树立的理念

发展绿色投资需要树立以下正确的理念：

第一，在社会经济发展中将环境保护与产品生产统一起来，提倡节约资源和科学利用，环境要素被明确纳入公众消费和企业投资决策中，资源环境利用与维护并举，消费者和企业需要为其消费和生产行为对环境产生的负外部性负责。

第二，政府应首先树立可持续发展的理念，并将其体现在产业结构调整以及相关政策的制定中。

第三，投资者在进行投资决策时，需要适应新的发展理论，不断改进生产技术，尽量采用清洁生产方式，减少废弃物的排放，并尽力实现资源的循环利用。

2. 绿色经济为绿色投资奠定基础

绿色经济就是少投入、少排放、多产出的经济，其基本要素就是通过生态技术支撑保护环境和节约资源，走可持续发展道路，遵循保护环境和节约资源理念，实现经济效益、社会效益和生态效益相统一的目标。实现可持续发展是发展绿色经济的指导思想和依据，并贯穿整个发展的全过程。其中，科学技术是发展绿色经济的重要手段，即用科技支撑绿色经济的发展，实现经济、社会和生态的有机统一和良性互动，是绿色经济发展的最终目标。

我们认为，绿色经济是绿色投资的发展目标，绿色投资是实现绿色经济的手段，最终保障经济社会在保护环境和节约资源理念的指导下，实现经济效益、社会效益和生态效益有机统一和良性互动的可持续发展。

因此，绿色经济的发展也需要充分尊重市场在资源配置中的基础性作用，宏观经济政策的调整也应适应绿色产业转型的需要，而技术进步与创新则是绿色转型的保障条件。通过绿色经济发展，全方位构建减量化使用资源、保护环境，谋求资源永续利用的经济增长，形成以技术、生态、制度创新为保障机制的持续发展模式。

二、绿色经济发展的方式

（一）循环经济

1. 循环经济的含义

早在 20 世纪 60 年代，美国的经济学家便已经提出了循环经济思想。到了 20 世纪 80 年代，这一思想才得到西方主要发达国家的重视，从而在西方国家中得以发展。随着西方国家工业化发展，经济在自然资源无节制的开采下迅速发展，这必然会引起经济发展与自然资源之间矛盾日益加深。在这样的背景下，要想使经济继续长期得到发展，就不得不考虑经济发展与自然资源的关系。循环经济就是在这样的背景下形成的。循环经济的本质是一种经济运行形态，是指通过清洁生产、市场机制、社会调控等方式促进物质在生产与生活中循环利用。它具有以下特点：坚持以可持续发展思想为指导；以实现自然资源为人类发展提供源源不断的保障，即以自然资源的永续利用为目的；遵循生态循环体系的客观要求。

除此之外，循环经济与传统经济在本质、流程、基本思想和资源利用方面也存在很大的区别，如表 3-1 所示。

表 3-1　循环经济与传统经济的区别

	传统经济	循环经济
本质	物质单向流动的经济	物质反复循环流动的经济
流程	资源—产品—废弃物	资源—产品—再生资源—产品……
基本思想	高开采，高生产，高消费，高排放	低开采，高利用，低排放
资源利用特点	粗放的、一次性的（地球上的资源被非保护性地高强度开采出来投入生产与消费中）	高效的、循环利用的（最大限度地减少废弃物排放量和实现废弃物的循环利用）

2. 循环经济的原则

（1）减量化原则

循环经济的第一个原则是减量化原则（reduce），这一原则的提出是针对生产或经济过程的输入端而言的。这一原则的具体内容是指在进行经济生产的过程中，采取一些手段降低生产和消费过程中的物质和能源投入，如创新生产技术或者加强生产管理，从而减少生产中的资源投入。减量化原则对于自然资源特别是不可再生资源的利用意义重大。这是因为自从人类进入工业时代以来，随着工业经济的迅速发展，每天的工业生产活动都要消耗大量的自然资源，以致包括石油、煤炭、淡水、森林等在内的资源面临着消耗殆尽的危机。资源短缺已经成为世界经济发展最主要的制约因素。具体而言，发达国家在进入后工业经济时代之后，对资源和能源的消耗不断扩大；发展中国家纷纷开始进行工业化和城市化建设，进一步掀起了资源利用高潮。这无疑给地球资源带来沉重的压力。随着经济的发展，自然资源的存量急剧下降，致使目前可供开采的资源无法满足经济发展的需要。减量化原则的提出能够节约资源，减少消耗，有利于实现循环经济。

（2）再利用原则

循环经济的第二个原则是再利用原则（reuse）。顾名思义，这一原则要求对使用过的物品或者产品进行再次或多次使用，通过再利用减少垃圾或者废弃物的产生。具体而言，企业如果在生产设计阶段就对企业生产的产品进行标准化设计，那么将有利于实现产品的反复利用，从而减少废弃物的产生。例如，电路元件的生产企业将电路元件进行标准化设计，使其能够在电视、计算机以及其他电子产品中通用，那么当其中一个产品毁坏，其中的电路元件还可以安装到其他产品上，从而实现该电路元件的循环再利用，不仅减少了废弃物的产生，还能节约生产新元件的资源。

（3）资源化原则

循环经济的第三个原则是资源化原则（resource）。这一原则要求对废弃物质进行再加工后使其成为再生资源，并重新进入市场和生产过程，从而减少资源消耗和环境污染。通常的方法是将固体废弃物进行筛选、粉碎，这样既可以使其成为生产中的原料，又能缓解垃圾填埋或焚烧的压力。对污水进行除污处理，实现中水回用、变废为宝。

一般可以通过以下两个途径进行资源化：

第一，原级资源化，是指将消费者丢弃的物质经过处理后形成与原物质相同的新产品。采用这种途径进行资源化的最具有代表性的就是对废纸、废水、废钢铁的处理，将消费者丢弃的废纸、废钢铁进行回收处理，可以再次生成新的可使用的纸和钢铁，另外还可以对废水进行处理，以便再生新水等。

第二，次级资源化，是与原级资源化相对应的，是指将废物进行处理后，生产出与原来性质不同的产品或原料之后再利用。

（4）再生化原则

循环经济的第四个原则是再生化原则（reproduce），是指对原有的资源和环境进行投资，使其重新生长或者更新，能够继续为人类所用。这个原则既适用于可再生资源，也适用于不可再生资源。一方面，对于可再生资源来说，在对其进行开发的同时，要注意扩大投资进行维护，以为其再生提供良好的条件，从而确保可再生资源的良性循环；另一方面，对于不可再生资源来说，要增加替代资源的研究和开发，用新能源替代旧的不可再生的能源，从而解决一些不可再生资源目前消耗殆尽的困境。除此之外，对环境进行美化和人工维护也属于再生化原则的体现。

（二）绿色能源

1. 绿色能源的含义与种类

人类生存和发展都离不开能源，纵观人类社会发展史，能源为人类发展提供了物质基础。可以说人类每一次对能源的改进和发掘，都标志着人类文明的进步。人们通过对能源的开发和利用不断地推动经济的发展。经过长期的消耗，能源已经面临枯竭，能源短缺必然影响经济发展。在全球化石能源日益枯竭的背景下，绿色能源应运而生。

绿色能源又称为"清洁能源"，对其含义的分析，可以从广义和狭义两个方面进行。具体来讲，狭义的清洁能源其实就是指可再生能源，例如，水能、太阳能、地热能、生物能、风能和海洋能等都属于消耗之后能够恢复的能源，而且在消耗过程中很少产生污染。

广义的绿色能源主要包含两个方面的含义：

第一，绿色能源通过现代技术对风能、太阳能等干净、无污染的新能源进行开发。

第二，绿色能源利用现代技术将城市中的垃圾等废弃物中蕴藏的能源开发出来，从而化害为利。由于绿色能源是从城市废弃物中开发能源，因此在开发过程中要结合城市环境改善进行，与此同时，还要大力普及自动化控制技术和设备，以提高能源的利用率。

（1）风能

风是世界上普遍存在的一种自然现象，它是由太阳辐射热引起的。太阳照射到地球表面，地球表面因受热不同就会产生温差，冷热空气发生上升或下降，引起大气对流运动，就会产生风。因此，风能是取之不尽、用之不竭的，最重要的是风能的总量是十分可观的，全球的风能约为 $2.74×10^9$ 兆瓦，其中可利用的风能为 $2×10^7$ 兆瓦，这样大的储量甚至比地球上的水能总量还要大 10 倍。

风能不仅有着巨大储量还属于无污染的可再生能源，因此具有巨大的发展潜力，特别是在一些风能比较发达的地区，如沿海岛屿、草原牧场、边远山区等远离电网或者电网难以到达的地方，利用风能作为生活能源不失为一种可靠的途径。我国目前可开发风能居世界首位，陆上风能可达 2.5 万亿千瓦，近海约 8 亿千瓦。由于我国风能储量高，再加上风能的开发又具有一定的成本优势，因此，我国政府非常重视并大力支持风电行业。

（2）太阳能

太阳光的辐射能量称为太阳能。对太阳能的开发，在现代一般用作发电。可以说，地球形成之后，地球上的生物之所以能够生存就是依靠太阳提供的热和光。人们在古时候就知道利用太阳晒干衣物和食物，并且知道利用太阳晒干作为储存食物的方法，如晒咸鱼干等。随着经济发展，化石燃料日益减少甚至面临枯竭，人们开始探索让太阳能进一步发展，代替化石燃料提供能量。太阳能可以说是地球上许多能量的来源，比如风能、水能等都来自太阳能。

太阳能具有很多优点，主要包括：一是数量庞大；二是每天无限量供应；三是具有特殊性，既是一次能源，又是可再生能源；四是免费使用，无须运输，成本低；五是对环境无任何污染。

太阳能的使用为人类创造了一种新的生活状态，比如太阳能蓄电池、太阳能热水器等，不仅方便了人们的生活，也为人们的日常生活降低了成本。随着太阳能的大力推广，人们进入了一个节约能源、减少污染的时代。

太阳能是一种新兴的可再生能源，太阳能发电分为太阳能热发电和太阳能光伏发电。太阳能热发电是通过收集太阳能，用水或是低沸点流体直接或是间接产生的蒸汽驱动汽轮发电机。太阳能发电的主要优点是：太阳能电池可以设置在房顶等平时不使用的空间，无噪声、寿命长，而且一旦设置完毕就几乎不再需要调整。现在只要将屋顶上排满太阳能电池，就可以实现家中用电的自给。如今太阳能的主要用途已不再是小规模的，从性质上来说是专业化的。它在军事领域、通信领域以及城市建设领域等都起到了重大的作用。目前，太阳能的利用存在着巨大的发展空间，有关的技术有可能在短时间内实现突破。太阳能已被许多发达国家作为其能源战略的一个重要组成部分。

（3）生物质能

生物质能来自太阳能，它实际上是太阳能以化学能形式储存在生物中的，是一种以生物质为载体的能量形式。组成生物质能的是各种有机体，这些有机体是在光合作用下产生的。生物质能除了包括自然界所有的动植物之外，还包括所有的微生物。生物质能是人们发现的地球上继石油、煤炭、天然气之后的第四大能源，具有其他可再生能源所不具有的一些特点。例如，它是太阳能在经过生物质储存后的另外一种能源形式，是可再生的碳源。它既可以转化成固态燃料，也可以转化为液态燃料，还可以转化为气态燃料。

生物质能由于清洁、无污染、可再生而备受青睐。开发利用生物质能源已成为世界能源可持续发展战略的重要组成部分。以燃料乙醇为代表的生物质液体燃料产业开始于 20 世纪 90 年代，2000 年以后进入快速发展时期，经过几年的试点和推广使用，乙醇汽油与柴油在生产、混配、储运和销售等方面已拥有较成熟的技术。生物柴油是可再生能源，对经济可持续发展、保护环境有重要的意义。

（4）海洋能

海洋能是一种可再生能源，它依附于海水，是指海洋通过各种物理过程对能量进行吸收、储存和散发。这些能量在海洋中的存在形式很丰富，比如波浪、潮汐、温度差等。

①波浪能。海洋中的波浪主要是风浪，而风的能量来自太阳，所以说波浪能是一种很好的可再生能源。另外，世界能源委员会（WEC）的调查结果显示：全球可利用的波浪能达20亿千瓦，数量相当可观。同时，波浪能具有的优点也保证了其具有良好的可开发性。

波浪能是一种机械能，是海洋能中质量最好的能源，同时其能量转化装置相对简单。尽管波浪能的能流密度偏低，但蕴藏量大。如太平洋、大西洋东岸中纬度30°～40°区域，波浪能可达30～70千瓦/米，某些地方甚至高达100千瓦/米，可以保证可开发利用能源的总量。冬季可利用的波浪能最大，可以有效缓解该季节能耗巨大的问题。波浪能是海洋中分布最广的可再生能源，因此波浪能可以成为海上偏远地区的能量来源。

②潮汐能。海洋中的潮汐能是在涨潮、落潮的过程中，随着汹涌而来的海水而产生的，蕴藏着巨大的能量。具体来讲，当涨潮的时候，海水汹涌而来并产生动能，随着海水水位的不断升高，海水巨大的动能便被转化为势能；当落潮的时候，海水奔腾而去，使海水水位降低，势能转化为动能。如此反复就形成了巨大的潮汐能。世界上的潮差值大的可达13～15米，而通常情况下只要平均潮差值大于3米就有实际应用价值。

潮汐很复杂，不同的地区有不同的潮汐系统。虽然能量都是来自深海的潮波，但不同地区的潮汐有着各自的特点，而各地区都可以对潮汐进行准确的预报。

人们目前对潮汐能的利用主要是发电。因此，潮汐电站在选址时通常选择经常出现大潮的地方，并且该地适合建造潮汐电站。因为只有大潮，能量才会集中，也才能提供足够的能量来发电。尽管潮汐电站的选址条件比较苛刻，但是目前各国已经选定并建造了大量的潮汐电站。

③海水温差能。顾名思义，海水温差能就是由于表层海水和深层海水之间的温度差异而产生的一种能量。海水温差能是海洋能中一种重要的形式。海水温差

能的产生过程为：第一，太阳照射到海面上，太阳辐射能使海洋表面的温度升高，这是因为海洋表面可以把太阳辐射能转化为热水储存在海洋表层。第二，接近冰点的海水大面积地在不到 1000 米的深度从极地缓慢地流向赤道。这样，就在许多热带或亚热带海域形成终年 20℃ 以上的垂直海水温差。人们利用这一温差可以实现热力循环并发电。

（5）地热能

地热能是来自地球深部的热能，也是一种可再生能源，来源于地球的熔融岩浆和放射性物质的衰变。地热能的存储量远比人们所利用的总量大得多，其分布也有一定规律，主要分布在构造板块的边缘，也就是火山和地震多发区。地热能在用完之后是可以自行补充的，如果开发的速度不超过其自行补充的速度，那么就可以说地热能是可再生的，属于可再生能源。人们目前对地热能的利用主要分为直接利用和地热发电两种。具体来讲，地热发电实际上就是通过对地热能的开发，使用其所产生的蒸汽动力进行发电。全世界地热资源存量庞大，目前的应用还没有开发出地热能的巨大潜力。

（6）氢能

氢能本质上属于二次能源，是人们运用一定的技术，经过一定的过程，从其他能源中制取出来的，而不像煤、石油和天然气等能源是直接开采出来的。一般的可再生能源虽然有恢复能力，但是其恢复需要的时间非常长，而氢能是被制取出来的能源，因此氢能的使用有望缓解能源危机。

在自然界中，氢和氧结合成水，必须用热分解或电分解的方法把氢从水中分离出来。燃料电池就是利用氢与氧的电化学反应产生电与水，用以发电，较传统方式更有效率。商品化后，这样的发电系统很适合一般家庭使用，其副产品所生的水的温度为 40～60℃，相当适合家庭洗澡和厨房利用。

因为氢可以经过热分解或电分解从水中分离出来，所以有人想到利用煤、石油和天然气等作为燃料进行氢的分离，而事实上这种做法是不可取的，虽然制取了氢，但是同时也消耗了煤、石油和天然气等能源，得不偿失。目前普遍采用太阳能来制氢，经过这一过程，比较分散的太阳能转化成了高度集中的清洁能源——氢能。

（7）核能

核能又称为"原子能"，是通过核反应从原子核释放的能量，符合阿尔伯特·爱因斯坦（Albert Einstein）的方程 $E = mc^2$；其中 E 为能量，m 为质量，c 为光速常量。

核裂变、核聚变、核衰变是核能的三种核反应，核能就是通过三种核反应释放的。核能目前也主要用来发电。

①核能发电的优点。

第一，核能属于清洁能源。其他化石燃料在燃烧后会排放大量的废弃有害物质到大气中；而核能在使用后不会向大气中排放任何污染物质，因此核能发电不会造成大气污染。

第二，其他燃料（如煤、石油、天然气等）燃烧后会产生大量的二氧化碳，增加温室效应；而核能在使用后不会向大气中排放二氧化碳，有助于遏制温室效应。

第三，核能发电所使用的铀燃料，除了发电外，没有其他的用途。

第四，核燃料能量密度要高出其他化石燃料数百万倍，因此核电厂的燃料体积很小，运输和存储都很方便。

第五，利用核能发电时，所用的燃料的费用比较低，核能发电的成本受国际经济的影响较小，因此核能发电是一种比较稳定的发电方式。

②核能发电的缺点。

第一，在利用核能进行发电的过程中，会产生一些高低阶放射性废料，废料虽然体积不大，但是具有放射性，因此要慎重处理。

第二，核能发电厂的热效率比较低，在发电过程中，会向大气中排放更多的废热，而且核能在利用中排放的废热远高于其他化石燃料，因此核能发电厂产生的热污染较严重。

第三，建造一座核能发电厂的成本是巨大的，一般的电力公司无法承担，就算大的电力公司能够承担，其所要承受的财务风险也是较高的。

第四，核能电厂较不适宜做尖峰、离峰的随载运转。

第五，由于核电站在发电过程中会释放一些具有放射性的废料，因此核电厂的兴建具有很大的政治困扰，甚至可能引发政治歧见纷争。

第六，核电厂发电是靠核燃料在反应器中反应并释放核能而实现的，因此在核电厂的反应器中存有大量的放射性物质。如果一旦处理不慎，这些放射性物质被释放到外界，则将会给民众和自然生态造成巨大的伤害。

2. 我国绿色能源的发展

能源专家认为，中国在发展绿色能源的时候，应根据本国能源现状实现多元发展。中国主要需要发展三种绿色能源：一是节约能源、提高能源效率、零污染的绿色能源；二是发展可再生能源、核能等新型绿色能源；三是推进煤的洁净化技术，使煤这个黑色能源绿色化。

根据我国的中长期发展规划，能源发展的结构思路是"煤为基础、多元发展"。在中国的能源结构中，煤炭是主体。因此，在倡导环保和节能减排的前提下，实现清洁煤的发展是必由之路。与此同时，大力发展天然气也是我国在改善能源结构方面必须要做的。

建设资源节约型、环境友好型社会，推进经济结构调整，转变增长方式的理念。我国能源结构不断优化升级，呈现煤炭、电力等传统能源清洁化，水电、核电等清洁能源规模化的喜人形势。

我国还建立了绿色能源示范县，它是指经国家能源局、财政部和农业农村部共同认定，以开发利用绿色能源为主要方式解决或改善农村生活用能的县（市）。绿色能源示范县开发利用的绿色能源主要是生物质能。

（三）绿色工程

1. 绿色工程的定义

绿色工程是指在现代化建设的工程从开始到结束的整个过程中不仅要充分考虑环境影响，还要注重资源的利用效率，从而使工程建设过程中环境破坏降到最低甚至为零污染，资源利用高效以达到资源节约的目的。绿色工程的目标是工程在实施过程中做到环境污染极小，资源利用率极高。值得注意的是，绿色工程在建设中不仅要考虑环境的负面影响和资源的利用率，还要将工程的社会效益与经济效益协调优化。绿色工程要求企业在追求经济效益时必须坚持可持续发展原则，并且还要在坚持可持续发展原则的基础上寻求优化。绿色工程不是单纯针对工程中的部分环节，而是要覆盖整个工程建设的所有环节。具体来讲，从工程最开始的设计、选址到工程实施中的选材、内部装修设计、选材与施工，再到上下水系统、通风采暖系统、能源系统的设计与施工，甚至到最终用户的使用和维修等都要考虑是否符合绿色环保的要求。

2. 绿色工程实施的必要条件

（1）理论支持

用来支撑绿色工程的理论包括可持续发展理论、循环经济理论、系统科学理论。实际上，可以将绿色工程看作可持续发展战略在工程建筑中的体现。关于绿色工程的理论支持，现分析如下：

①可持续发展理论。绿色工程主张利用先进的技术将"绿色"概念引入工程中，这里的"绿色"不单单是干净、无污染的意思，还包括资源的节约和资源结构的优化。因此，绿色经济追求的是经济发展与自然环境资源协调发展，注重环境保护和资源合理利用，体现可持续发展的内涵。

②循环经济理论。绿色工程本身就是围绕着循环经济的理念展开的，因此需要循环经济理论的支持。

③系统科学理论。系统科学理论就是以系统及其机理为对象，研究系统的类型、一般性质和运动规律的科学。系统科学理论是一个综合的理论，包含了系统论、信息论和控制论等基础理论、系统工程等应用学科以及近年来发展起来的自组织理论。它要求从要素之间、要素与系统、系统与系统、系统与环境之间的相互关系去把握客观的对象，去思考和解决问题，要求人们具有整体观点、动态观点、择优观点，以达到优化思维的目的。可见，绿色工程离不开理论的指导。

（2）社会支持

①法律和行政的支持。通常情况下，一个国家绿色工程的实施是通过该国家的立法、政令或者其他形式来规定的。由于绿色工程是一个长期复杂的过程，覆盖工程的所有环节，因此，要有一定的规范性的条文对绿色工程进行约束，确定相关的法律法规，有法可依、有章可循是实施绿色工程的保障。目前来看，与绿色工程确立相关的法律法规还不是很完善，不能为绿色工程的实施提供有力的支

持。因此，应该加强这方面的立法。只有有了强有力的法律作为依据，再在环境保护或者其他行政主管部门制定的方法和原则的指导下，绿色工程才能顺利实施。

②公众参与的支持。战略决策本身就具有影响广泛的特点。绿色工程在实施过程中，要注意公众的参与，征求公众的意见，同时建立由不同专业、不同部门的专家、学者组成的专家系统对评价过程进行完善。除此之外，社会还需要设立专门机构对规划和绿色工程认证的人员进行技术培训，使他们熟悉进行绿色工程的理论和方法。这样，他们在认证某项重大绿色工程计划或战略时，就更具有前瞻性和科学性。

（3）技术支持

①绿色设计技术。绿色设计是指在对工程的全过程和各个生命周期进行设计时，不仅要考虑工程的功能、质量等基本属性，还要考虑其实施过程中的环境属性，例如，通过优化相关设计因素，从而使得工程的建设过程中对环境的危害降到极低，甚至为零；并且提高资源的利用率，减少资源消耗，达到资源节约的目的。

绿色设计的特点包括：

第一，工程的设计力求更充分地利用资源，提高资源的利用率。

第二，工程的整个生命周期都不损害人体的健康和自然生态环境，否则该工程应该被给予限制甚至被淘汰。

第三，在设计过程中，注意对工程规模的控制，要把握好工程规模，以资源利用率最高、污染物排放最少、经济效益最高为宜。

②绿色材料选择技术。绿色材料又称为"环境协调性材料"。之所以称其为"环境协调性材料"，是因为绿色材料的选用能够使资源和能源的消耗少，对环境污染小且能够循环再生。绿色材料选择技术是一个兼具系统性和综合性的复杂问题，主要体现在以下方面：

第一，绿色材料实际上到现在都没有一个明确的界定，因此对其进行选择存在一定的难度。

第二，在选用材料方面，不能仅考虑其是否具有绿色性，还要考虑选择的材料是否符合工程在功能、质量、成本等方面的要求。因此，这些要求为选择绿色材料增添了复杂性。

正因为绿色材料的选择技术存在系统性和复杂性，为绿色材料的选择增加了一定的难度，所以在绿色材料的选择过程中，应遵循以下几条原则：

第一，尽量选用回收材料或者资源丰富的可再生材料，并且在设计的时候采用节材的结构。

第二，在选用材料的时候，将低能耗、少污染的材料作为首选。

第三，有些危险材料会使生产过程的危险性增加，因此在选用材料的时候，要选用安全且环境兼容性好的材料，不要选用有毒或者有辐射性的材料。

第四，选用的所有材料都应该符合再利用、再回收、再制造的原则，并且易于降解，不会给环境带来压力。

③绿色生产工艺规划技术。绿色生产工艺规划就是从工程的实际情况出发，为工程的实施选择一条既适合该工程，又能体现可持续发展观的工艺路线。首先，该工艺路线对物料的要求主要包括：环境污染小，能源消耗小，产生的废物少且毒性小。其次，该工艺路线对生产工艺也有一定要求：注意改革生产流程，使第一道工序中工具及能源的利用率得到最大限度的提高，在生产过程中有效地利用输入的工具和能量，从而使生产过程中的能源浪费和污染物排放大大降低。最后，该工艺路线还要求在生产过程中向自然界排放的废弃物要无毒并且能够被微生物分解。以上便是绿色生产工艺规划中所要注意的地方，利用绿色生产工艺规划技术为工程的实施设计一条资源利用率好、污染小的工艺路线，是实施绿色工程的一个重要的条件。

3. 绿色工程的原则

绿色工程的原则主要包括以下十二项：

第一，努力保证使进出的所有材料基本上都是无害的。

第二，污染预防取代末端处理。

第三，应尽量使分离和纯化操作少用能源和材料。

第四，最大限度提高效率，设计产品、流程和系统应最大限度使用物质、能源、空间和时间效率。

第五，产出拉动型而不是投入推动型生产，例如，不额外投入材料、热量。

第六，保存复杂性，设计师宁愿考虑处置高度复杂的产品，如硅计算机芯片，而不是循环利用一般产品。

第七，设计目标要考虑耐用性。

第八，设计时避免不必要的产能或容量。

第九，在多组分产品中尽量少使用材料品种。

第十，设计产品、流程和系统时必须整体考虑能源和材料物流。

第十一，设计产品、流程和系统时要考虑产品使用期后的运作。

第十二，投入的材料和能源最好是可再生的。

（四）绿色运输

1. 绿色运输的含义

随着经济的发展，作为经济活动的一部分，物流活动同样面临环境问题，如运输工具的噪声、污染气体的排放、交通阻塞、交通事故，以及生产和生活中的废弃物的不当处理等，其中运输对环境的影响最为严重。运输是物流活动的一个重要环节，在物流业迅速发展的今天，为了社会、经济的可持续发展，为了物流业自身的可持续发展，建立绿色低碳运输体系显得尤为重要与迫切。

绿色运输实际上就是站在环境的角度对运输体系进行的改进，从而在运输系统中体现绿色环保、资源节约，并形成一个与环境协调发展的运输系统。因此，绿色运输的实现一方面要求在运输过程中不能对环境造成破坏，并采取相关措施实现运输环境的净化；另一方面要求在运输过程中避免资源浪费，使资源得到充分利用。

2. 传统运输对环境的影响

（1）运输工具对环境的影响

运输对环境的影响首先表现在运输工具对环境的影响上，运输工具（如汽车、火车、轮船等）虽然为商品的流通带来了便利，为社会发展做出巨大贡献，但是在运输过程中也使得环境受到污染。这些运输工具会向自然界排放废弃物，造成大气污染，另外，机器在运行中还会造成噪声污染。

①大气污染。运输工具对大气的污染主要体现在尾气的排放方面，汽车等运输工具在运行过程中燃烧汽油等燃料后会向大气中排放废气，而废气中包含很多成分，如一氧化碳、氢氧化物、铅氧化物、未充分燃烧的碳氢化合物，以及浮游性尘埃是大气污染的主要来源。

②噪声污染。运输工具造成的噪声污染的来源是多方面的。运输工具在运行过程中，由于机器运作会产生各种声音，如果这些声音达到干扰人们休息、学习、工作的程度，就会造成噪声污染，主要包括发动机运行发出的声音、车辆喇叭的声音、汽车排气的声音等。另外，在工程建设中，无论是施工机械还是运送施工材料的机器，所发出的声音都会对附近学校和居民区造成影响，形成噪声污染。从医学角度来看，大量的噪声会给人带来全身性的危害，既可以影响听觉系统，也可以影响非听觉系统。除此之外，噪声还可能影响施工现场工人的语言交流，增加事故发生率等。因此，交通运输工具及工程建设引起的噪声污染不可忽视。

（2）运输物质对环境的污染

运输是为了满足人们生产、生活的需要，随着社会经济的发展，运输物质的种类越来越丰富，除了运输一些普通的无害的物质外，有时候还会运输一些有害的物质。当然，普通的物质对环境的污染相对较小，但有害、有毒的物质在运输过程中存在泄漏的可能性，一旦泄漏就会给环境造成大的污染和危害，不容忽视。比如，酸性液体在运输过程中，一旦泄漏不仅会对环境造成污染，还会腐蚀基础设施。除了陆路运输外，目前水上运输也很普遍。一旦大型油轮发生泄漏，就会给水体带来灾难性的后果。

（3）运输功能的资源代价

除了运输工具和运输物质给环境带来的危害外，在运输系统中还有一个对环境的影响不容忽视，那就是运输过程中的资源代价。这里说的资源不仅包括运输中所使用的自然资源，还包括人力资源和资本资源。具体来说，为了方便运输，建造的公路、铁路占用了相当多的土地资源，特别是高速公路和铁路的占地数量更是巨大，有的区域甚至占据了大量耕地或者有经济价值的土地资源。另外，运输中的司机、装卸工人和调度人员等都是投入的人力资源。传统运输工具需要能源的支持才能运行，能源的使用是对自然资源的消耗，另外购买能源需要大量的资本资源。

3. 绿色运输的实现

传统的运输方式会给资源和环境都带来不小的压力，在可持续发展战略下，运输系统要走资源利用少、污染小的可持续发展道路。在这样的背景下，绿色运输应运而生。

绿色运输完美地体现了可持续发展观，具有以下优点：

第一，它可以提高运输效率、节约资源。

第二，它可以减少环境污染、优化人类生存环境。

第三，它可以降低物流成本。

第四，运输效率的提高、环境污染的减少，也能够使相关企业树立良好的公众形象，扩大知名度和影响力。

既然绿色运输有这么多的优点，那么企业应该如何实现绿色运输呢？实际上，绿色运输的实施除了企业自身的努力外，还要有政府的法规和政策的支持。

（1）政府层面

①加强绿色低碳运输的宣传力度。政府可以通过召开物流、运输企业研讨会等向辖区内的企业倡导绿色低碳运输。

②加强相关法制建设。近年来，随着经济的发展，交通运输工具的数量每年呈激增的态势，面对交通运输工具给环境带来的伤害，政府要强化交通运输管理，完善相关法律法规，以行之有效的法律和强有力的行政管理来对交通运输工具进行控制。具体来讲，政府可以针对交通运输工具排放尾气的事项制定相关法律，做出严格的规定。

③加强公路系统的合理规划。随着科技的进步，社会已经进入智能化时代，政府应对全国公路系统做合理规划，加快智能公路系统的建设。

（2）企业层面

①开展共同配送。顾名思义，共同配送就是多个企业联合起来由一个物流公司对货物进行配送。这种方式一方面提高了资源的利用效率，包括人员、资金、时间等，从而实现了经济效益最大化；另一方面，避免了大量不必要的交错运

输，既可以缓解交通，又可以保护环境。

②发展第三方物流。除了供方和需方之外的第三方物流企业，对供需双方的货物进行运输。第三方物流由于是跳出供需双方之外的第三方企业，因此能够从更高且更广泛的角度考虑运输中的合理化问题，从而使配送环节更加简化，运输线路和方式更加合理，节省人力、财力。第三方物流能够最大限度地对物流资源进行合理的配置，从而避免了大量人力、物力的浪费，减轻了企业的负担，降低了城市污染问题。

③采取复合一贯制运输。复合一贯制运输就是指在运输过程中不仅是采取一种运输方式，而是通过合理规划，坚持运输成本最低化、运输效率最高化的原则，采用多种交通运输方式。具体来讲，日常生活中常见的运输工具包括火车、汽车、船舶、飞机等，复合一贯制运输要求合理地利用这些交通工具的长处，将这些长处结合起来，制定一种高效、低投入的运输方式。

复合一贯制运输方式具有以下优势：

第一，克服了单一运输方式固有的缺陷，如容易受天气条件的影响。

第二，从物流的渠道来看，复合一贯制运输能够有效解决由于地理、气候等造成的商品在产销空间、时间上的分离等问题。

（五）绿色旅游

1. 绿色旅游的定义

"绿色旅游"一词自 20 世纪 80 年代就已传入我国，但目前还没有明确、统一的定义。学者对绿色旅游的定义可谓仁者见仁、智者见智，其中具有代表性的观点有以下几种。

第一，将"绿色旅游"分为广义和狭义两种概念，广义的绿色旅游是指具有亲近环境或环保的各类旅游产品和服务。狭义的绿色旅游是指农村旅游，即发生在农村、山区和渔村的旅游活动。

第二，绿色旅游即生态旅游，主要是指受人干扰较少的自然遗产或能体现人地关系较协调的民族文化遗产。绿色旅游的内涵就是让游客在良好的生态环境中旅行、休憩和疗养，同时在此过程中增强环保意识。

第三，绿色旅游包括旅游者、饭店、景点管理者、旅行社和导游在内的旅游参与者。在整个旅游过程中，各个环节都必须尊重自然、保护环境，以保证旅游资源和社区经济的可持续发展，并且让游客在良好的绿色环境中获得欣赏美景、享受生活、探究自然与地方文化的体验。这种观点涉及所有的旅游参与者。旅游对象不限定于自然环境，还包括文化资源，既重视旅游全过程中对自然、环境、文化的保护，也考虑了游客的旅游体验和社区经济发展，充分体现了全面、持续和协调的科学实践发展观。

由此可见，绿色旅游有别于传统的旅游类型。作为一种新型的旅游形态，它不仅具有观光、度假和休养的功能，还具有科学考察、探险和科普教育等多重功能，使得旅游蕴含的内在功能更加丰富，作用也不断提升。对旅游者来说，绿色旅游不仅是享受和娱乐，同时还增加了旅游者与自然亲近的机会，深化了人们对生活的理解。

2. 我国绿色旅游的发展

绿色旅游在我国起步较晚，但是，随着我国加入世界贸易组织，我国旅游业及相关行业加速与国际接轨；可持续发展正在成为当今时代发展的主题，各个国家都大力倡导保护环境、节约能源以实现可持续发展；随着 2008 年"绿色奥运"效应的逐渐显现、国民环保意识的增强，受国际旅游发展的影响，绿色旅游也开始在中国流行。

改革开放以来，我国旅游业持续快速发展，从无到有，从小到大，产业形象日益鲜明，产业规模不断壮大，成为国民经济中发展速度较快的行业。中国凭借得天独厚的条件实现了由旅游资源大国向亚洲旅游大国的历史性跨越。旅游生产力得到全面、快速的发展，旅游业已成为中国国民经济新的增长点。但是，与此同时，旅游资源和环境也在遭受破坏。随着全球变暖，人们逐渐认识到这种破坏的严重性，于是绿色旅游的实践得以在我国快速展开。

我国的绿色旅游主要以森林公园、自然保护区、野生动物园和生态农业园为依托，由于它顺应了人们回归自然的愿望与需求，全国各地都看好它的发展前景，纷纷对此进行投资。例如开发"农家乐"、增设自然保护区和野生动物园等。湖水资源丰富的区域推出了"湖乡农家乐"，花卉资源丰富的区域推出了"花乡农家乐"，鱼虾资源丰富的区域推出了"渔乡农家乐"，竹林资源丰富的区域推出了"竹乡农家乐"等。这些"农家乐"旅游商品具有"乡土性""民俗性""参与性""自然性""体验性"，形成了不同的风格和特色，满足了旅游者的不同需求。这些努力充分体现了我国对绿色旅游的高度重视，成为我国绿色旅游发展的缩影。

绿色旅游是中国旅游业发展的必然趋势。生态旅游是现代世界上非常流行的旅游方式，尤其是在欧美的发达国家已经发展得非常成熟。近两年来，生态旅游概念被引入中国并逐步推广开来，很多旅游者开始尝试这种新时尚的旅游方式。随着对环境保护的大力宣传，人们关心生存环境、注重生态养生的意识也在不断地增强。走进大森林，回归大自然，到青山绿水中去休闲度假、猎奇览胜、陶冶性情的绿色旅游将追随着生态旅游的热浪冲击，成为人们新的选择。另外，随着绿色营销、绿色消费浪潮的来临，绿色旅游将得到进一步发展。

3. 我国发展绿色旅游的措施

（1）进行绿色开发

绿色开发是指对旅游资源的开发利用，是旅游业可持续发展的基础保证。绿色开发强调旅游业发展要从追求规模转向追求效益。对旅游资源进行深度发展，加大旅游资源开发利用的文化含量，延长游客在旅游景区（点）的停留时间，变资源消耗型开发为内涵拓展型开发。绿色开发还强调要将经济效益、社会效益和环境效益统一起来。

绿色开发还要求广泛利用社会资源，把一些看起来没有用的社会资源通过旅游的组合形成有效资源。通过旅游发展提高有效的社会资源的附加值，如工业旅游，原本是废弃的厂房、废弃的设备，通过展览再现或流程模拟等手段，变废为宝，成为旅游产品中的时尚品种。科教旅游、文化旅游和体育旅游等都是对社会资源的广泛利用。这些创新性事物的形成，使整个社会资源在旅游发展过程中得到了充分凝聚。

（2）开发和生产绿色旅游产品

绿色旅游产品主要是指旅游企业所提供的各项满足旅游者绿色旅游活动的有形旅游商品或无形的旅游服务。绿色旅游产品除了具有一般旅游产品的属性和功能外，还必须具备改进生态环境条件的功能。

生产绿色产品要形成绿色景区体系、生态旅游产品体系和企业体系。绿色景区体系强调减少有害气体的排放、净化空气、净化水源，形成良好的旅游环境。生态旅游产品体系强调大力发展森林旅游、滑雪旅游、海洋旅游、沙漠旅游、民俗旅游等注重生态保护的旅游产品，绿色企业体系包括绿色饭店、绿色交通、绿色商店、绿色旅行社和绿色娱乐场所。绿色饭店强调酒店服务和管理的绿色理念，建筑材料和设施设备符合环保要求。绿色交通要求节约并使用无污染的电能，强调提速并使用高速列车、磁悬浮列车和飞机，绿色商店强调出售的商品具有绿色环保标志或达到环保要求，引导消费者进行绿色消费。绿色娱乐场所则强调其装修材料要无害、防火，并且有好的隔音和隔光效果。

（3）开展绿色营销

绿色营销是指以促进可持续发展为目标，为实现经济利益、消费者需求和环境利益的统一，市场主体根据科学性和规范性的原则，通过有目的、有计划地开发及同其他市场主体交换产品价值来满足市场需求的一种管理手段。该定义强调绿色营销的最终目标是可持续性发展，而实现该目标的准则是注重经济利益、消费者需求和环境利益的统一。

开展绿色营销是推行绿色开发和生产绿色旅游产品的深化。绿色营销在开展过程中注重市场主体的有效配合。在开展绿色营销的同时，企业还要大力推行绿色管理与绿色服务，从而获得更多的经济利益，实现经济社会和人类的可持续发展。

三、绿色投资与经济发展的关系

绿色投资主要分为对自然资源保护利用的投资和生态环境保护投资。同时，绿色投资还可以具体表现为对绿色企业的投资、对绿色产业的投资、对绿色园区的投资、进行绿色城市打造的投资以及对绿色技术的投资等。

（一）绿色投资与绿色经济发展的关系

1. 绿色投资能解决资源匮乏与社会福利需要不断增长的矛盾

过去中国的经济增长主要靠消耗大量资源，资源"瓶颈"和环境约束使得传统的经济增长遇到了障碍，而发展绿色投资可以较好地解决中国的高投资率支持高经济增长率，但经济福利并没有按同样速度增加的问题。以国内生产总值为主要指标的单一投入产出核算体系忽略了生态环境恶化所带来的经济损失和自然资源的耗费，使实际财富并没有增加多少，使得人们所获得的经济福利并不会相应增加多少，反而由于疾病及健康受损使经济福利减少。所以说，经济发展更强调的是伴随着国内生产总值增加各方面是否发生了改善性变化，比如健康的提高和卫生条件的改善以及政治、经济、文化、教育等各方面的改进，而绿色投资恰恰能实现环境保护和经济发展的"双赢"目标。

2. 绿色投资能够全面促进绿色经济的形成与发展

绿色投资有利于资源使用减量化，减少污染排放，实现可持续发展。

第一，绿色投资过程是绿色资本形成的过程，而不断累积的绿色资本成为可持续发展的基础，最终实现国民经济的绿色化发展。

第二，由于绿色投资同样离不开市场机制和政府职能发挥的共同作用，因此会促进市场的绿色资源配置机制的形成，同时，也有利于引导政府在绿色投资领域的职能发展，从而使整个经济机制体制绿色化，形成绿色经济社会。

第三，绿色投资获得的是绿色收益，投资获取收益是投资的本质，因此绿色投资能够获得绿色收益。

由此可见，绿色投资有利于使投资、生产、产出的各环节以及组织管理机制等各方面都绿色化，有利于实现经济、社会和环境的协调发展。可持续发展要求人们根据可持续性的条件来调整自己的生产方式和生活方式，要求经济和社会发展不超越资源和环境的承载能力，实现人类社会的绿色化发展，其最主要的实现途径就是绿色投资。

3. 绿色投资是实现整个绿色经济战略的重要一环

由于绿色投资就是要投向绿色产业，其中的关键一点就是鼓励使用绿色技术。而先进的科学技术是实现绿色投资的重要组成部分。作为绿色投资的上游环节，投资绿色技术的投入产出比有明显优势。如果把绿色投资比喻为一棵参天大树，那么生态技术就是它的根。在产品设计中，企业要充分考虑减少资源的浪费，保护环境，产品要易于拆卸、分解，零部件等可翻新和重复利用。如果没有先进技术的输入，绿色投资所追求的经济和环境多目标效益从根本上就将难以实现。由此，绿色技术的采用就是要加速科技进步、持久利用资源、改造耗竭型的工业发展模式，这是国际经济发展的一种趋势。为此，需要加大对绿色技术的推广与应用的投资。

所以，绿色投资是以达到保护环境、促进循环经济发展、建立人与自然和谐社会为目标的投资，是建立资源节约型和循环型社会的必要手段。中国应尽快建立起完善的绿色投资体系，加快推动经济的可持续发展。

（二）绿色投资与提高经济绿色化程度的关系

1. 提高经济绿色化程度为绿色投资开辟了广阔空间

各地区在树立生态观念、完善生态制度、维护生态安全、优化生态环境等方面，开展了多种形式的实践探索，部分地区已经初步形成了有利于绿色化发展、资源节约和环境保护的格局，打造出了适宜生态文明要求的生产方式和生活方式，其含义包括如下内容：

第一，打造适宜生态文明的生产方式，推进产业结构绿色化。青山绿水、大草原、大森林既是重要的自然财富，也是生产生态产品的"耕地"。好的生态环境不仅能提供生态产品，更能增加生态财富、提升生态价值，带动产业结构升级绿色化，创造新的经济增长点。

一是大力发展纯绿色产业，带动生态、旅游、文化深度融合和发展。许多地区越来越重视绿色种植、特色养殖、绿色农副产品加工、生态旅游等循环经济，越来越重视因地制宜地发展资源环境可承载的特色经济、适宜产业，带动了生态经济的产业链条延伸和产业价值链提升。特别是有历史文化底蕴和自然生态优势的地区，应充分利用生态优势，以旅游为突破口带动本地产业的绿色化升级，带动生态、旅游与文化深度融合发展。

二是大力发展节能环保产业，打造新的支柱产业。节能环保产业作为国家加快培育和发展的 7 个战略性新兴产业之一，面临难得的发展机遇。节能环保领域的链条较长，市场需求大，对拉动投资和消费的带动作用强，更有利于促进产业结构优化升级、提高能源资源循环利用效率。许多地方已经认识到节能环保产业的巨大市场潜力和生态潜力，广东、山西、安徽等省纷纷制订发展战略和行动计划，以税收、财政补贴等多种方式大力发展节能环保技术、加快培育节能环保市场，培育了一批有影响力的节能环保骨干企业，力图把节能环保产业打造为本地区能够接替传统产业的新兴支柱产业。

三是以节能服务业为突破口，带动传统产业升级改造绿色化。节能服务业主要是指为节能技术、装备研发、应用示范和项目执行提供技术、金融、合同能源管理和宣传推广的服务行业，其中，合同能源管理是节能服务产业的主导模式

第二，打造适宜生态文明的生活方式，引导社会公众走向低碳绿色生活。政府和社会对生态文明的认识和理念在不断深化，生态空间不仅归属于当代人，也属于子孙后代，不能为了追求当代人的幸福而损害后代生存发展的权利。生态文明的建设呼吁社会大众共同参与、共同治理和共同维护，低碳节能、适度节约的生活理念正在得到越来越多人的认可，适宜生态文明的生活方式正在加速形成。

一是公共服务领域率先绿色化。政府在公共服务领域推行节能环保绿色化政策，对公众的生活方式和生活习惯有积极的引导作用。例如，在出行方面推进公交系统绿色化，在新购置公交车辆时优先购置节能环保新能源或清洁燃料公交车辆。又如，在用电方面推广节能环保的绿色化设备。在公共机构、财政或国有资本投资建设的公共场所的照明工程中推广、普及 LED（发光二极管）照明，要求新建照明工程一律采用 LED 产品，原有使用的非 LED 产品应分期分批改造完成。政府机关和公共机构带头采用绿色节能产品，能够对社会形成示范效应。

二是推动社会公众形成低碳绿色生活方式。随着我国经济水平的提升，生活方式绿色化正在成为社会公众的自觉选择。各地实践表明，我国居民的消费模式正在向勤俭节约、绿色低碳、文明健康的方向转变，奢侈浪费和不合理消费越来越少，崇尚生态文明的公众越来越多，绿色化发展的社会群众基础越来越扎实。

三是引领新常态的重要引擎。围绕"绿色化"建设，"美丽中国"相关政策陆续出台。生态文明建设和"美丽中国"已成为经济社会发展的主要内容。

2. 绿色投资是经济绿色化程度提高的重要途径和重要手段

经济发展离不开投资，投资是经济发展的第一推动力。同样，经济绿色化程度的不断提高也离不开绿色投资的不断增加。绿色投资是经济绿色化程度提高的

重要途径和重要手段。

不断提高经济绿色化程度的途径众多，除了法律、制度规范外，投资是主要的途径。用于经济绿色化的投资即为绿色投资。绿色投资是不断提高经济绿色化的基础和动力。没有绿色投资，经济的绿色化就无法实现。唯有不断加大绿色投资，才能使经济绿色化的程度不断提高。

近年来，我国部分行业，如钢铁、水泥、玻璃、风力发电等，出现了严重的产能过剩，投资自然不会流向这些行业。高新技术行业技术门槛相对较高，所需投资较少，因此唯有绿色投资是大有作为的项目。

第二节 绿色投资渠道

一、传统环境保护渠道

在改革开放之后，我国工业得到快速发展，同时环境污染问题也随之而来。而治理环境污染的费用仅仅由国家财政提供，所以其资金十分紧张。资金渠道中用于污染治理投资包括：第一，新建项目"三同时"（同时设计、同时施工、同时投产）污染防治资金；第二，老企业更新改造投资中的7%用于老污染源治理资金；第三，城市基础设施建设中的环保投资；第四，排污收费的80%用作治理污染源的补助资金；第五，企业综合利用利润（5年内不上缴）留成用于治理污染的投资；第六，防治水污染问题的专项环保基金；第七，治理污染的示范工程投资等。

（一）基本建设项目"三同时"环境保护资金

经过不断实践，我国关于建设项目方面的环境保护管理制度已经相当完备，自建设项目开始至项目竣工验收中的各个环节都有明确的环境保护规定。与此同时，我国基本建设项目环境保护资金受多个机构的层层把关，以确保"三同时"规定的贯彻落实，其中包括基建部门、银行、环境保护厅（局）等。

从某种意义上来讲，"三同时"环境保护资金与国家基本建设投资规模有着密切的联系，二者成正相关关系，也就是说，"三同时"环境保护资金会随着国家基本建设项目投入资金的变化而变化。"三同时"环境保护资金的增长主要有两方面原因：一是国家基本建设项目投资数量的增长；二是环保投资比例在基本建设项目中发挥着巨大的作用。

（二）技术更新改造投资中环境保护资金

各级相关部门以及企业每年要从更新改造基金中拿出7%的资金用于环境污染治理，当然，用于环境污染治理的资金比例也可做灵活变动，如对于污染严重、治理困难的企业，其用于环境污染治理的资金比例可以适当上调。此外，企业留用的更新改造资金应当优先用于环境污染治理。同时，企业中的生产发展基金也可以用于环境污染治理。技术更新改造投资中的环境保护资金主要是针对老企业的环境污染治理而制定的。自该渠道开通以来，它对老企业环境污染治理起到了重要作用。

（三）城市基础设施建设中的环境保护资金

城市基础设施建设中的环境保护资金，主要是大中城市按照固定的比率提取的城市维护费用。这些费用用于城市综合性环境污染防治工作，如污水处理、垃圾处理、能源结构改造等。城市基础设施建设中的环境保护资金是环境保护资金较为稳定的部分，而且它占环境保护资金的总比例越来越大。

（四）排污费补助用于污染治理资金部分

我国建立了排污收费制度，经过多年的发展我国的排污收费制度已日益完善，并具有了较为完善的法规体系，不仅包含了国家层面的法律法规，也包含了地方行政规章。从内容上看，我国排污收费制度涉及五大类（污水、废气、放射性、废渣、噪声）一百多项收费标准。通过不断实践，发现排污收费制度不仅是一项行之有效的环境管理制度，同时也在极大程度上控制了污染物的排放。

新的排污收费制度主要有两个明显的改动：一是提升了征收标准，更新之后的排污收费制度主要按照污染物的种类、数量和污染物排放量征收费用。二是将原本当地环保局用于环保自身建设的 20% 的资金全部用于环境污染防治，并将其纳入财政预算，同时列入环境专项保护资金进行管理。排污费主要用于重点污染源的防治、区域性污染防治等。

（五）综合利用利润留成用于污染治理的资金

综合利用利润留成用于环境污染治理资金在一定程度上体现了经济效益与环境效益统一的理念。1979 年，国家为了解决工矿企业"三废"（废气、废水、废渣）环境问题，工矿企业在综合利用产品中产生的利润可以在 5 年内不用上缴，工矿企业可以用这些资金继续治理"三废"，以此来改善环境问题。此外，此项法规对工矿企业提供了银行优惠贷款政策，即工矿企业为了治理"三废"问题所使用的综合利用项目的资金可以享受超低银行利息贷款。总而言之，综合利用利润留成的政策不仅减少了环境污染，也为企业发展积累了一定的环境污染治理资金，从而使环境污染治理进入良性循环。

从综合利用利润留成的情况来看，这部分资金用于环保投资的数额十分有限，占全部环保投资的比例维持在 1% 左右。用于环境保护的资金占工业"三废"资源综合利用产值的比例不足 10%。"三废"综合利用留成是指允许企业将综合利用利润交财政的那部分资金在最开始的 5 年内可留在企业治理污染，但"八五"期间经济体制改革后企业税后利润全部归企业自有，这条政策已不起作用。

（六）银行和金融机构贷款用于污染治理的资金

在环保投资构成中，银行和金融机构贷款具有十分重要的作用。通常情况下，银行和金融机构贷款主要用于经济效益较高且具有还贷能力的"三废"综合利用项目。近年来，金融机构加大了对环境保护的重视，并制定了相应的环境保护信贷政策，如我国针对淮河流域污染治理发放的专项银行贷款，以此来加强淮河流域内的污水处理厂建设以及重点污染源的治理。

为了推动环境污染防治工作的开展，国家环境保护总局和中国人民银行决定将企业环保信息纳入企业信用信息数据库，并将企业的环保守法情况作为企业信贷的重要依据。

（七）污染治理专项基金

污染治理专项基金主要指的是国家发展和改革委员会以及省市拨出的治理环境污染的专项资金，主要来源于国家或地方的财政收入，主要用于重点污染区域和重要污染源的治理。另外，污染治理专项基金会随着国家对环境污染治理重视程度的提升而增长。近年来我国部分省市加大环境保护力度，并设置专项资金治理环境污染。

（八）环境保护部门自身建设经费

通常情况下，国家每年会拨出一部分资金用于环境部门自身建设，如环境监测、环境科研和环境宣传教育。此外，此部分资金也被用于放射性废物处置库建设等方面。我国在进行排污费制度改革之前，20%的排污费由环保部门支配用于自身建设。随着排污费的改革，环保部门建设经费难以保障，环保能力建设资金渠道不畅通，给环保部门自身能力建设带来了较大难度。总而言之，以上环境保护资金主要按照计划管理的方式筹集，受国家经济发展形势的影响较为明显。具体影响包括以下几个方面：

第一，受国家、地方、企业固定资产总量的影响。通常情况下，随着国家投资总量的增长，绝大多数的环保投资渠道的环保投资也会随之上升，尤其是基本建设"三同时"的投资量，反之则会下降。

第二，受企业经济效益的影响。当一个企业经济效益较好时，其排污费投资就相对较多，反之则会较少。

第三，受国家财政支出规模的影响，如从政府财政资金中安排的环保专项资金。

第四，投融资和信贷政策的影响，如企业污染治理投资与金融机构贷款受政策影响较大。

二、新型环保投资渠道

我国环境保护投融资的方式和渠道在不断发展，出现了一些新的融资手段。我国已经形成了比较完善的环境保护融资渠道体系，该体系主要建立在传统投资渠道的基础之上，能够适应当前市场经济发展，并呈现出多融资主体的局面。虽然目前环境投资渠道仍然以计划管理渠道为主，以其他融资渠道为辅，但是随着我国投融资体制的不断发展，政府拨款在环境融资方面的比例将会下降，而其他部分融资的比例将会逐渐提升。

（一）环境保护专项资金

中央财政环境保护专项资金的设立具有十分重要的意义，不仅有利于我国环境保护资金的筹集，同时也有助于加大我国对环境保护的投入力度。中央财政加大了对环境保护的投入力度，在原有环境保护专项资金的基础上，分别增设主要污染物减排专项资金、重金属污染防治专项资金。另外，中央财政专门针对农村环保问题设置中央农村环保专项资金。

（二）预算内基本建设资金

中央预算内基本建设资金将环境保护作为重点支持内容，支持了危险废物和医疗废物处置设施建设、重点流域水污染防治、城镇污水垃圾处理设施及污水管网工程、环境监管能力建设等工程建设。

（三）环境保护基金

我国的环境保护基金呈多样化的发展趋势，如政府基金、污染源治理专项基金和投资基金等。不同的环境保护基金的来源也有所不同。不同的环境保护基金的融资渠道和投资方向也有所不同。在环境融资中，环境基金拥有双重属性，既是投资的主体，又是融资的载体。将环境保护资金的作用发挥至最大化是目前完善我国投融资体制的主要内容。募资金和物资用于表彰和奖励在中国环境保护事业中做出突出贡献的组织和个人，资助和开展与环境保护相关的各类公益活动及项目，促进中国环境保护事业的发展。

（四）BOT（Build-Operate-Transfer）项目融资

BOT 即建设—运营—转让，主要指的是政府在一定时期内将基础设施的建设、经营管理权赋予私人企业或外国企业，到期之后私人企业或外国企业需要将其无偿转让给政府或授权机构。从本质上来看，BOT 是建立在政府和私人企业（外国企业）达成协商前提下的一种基础设施建设、经营的方式。私人企业（外国企业）在政府给予授权之后，便可以在规定时间内筹集资金建设基础设施，并经营相关产品或服务。从另外一个角度来看，也可以将 BOT 看作一种政府通过转让公共基础设施管理权获得投资的方法。

20 世纪 70 年代末到 80 年代初，世界经济形势发生重大变化，经济发达国家由于赤字和债务负担迫使在编制财政预算时实行紧缩政策，并寻求私营部门的资金，期望通过私营部门资金的注入来实现国家基础设施建设。发展中国家把 BOT 看作减少公共部门借款的一种方式，同时也是吸引国外投资的一种方式。在市场经济的影响下，BOT 模式得到了快速发展，同时在 BOT 模式的基础上衍生出了许多种类型。BOOT（Build-Own-Operate-Transfer）就是在 BOT 的基础上增加了拥有（Own）环节，即建设—拥有—运营—转让，这在一定程度上明确了私人企业（外国企业）在规定时间内不仅对基础设施具有经营权，同时也具有所有权。在 BOO（Build-Own-Operate）模式中，私人企业（外国企业）不再将基础设施转让给政府或授权机构。BLT（Build-Lease-Transfer）模式主要指的是建设—租赁—转让，具体指的是政府将基础设施建设权出让给私营企业（外国企业），在项目建成之后政府有义务成为基础设施项目的租赁人，当租赁期结束之后私人企业（外国企业）需要将基础设施项目转让给政府。

BOT 融资是社会化融资步伐的手段之一，绝非唯一。城市环保基础设施建设的投资渠道多种多样，如政府投入、发行国债、发行股票、合资合作等，BOT 是其中之一。对政府来说，由于 BOT 可以减少项目建设的初始投入，可以吸引外资，有引进新技术、规避风险、不增加债务等特点，因而具有较大的吸引力；但是，采用 BOT 的前期工作相当复杂，前期费用较高，对人员素质要求较高，因而在多种融资方式中是否要采用 BOT，一定要在对 BOT 操作规程详细了解和熟知的前提下进行多方面、多层次和长远的考虑，并进行科学的论证。而且，一旦污染处理收费问题得到明朗化的解决，BOT 与其他社会融资方式相比，并不具备太大的优势。BOT 不是社会化融资和企业化运营的唯一方式，而且更重要的是，并不能将环保市场化问题仅仅片面理解为投资的社会化。

BOT 模式并非真正为政府和消费者省钱。采用 BOT 模式，虽然一时省去了政府对项目初期建设资金的投入，但从项目全周期来看，并不意味着政府真正省钱了，要知道政府才是最终真正的买单者。投资者投资的真正目的是赢取稳定、合理的利润，所得必定要大于所付出的。政府不仅要为投资和运营成本付钱，还要为投资者获取一定利润付钱，采用 BOT 方式的代价大于政府全额投资。在对排污者确定收费水平时，要考虑 BOT 投资方利润的获取，转嫁到排污者身上的收费可能比不采用 BOT 方式要高，如果污染处理收费水平仍达不到回报要求的水平，政府在较长一段时间内的财政补贴支出就是不可避免的。从实际来看，多数 BOT 项目还需要政府的支出，BOT 所表现的以未来分期付款方式支付前期集中建设资金的代价是巨大的。

（五）股票市场融资

利用上市公司募集资金或出资参股、控股环保类公司是环保投资项目融资的一条新途径。目前，中国有多家上市公司涉足环保产业，它们的业务范围包括环保机械设备的制造及工程安装，太阳能发电，垃圾等新能源发电及垃圾处理，建筑节能，新型环境建材及绿色材料，汽车尾气、噪声处理装置、清洁汽油及环保节能型汽车、摩托车生产制造，冶金行业冶炼过程环保处理，废水、废气、噪声治理，硅酸盐、水泥化工生产的环保处理，清洁燃料生产及综合利用，造纸业生产过程环保处理，绿色农业及化肥农药环境综合治理，生态农业及林木种植业，环境技术、咨询及环境评价、监测，生产环保工业品和消费品。

节能环保板块的环保上市公司通过多种方式涉足环保产业，可大致分为以下六类：

第一，开始就从事环保产业，并且将主业一直定位在环保产业的。

第二，将原先业务剥离后专门从事环保产业的。

第三，行业的佼佼者，看好环保产业，成立了独立的投资或业务公司，专门进军环保市场的。

第四，在坚持环保主业的同时进入其他行业的。

第五，企业同时发展两个行业，并且将环保作为其中一个重点的。

第六，产品向环保设备和产品转型的。除了主业做环保的公司以外，还有很多上市公司看好环保产业的发展前景，通过募集资金参股、控股环保类公司，对自身业务进行环保型规划和改造而涉足环保行业；或者通过募集资金投向环保项目来介入环保领域。

从我国节能环保上市公司整体来看，环保上市公司的整体财务表现并没有显著优于其他公司，获取的市场资源也没有显著优于其他公司。国家对环保产业的各项支持措施由于法规执行或是资金到位方面的问题尚未发挥显著的作用，不足以吸引市场对环保上市公司整体的关注。环保公司整体盈利能力并不乐观，缺乏形成规模和品牌效应的大型企业，具有净利润偏低、存在地方保护主义、市场需求空间巨大、面临技术瓶颈等特点。

（六）利用外资

环境保护利用外资已经成为污染治理的又一重要资金渠道，利用外资包括政府利用外资（含政府出面担保的）和企业利用外资。这里主要讲的是政府利用外资。中国环保领域利用外资的渠道主要是外商直接投资（FDI）、国际金融机构的贷款以及一些国际性的环境专项基金和援助计划。由于国际金融组织和外国政府贷款开始向环境保护领域倾斜，中国环境保护利用外资进展很快。环保领域利用外资，不仅能给环保项目直接带来资金，还能带来国际上先进的技术和管理经验，利用外资还有明显的资金放大和资金带动作用。

但是，中国环保产业利用外资仍然存在一些问题。

第一，当前环保产业在利用国外资金时，主要以国外贷款为主，国外直接融资占国外资金的比重较低。目前，外国政府及国外金融机构在发放贷款方面的条件比较苛刻，对发放贷款的币种做出了强制性规定，这在无形中增加了我国环保产业在贷款过程中的汇率风险。另外，随着外国政府和国外金融机构贷款优惠政策的减少，普通贷款的比例逐渐增加，这在一定程度上加重了我国环保产业的债务负担。

第二，我国对企业的国际融资进行了严格限制，为此能够进行国际融资的企业范围较窄。国家规定，这些企业必须是经国务院授权部门批准的非金融企业，同时是经国家外汇管理局批准经营外汇借款业务的中资金融机构。虽然我国加强了对环保产业的重视程度，近年来我国环保产业也得到了快速发展，但是我国环保产业企业无法满足直接进行国际融资的条件，这在一定程度上也增加了环保产业企业的国际融资难度。

第三节　绿色投资与经济的可持续发展

一、绿色技术是绿色投资的重要支撑

（一）绿色技术的含义、分类和属性

1. 绿色技术的含义

人类进入 20 世纪以来，随着全球工业化进程的加快，大规模的产业技术对生态系统的累积效应日渐突出，引发了所谓的"生态危机"。消除或减轻技术的生态负效应就成为当代技术的重心，绿色技术概念就是在这一背景下形成的。

绿色技术，就是企业在设计生产新产品过程中，采用有利于环境保护和生态平衡的技术。首先，在产品设计中，既要充分考虑保护环境，又要减少资源的浪费，使被设计产品易于拆卸、分解，零部件等可以翻新和重复利用。这一观念目前已激起世界上许多制造商们的热情。其次，绿色技术的采用，就是要加速科技进步以持久利用资源，改造耗竭性的工业发展模式，这是国际经济发展的一种趋势。目前，绿色技术在防治污染、回收资源、节约能源三大方面已取得长足进步，形成了庞大市场。许多发达国家以占领世界绿色市场为目的，争夺绿色技术

制高点为中心，展开了一场白热化的国际竞争。欧美在争夺无氟制冷剂技术的制高点，日欧在各种资源回收项目上角逐。各种生物技术、计算机技术和新材料的运用，使绿色技术演变成一场新兴的高科技革命。我国也应参与这种绿色高科技的竞争，为此，应制定相应的政策以支持绿色技术的应用。

关于绿色技术的概念。有的学者认为绿色技术是与人类的生存发展，与自然资源和环境等相关的技术；有的学者将绿色技术定义为"对减少环境污染，减少原材料、自然资源和能源使用的技术、工艺或产品的总称"；也有的学者不仅仅从技术层面考虑，认为绿色技术并不是一门独立的学科或领域，而是科技发展的全新的理念和导向，是一个系统。显然，目前理论界对绿色投资的定义尚没有统一的表述，在此，我们将绿色技术定义为有利于环境保护和生态改善的技术，也可以称作环境友好技术或生态技术。有利于环境保护的技术，也就是说，一种技术的发明、推广和应用，不会对环境发生影响，至少不对环境造成破坏。有利于生态改善的技术是指对局部自然生态自身出现的恶化，如沙漠化、泥石流、湖泊沼泽化等得以改善的技术。

这样一种定义，主要是基于如下考虑：绿色技术这一概念的产生源自对现代技术破坏生态环境，威胁人类生存状况的反思。这一概念的正式提出是在20世纪90年代，客观地讲，是公害事件和环境问题使科学家认识到绿色技术的重要性。为了解决环境问题，人类需要寻求一种新的技术体系，以实现人类社会的可持续发展，在此背景下，绿色技术应运而生。

与此相关联的一个问题是：资源节约型技术是不是绿色技术？对这个问题，理论界是有争论的。我们认为，技术进步是一个客观趋势，新技术一般会或多或少地含有节约资源的作用，生产者出于成本考虑往往也会实施技术的改进，因此，尽管说资源节约型技术使得资源耗费减少了，随之污染会减少，但按照绿色技术的本意，资源节约型技术不应属于绿色技术。当然，从当前现实考虑，特别是我国，资源利用效率很低，通过技术的改进使得资源利用效率提高，进而使污染减少，环境得以改善，在这种情况下，这种改进的技术算作绿色技术也未尝不可。如此，实际上是放宽了绿色技术的外延，是理论与现实的结合。在本书后面的论述中，我们提到的绿色技术包含了资源节约型技术，这是我们要特别加以说明的。

2. 绿色技术的分类

绿色技术是指所有有利于环境保护与生态保持的技术，包括科学技术、应用技术和管理技术。根据绿色技术对于环境作用的深度和广度，将其分为3个层次：

第一层次是基础绿色技术。包括末端控制技术、洁净技术与再生技术。如前所述，末端控制技术是指在产品生产链的终端，通过应用物理、化学或生物技术，对损害环境与人体健康的因素进行控制与管理的技术。洁净技术是指在产品生产过程中采取的预防污染、降低能耗、节约能源的技术。再生技术是指对生产和产品消费中产生的废弃物进行回收及再利用的技术，这种再生技术使产业链得以延长。总体而言，第一层次的绿色技术是指在各产业生产中预防及治理污染，防治生产及产品废弃物中的有害物质损害人体及环境健康的技术，以及在各产业中降低能耗的技术，包括狭义的环境保护技术、资源再生及利用技术、污染治理、预防、监测技术等。这一层次的绿色技术属于清洁生产层次的绿色技术。

第二层次是创新绿色技术。是指能大幅提高产业生产力，提高产业的绿色化水平，能显著节约社会资源的产业重大创新技术，包括农业生物技术及其他产业与环境保护直接相关联的技术创新。

第三层次是生态绿色技术。是指生态保护与服务技术，即以社会经济持续协调发展为宗旨，以促进大范围生态环境不断改善为目的的环境保护、服务技术，包括林业生态技术、水土保持技术、环境景观建设技术及生态保持技术等，目的在于改善生态环境，维护生态平衡，提供生态服务。

在理解绿色技术时，应注意的问题是：高新技术并不一定是绿色技术，如一部分军工技术属于高新技术，但不能算作绿色技术；当然也不能倒过来说，绿色技术就一定是高新技术。绿色技术的范畴比较广，它既包含一部分高新技术，也包括传统中低技术的革新与提高。

按照绿色技术着眼点的不同，绿色技术分为浅绿色技术和深绿色技术。以减少污染为目的的属于浅绿色技术，而以处置废物为目的的属于深绿色技术。上述第一层次绿色技术中的末端控制技术属于浅绿色技术，再生技术属于深绿色技术。

3. 绿色技术的基本属性

（1）动态性

一方面，在社会发展过程中，技术对生态系统的影响与生态系统的承载能力始终处于变动之中，在此时的绿色技术到了彼时可能是非绿色技术，在此地的绿色技术到了彼地可能就是非绿色技术。另一方面，技术与生态系统本身也都是在不断的变化之中，人们对"绿色"的认识和判断包括社会对技术的规制也在变化之中，因此，绿色技术的内涵和外延也将不断变化和发展。

（2）复杂性

从广度上来看，技术改进往往会引发多种效应，如环境效应、经济效应与社会效应等，产生的综合影响是复杂的、非线性的；从深度上来看，技术改进与环境效应之间的联系不能只看表面，技术对环境的影响具有覆盖、重叠和累积作用，因此需要进行更深入的分析和研究。

（3）有限性

既然人类对自然生态的认识是有限的，那么建立在有限的认识基础上的技术对生态的保护和恢复能力也必然是有限的。技术对生态的影响有短期和长期之分。短期的影响比较容易看出来，而长期的影响则很难判断。

（4）相对性

绿色技术应该是一个历史范畴，随着科学技术的不断进步，科技水平的不断提高，绿色的要求也是一个不断提高的过程，现在的绿色技术，将来可能就不是绿色技术了。

（5）多元性

绿色技术不是指某一单项技术，而是指一个技术群，或称作技术体系。既有污染治理技术，也有污染监测技术；既有资源节约技术，也有新型资源的开发利用技术；既表现为有形的物质设备与仪器设施，也表现为无形的知识和经验，还可表现为新技术资料、设计图纸等。

（6）层次性

根据绿色技术实施过程所涉及的主体范围的不同，可以将其划分为工艺层次、企业层次、产业层次、政府和社会层次，在不同的层次中，绿色技术的运动规律具有各自的特点。

（二）绿色投资离不开绿色技术

只要技术革新和效率革命到位，在同样资源消耗条件下实现财富的四倍跃进，或在经济成倍增长的同时资源消耗减半是可能的。由此可见，先进的科学技术是绿色投资的核心竞争力。如果没有先进技术的输入，绿色投资所追求的经济和环境多目标效益将难以实现。绿色投资是先进生产技术和关键连接技术及废旧资源再利用技术推动的投资，不是传统社会低水平物质循环利用方式下的经济。作为绿色投资的上游环节，其投入产出比优势明显，投资绿色技术无疑事半功倍。如果把绿色投资比作一棵参天大树，那么技术就是它的根。

处理污染也好，降低消耗、提高资源使用效率，进而减少排放也好，实际上都需要投资，但投资的对象是基础或者是技术。技术，对经济发展和人类社会进步起着重要的推动作用，而这种推动作用是通过投资实现的，具体是通过对教育的投入和技术工艺、技术设备投入实现的。通过教育的投入，使劳动者的知识和技能等方面的水平不断提高，从而为新技术的发明、创造以及应用奠定了基础。通过技术工艺和技术设备的投入，使新工艺、新设备应用于实践，替代原有技术，进而推动经济发展和社会不断进步。

投资是经济发展和社会进步的巨大推动力，事实上，其推动作用是以技术进步为前提的，没有技术进步，这种推动作用是极其有限的。由此可见，技术是投资的重要支撑，一般技术是一般投资的重要支撑，绿色技术是绿色投资的重要支撑。

二、我国绿色技术的实施策略及绿色技术创新的对策建议

（一）我国绿色技术的实施策略

1. 行政策略

国家通过各级行政组织，按照行政系统隶属关系，以行政命令、指示、规定、政策形式，直接参与绿色技术的推广与应用，这是因为大部分资源与环境具

有共享性，与之相适应的绿色技术必须以符合人民群众的共同利益、共同愿望为前提，达到这个前提的手段便是采取行政措施。

2. 经济策略

根据社会主义市场经济规律的客观要求，运用财政、税收、信贷、金融、价格、奖金、罚款等经济杠杆，鼓励和扶植绿色技术的发展，限制污染型技术和生态破坏型技术的使用，是中国发展绿色技术新采取的经济措施。

3. 法律策略

通过立法、司法手段，依据有关法规和标准，加大执法力度，促使企业发展绿色技术。不论是采用经济措施还是行政措施，都需要有法律作保证。在采用经济措施的条件下，没有法律，就无法制止生态破坏、环境污染的行为；在采用行政措施的条件下，没有法律，无法可依，就容易造成独断专行与瞎指挥。

4. 教育策略

通过环境、资源、生态等方面的教育，在全社会范围内广泛宣传绿色技术观念，树立起崭新的生态伦理观和环境资源观，增强全民族的绿色意识，使绿色技术的推广与应用由被动变为自觉的主动行为。

5. 科研策略

科学、技术、生产是一个既相互联系又相互制约的统一整体，它们三者构成了整个社会技术进步的 3 个环节，即科学研究创新的知识，新知识物化为新技术，新技术物化为生产力。为了发展我国的绿色技术体系，应加强产、学、研的联合，成立绿色技术研究中心与示范工程中心，以研制、推广绿色技术，同时在立足自主开发的基础上，积极争取国际绿色技术援助项目。

（二）对我国绿色技术创新的对策建议

①制定和实施绿色技术创新战略，建立复合机制体系，推进企业绿色技术创新。绿色技术创新是十分复杂的过程，需要人力、财力、物力、信息、组织等多种资源，它是生产要素和生产条件的新组合，而这种新组合是由企业来实现的，要求明晰产权，建立现代企业制度，使企业真正成为绿色技术创新决策、投入、

开发、承担风险的主体和获取相应利益的主体。企业开展绿色技术创新，要树立"绿色观"，针对所处的生态环境，根据市场需求，制定和实施以生态学原理等为指导的绿色技术创新战略，应从宏观和微观出发，建立起以市场机制为基础的绿色技术创新的外部激励机制、内部动力机制、自身能力机制、信息传递机制等复合机制体系。进行企业内部的制度创新和组织创新，形成良好的绿色技术创新组织体系、产品开发过程管理体系。

②建立绿色技术开发中心和服务中心，推进企业绿色技术创新。成立国家层面的绿色技术开发中心，主要进行关键绿色技术创新、开发研究及严重污染工艺的改造；国外先进的绿色技术的消化、吸收和创新；增加绿色技术知识储备等。建立企业绿色技术创新、扩散服务中心，并针对创新与扩散的外部经济性、社会化及多学科交叉的特点，建立集咨询、服务、中介乃至风险投资等职能于一体、主要面向中小企业的绿色技术创新、扩散服务中心，是促进我国企业绿色技术创新、扩散的当务之急。还应尽快建立高效的技术信息网络和信息传递机制，及时了解国内外绿色技术创新和扩散的最新发展动态，提高绿色技术创新信息的传递效率和准确性，降低创新的学习成本，提高创新效率，以加快我国绿色技术创新和扩散步伐。

③尽快建立和完善生态工艺，实行工业生态化。遵循使企业内的物质流、能量流、信息流、人流和价值流高效、和谐运转的原理，改造、建立并运转好少废和无废的"生态工艺"，实行工业生态化，这既是我国企业绿色技术创新的重要内容，同时又是增强其技术基础和系统能力，推进企业绿色技术创新的重要对策。生态学家霍华德·托马斯·奥德姆（Howard Thomas Odum）首先提出了生态工艺（Ecotechnology）概念。生态工艺以厂内闭路循环的形式，在各部门之间建立一种生态化的网络关系，相互利用各自的废物、副产品和产出物，以降低资源和能源消耗、减少环境污染，达到在整个生产过程中保持物质循环的高效、能量流动的合理、价值增值的高效和生态环境的洁净。

④高新技术的绿色（生态）化。以往的技术革命基本上走的是技术创新—经济效益提高—生态负效益出现—经济效益下降—以一部分经济效益为投入消除生态负效应的恶性循环之路。在新的技术革命中应当遵循生态学原理和生态经济规

律，有选择地发展高新技术，其重要的标准之一是高新技术的绿色化，即应当大力发展"绿色"高新技术，促进高新技术中的非绿色技术向着生态正效应增加的方向发展；严格限制和控制高新技术中的反绿色技术的发展，尽可能推动其替代技术的创新；并促使一般绿色技术高新化。

⑤推行现代企业微观生态经济（绿色）管理，是推动企业绿色技术创新的重要途径和对策之一。实践表明，我国企业微观生态经济管理薄弱既是造成一系列严重的微观和宏观生态经济矛盾的重要原因，也严重阻碍了绿色技术创新。这就要求进行企业管理系统创新，推行现代企业微观生态经济管理，建立一种生态与经济相协调的管理模式，以提高企业生态综合效益，并推动企业绿色技术创新。推行现代企业微观生态经济管理，应调整与改革企业内部组织结构和功能，设立专门机构，建立内部生态经理制，建立一套自我完善、自我约束的环境管理体系，参与企业绿色技术创新决策，在企业绿色技术创新全过程中加强环境审计。推行现代企业微观生态经济管理将引起一场现代企业的管理革命，对推动企业绿色技术创新、实现我国企业可持续发展具有重要的促进和推动作用。

⑥建立适应市场机制运行的环境经济、财政、税收、金融政策体系和法规体系，为企业绿色技术创新创造良好的外部环境。国家应在经济、财政、税收、融资、信贷、政府采购等方面，对企业绿色技术创新实行优惠、扶持政策；尽早制定推动企业绿色技术创新的法律法规和管理制度，通过政策引导、法律法规约束、制度管理等推动企业绿色技术创新。政府应不断严格环保法规和标准，严格实行污染许可证制度；由于环境是公共物品，所以应在制度安排上明晰环境产权，应用科斯定理使环境资本产权化；完善排污收费制度，提高排污收费标准，实现由超标收费向排污收费转变，并将排污收费纳入企业的生产成本，使环境污染破坏的成本内部化，以真正发挥约束和刺激作用；尽快建立全面反映社会成本、环境成本的价格体系，使各种资源比价合理化；开征环境税，建立生态环境综合补偿机制等。上述政策体系和法规体系的建立和实施，在经济上可使企业绿色技术创新和扩散应用更具吸引力，对企业绿色技术创新和扩散具有巨大的激励作用。

⑦通过开展清洁生产，推动企业绿色技术创新。企业清洁生产采用绿色技术

和生态工艺，遵循生态规律、模拟生态化的生产方式，包括从原料的选择、开采、运输、加工到产品的生产、运输和使用消费，直至产品报废后的资源循环利用这一完整的全过程，从而大大提高了企业的生态综合效益。大力推行企业清洁生产是变革以大量消耗资源和能源、严重污染破坏生态环境为特征的传统发展模式，推动企业绿色技术创新的重要对策之一。推进我国企业实现清洁生产的主要措施是：开展清洁生产审计，制定清洁生产方案；从"源头"进行两个全过程控制，形成生态工业链，使资源循环利用，以实现废料资源化，降低成本和防止污染；不断改革旧工艺，开发和采用消耗低、效率高、无污染或少污染的先进工艺和设备；组织企业内部物料循环，建立生产闭合圈；改进操作，加强管理；搞好必要的末端治理等。

⑧申请绿色标志认证，推动企业绿色技术创新。"绿色标志"是在产品或其包装上标明该产品不仅质量符合标准，而且在生产、使用、消费、处理过程中符合环境标准，对环境和人类健康均无损害的一种图形。绿色标志是企业产品冲破"绿色贸易壁垒"、进入国际市场的"绿色"通行证。通过申请绿色标准认证，可促使企业环境管理更为科学化和规范化，并不断地进行绿色技术创新和采用绿色技术，在产品和工艺的研究开发中纳入环境准则并将其置于优先考虑的位置，进行产品生态设计和全生命周期分析，增加耐用性、可处置性、循环复用性等。

⑨大力倡导和推进绿色消费，促进企业绿色技术创新。绿色消费是指人们购买和消费符合环境标准的产品或服务，其消费活动对环境无害、对自然资源"适度"综合利用、不破坏生态系统"食物链"、大大减小"生态足迹"的一种适度的、可持续的消费模式。绿色消费将引导改变传统的生产模式和技术范式、引起生产领域的彻底革命。据有关专家预测，绿色消费将成为21世纪的消费主流。大力倡导和推进绿色消费、形成绿色消费趋势，改变以占有物品、消耗及丢弃为主要特征、导致资源消耗加剧和污染废弃物增加的现有消费模式，将引导企业采用生态工艺，大力开发生产节约资源和能源、无污染或少污染、可再生的绿色产品，促进企业不断地进行绿色技术创新。倡导和推进绿色消费应当大力宣传绿色消费观念，提倡绿色文明，使之深入人心，同时形成强大的公众环境舆论，加强社会舆论监督；还应当尽快制定鼓励和扶持绿色消费的经济政策。

⑩建立和完善绿色技术创新投资的动力机制、加大绿色技术创新投资，是推进我国企业绿色技术创新的重要对策和措施之一。以企业为投资主体，加快构建我国企业绿色技术创新的投资机制，拓宽投资来源，合理提高折旧率，增加企业绿色技术创新的资金投入；建立健全企业融资机制，大力推行资本经营，开拓证券投融资渠道和规模，建立企业绿色技术创新风险基金等。最终形成绿色技术创新投资的动力机制和建立绿色技术创新投资的资金支持体系，推进我国企业绿色技术创新。

树立绿色市场意识。通过各种形式的教育，改造社会文化，强化大众的绿色环保意识，必将对绿色技术创新的发展起到积极的支撑作用。首先，市场消费主体的绿色消费意识使他们能够接受绿色价格。人们的绿色环保意识促使他们崇尚自然，他们心中对绿色产品的"视觉价值"的期望值就比较高，这些因素使他们愿意为此接受较高价格的绿色产品。其次，还要顺应市场趋势，增强相关组织的绿色技术创新意识。现在许多经济实体只关心直接经济利益，忽视社会利益；只注重短期利益，不顾长远利益，对绿色市场的科学预测没有给予足够的重视，在主观上对绿色技术创新缺乏积极性。因此，必须大力加强绿色技术创新教育，运用新技术的宣传，增强相关组织面临技术挑战的急迫感。如开展绿色环保技术创新宣传周活动，加强绿色技术创新宣传、咨询服务等。

建立生态工业园。绿色技术创新必须要以生态工业园为平台，根据"生态结构重组"的目标来改变目前社会上的技术创新战略，通过多种相关技术的集约和再循环，形成一个尽可能封闭的物质循环系统，使系统内不同行为者之间的物质流远大于系统与环境之间的"输入/输出"物质流。在区域经济的发展过程中，国家及地方政府应根据地方的资源、技术状况，统筹规划，积极支持和引导企业构建生态工业园。企业也应有意识地开发企业间交换副产品的接口技术，寻求相互利用的途径。构建生态工业园要注意坚持生态效益与经济效益相统一的目标，园内实现网络化、复杂化和生态化，园区选址要合理，要做到系统规划。

第四章 资源经济的绿色发展转型

第一节 资源型经济转型的必然选择

一、绿色发展是可持续发展的必然选择

绿色转型既是企业实现可持续发展的内在需要，也是解决当前生态环境恶化问题的必然选择。在发展方式的选择上，企业倡导通过技术创新提升其对资源的利用水平和环境的保护能力来保障其经济效益。从企业发展本身来看，通过绿色转型能够促进自身的长久发展；对区域而言，通过绿色转型可优化区域产业结构；从国家层面讲，通过绿色转型，可促进经济、社会的健康发展。

（一）绿色发展是经济可持续发展的必经之路

自改革开放以来，我国的经济以较快的速度发展，经济规模不断扩大，这是以大量的资源消耗为代价的，也带来了一定的环境问题。从发展的趋势来看，资源短缺将成为阻碍我国经济持续发展的严重问题。目前，我们的处境总的来说包括两个方面：一方面，我们需要快速发展经济。当今世界各国之间的竞争，实质上是经济实力的竞争，我国作为人口大国，只有成为经济强国，才能在国际社会中争得自己应有的地位。作为发展中国家，我们必须加快经济发展的步伐。另一方面，我们又不能通过牺牲以资源与环境的方式来换取经济的高速增长。实际上，以牺牲资源与环境换取的经济增长，并不是真正的发展，不是可持续的增长。这样的国情和处境决定了国家实施可持续发展战略是非常必要和紧迫的。

另外，我国的国情决定了我们必须走自己的可持续发展道路。由于各国的国情不同、所处的发展阶段不同，各国应当选择相应的可持续发展的道路。我国的国情决定了我们既不能照搬国外的模式，也不能走西方国家走过的道路。西方发

达国家大多走过了"先破坏后治理"的道路。部分西方发达国家可以依靠先发优势，把世界的自然资源都纳入自己的经济周转范围中，甚至不惜通过使用战争手段来对发展国家的自然资源进行掠夺，这是我们不可能做的。同那些自然资源比较丰富的发展中国家相比，我们更需要认真选择自己的可持续发展模式。由于各国资源的丰富度不同，解决环境问题的途径也会有所不同。如果说在那些资源丰富的国家，解决环境问题的途径可以侧重于保护自然生态系统的话，那么，在资源匮乏国家，解决环境问题就不能走"单纯保护"的路。我国必须走保护与建设并重的路，在发展中进行保护，又在保护中发展，以此来实现发展和保护的辩证统一。因此，我们的可持续发展之路包括两个方面：一方面，在经济建设中节约使用自然资源和保护环境；另一方面，通过人工的努力对已经退化的自然生态系统进行改善和重建。

发展绿色经济，是由我国实现可持续发展战略的现实选择，是中国特色的可持续发展道路，"绿色经济"是由我国首先提出的，是根据我国国情的现实选择。如在国际上通行的是"有机食品"的标准，"绿色产品"是我国的叫法，是我国的标准。当然，只有达到了"有机食品"标准的食品，才能在国际市场上占据优势，但面对现实，只有先达到绿色食品的标准，才能进一步问津更高标准的有机食品。可见，具有广泛可操作性的绿色经济是通向可持续发展的必经之路，通过每一个企业和每一个单位发展绿色经济的具体活动，使经济与资源、环境统一于绿色经济的实现形式中。

（二）绿色发展是企业可持续发展的必经之路

1. 企业可持续发展的内在要求

长期以来，资源采掘业和初级加工是部分企业的主要经营方向，发展方式单一粗放。自然资源储量是有限的，其不可再生性也决定了企业无法长期依靠对资源的采掘及其加工生存下去。为了企业的长久发展，企业管理者需要为企业的发展找到新的出路，通过绿色转型提升企业的可持续发展能力。

生产技术的落后导致在资源开发和利用过程中造成大量的浪费，并对生态环境造成了严重的破坏。随着资源储量的逐渐减少，当自然资源出现枯竭时，企业的发展将面临严重的危机，社会的发展和进步同样会面临严重的危机，因此，无论是企业管理者还是社会管理者，都要及时转变发展观念，坚决贯彻可持续发展理念。

在资源禀赋的加持下，资源型企业参与市场竞争的能力被削弱，再加上缺乏专业人才，科技创新能力较差，企业发展面临重重困难。另外，在发展过程中，由于内部制度的老化，企业管理会面临多种问题，因此，加快技术创新，构建现代企业经营管理体系，不断提升企业的技术水平和管理水平，实现绿色转型成为企业可持续发展的必然选择。

企业只有通过转变自身的发展方式，并通过制度更新、技术更新以及人才更新等多方面的转变，才能够冲破发展的瓶颈，找到新的增长点和动力源泉，为企业重新注入新的活力，从而实现企业的再次腾飞。

2. 解决绿色环境困境的迫切需要

环境问题加剧，自然资源过度消耗，严重影响着企业的生存和发展，对社会生产和生活造成了严重影响，因此，转变企业发展方式，促进企业绿色转型已经迫在眉睫。坚持可持续发展，解决企业日益严重的资源环境困境，是世界各国迫切需要解决的问题。

要从根源出发优化能源供给，实现对一次能源的减量化和增质化使用，实现对不可再生资源的合理使用。大力发展清洁能源，加大对二次能源的开发力度，促进清洁能源形成的规模化，逐步降低对不可再生能源的使用和供给比重，促进能源结构的优化转型。在促进能源的清洁高效利用、绿色能源开发方面进行技术创新，探索出一条能源企业绿色转型的新路，化解企业面临的资源环境问题。

3. 社会主义生态文明建设的必然要求

把生态文明建设融入经济、政治、文化和社会发展中，坚持走绿色、高效、可持续的发展道路，从而实现人类社会的永续发展。改变传统发展方式，是实现经济社会可持续发展的关键举措。绿色发展倡导低碳、环保、节约的发展模式，是处理经济发展与生态环境保护这对矛盾的重要突破口。只有转变发展思路和发展方向，走绿色发展之路，才能够实现企业的经济发展转型，实现社会主义生态文明建设的目标。

4. 优化区域产业结构

我国的工业企业在国民经济中占有举足轻重的位置，是国民经济的主要推动力。我国是发展中国家，由于工业产业结构调整还未完成，经济发展对自然资源的依赖相对较高，因此必须加快对产业结构的调整，优化我国工业产业结构。

近年来，随着国内外环境的变化，传统产业模式为我国经济发展提供了长久的发展动力，依靠资源拉动经济发展已经不再适应当前的发展形势，产业结构调整势在必行。企业的绿色转型，有利于改变我国经济结构中过度依赖自然资源的结构性问题。从企业的发展来看，通过积极引进绿色的生产技术和专业人才，推动企业绿色转型，对优化企业内部管理结构和生产结构具有重要的作用。

先进的管理模式可以提升企业的整体运营水平和市场竞争力，促进企业的健康发展。放眼到地区来看，通过绿色转型，积极发展高新技术产业和服务业，有利于优化区域产业结构，促进区域经济持续、协调发展。

5. 有助于实现美丽中国的奋斗目标

绿色是生命的底色，绿色发展是社会主义生态文明建设的重要内容之一。企业进行绿色转型是解决我国当前严峻生态问题的重要举措，通过转型，企业以往粗放式的发展方式和生产方式将得以改变。

绿色技术的更新以及企业管理模式的创新，使资源利用率和利用水平得到有效提高，企业从高能耗、高污染、高排放向低能耗、低污染、低排放的转变过程，也是实现人与自然和谐相处的过程。

二、绿色发展是应对绿色壁垒的现实需求

适应日益强劲的绿色化浪潮，绿色壁垒的产生有其客观必然性。由于绿色壁垒是根据世界贸易组织（WTO）以及相关国际协议的相关规定而制定的，因此是合理合法的，并成为国际贸易中真正的壁垒，我们应当大力发展绿色经济以应对绿色壁垒。

（一）绿色壁垒的出现具有客观必然性

经过艰难的谈判，我国终于加入 WTO。这是我们期盼已久的事，同时也意

味着我们在享受相应权利的同时，必须接受 WTO 游戏规则的制约。WTO 中有关绿色贸易的规定已经成为发展中国家进入国际市场的最大约束。

促进国际贸易的自由化是 WTO 及其前身关税及贸易总协定（GATT）的宗旨。为了推动贸易自由化的进程，GATT 自产生之日起，就以不断拆除各种壁垒为己任。GATT 在它成立之初就拆除了一些关税和非关税壁垒，为国际贸易确定了基本的规则和制度。GATT 的发展过程也是在不断地拆除各种壁垒、促进贸易自由化和经济全球化的进程。在 GATT 成立后的几十年中，前后经历了八轮的多边谈判，每一次谈判，每一个回合，都拆除了一些阻碍贸易自由化的壁垒。从内容上看，前几轮谈判主要是排除了在商品贸易中的障碍，拆除了非关税壁垒，同时也降低了关税的水平，而乌拉圭回合则主要是排除服务贸易以及跨国投资中的障碍，再次降低了关税的水平。这样，GATT 在其自身的发展过程中，一方面是削弱了非关税的手段对国际贸易的限制，不断拆除非关税的壁垒；另一方面由于大幅度地降低了关税水平，并确立了符合市场经济要求的国际贸易的基本原则，使关税的壁垒作用也大大下降。

这样，GATT 在发展过程中，形成了一系列有利于推进贸易自由化的原则和规定，促进了经济的全球化。而由于大幅度地降低了关税水平，确立了符合市场经济要求的、体现了商品等价交换、有利于实现公平交易的原则，在这种情况下，那些非关税的行政手段和关税的经济手段对在国际贸易的限制就越来越小，这方面的壁垒也越来越少。而在国家存在的情况下，尤其是在南北之间的差距还相当大的情况下，绝对自由化的国际贸易是不可能的，因而取代原来的关税和非关税壁垒的是绿色壁垒，绿色壁垒已经成为当前国际贸易自由化的主要障碍之一。绿色壁垒是当今国际贸易必须面对的壁垒，是 WTO 规则允许的壁垒，是国际贸易中尚未拆除的壁垒。

绿色壁垒的产生有它的客观必然性，国际贸易中的绿色化倾向是各国经济日益发展的绿色化浪潮的必然要求。绿色化潮流正在席卷全球，尤其是发达国家，一方面，随着经济的发展和社会的进步，人们都在追求健康的产品和服务。为满足国内居民的绿色需求，发达国家早已在国内推动绿色生产、绿色营销和绿色消费，实施绿色管理。发达国家有必要，也有能力率先占据绿色化的先机。另一方面，为了保护本国的利益，发达国家也必然要尽可能地高高地筑起绿色的壁垒，制定相关的法律与政策来约束和限制外国的非绿色产品的进口，以免伤害本国国民的利益，当然也包括限制外国的投资，因此，发达国家千方百计地把国内的绿色化的行动推广到国际贸易中去。

为了推进和规范国际贸易中已经出现的"绿色化"倾向，WTO 及其前身GATT 也在其制定的条款中不断增加了这方面的内容，其他国际组织也相继制定了许多保护环境的文件。这些规定和文件使各国的有关环境保护和促进国际贸易绿色化的法规与政策取得了合法的地位。虽然发展中国家在绿色化浪潮中处于相对劣势的位置上，发达国家的上述行动也是从本国的利益考虑的，但这毕竟是符合世界发展趋势、符合世界人民利益的潮流，也是符合可持续发展要求的潮流，因而这是客观和必然的。

（二）发展绿色经济以应对绿色壁垒

绿色壁垒是适应绿色化的浪潮而产生的。虽然，由于各国所处的发展阶段不同，各国的环境状况以及解决环境问题的能力和手段都不相同，但市场是不相信"眼泪"的。如不采取积极的措施以应对绿色壁垒，在国际市场上就只能是寸步难行。目前，各国主要采取以下几种做法。

①政府提供绿色补贴，以增强本国产品的竞争能力。由于绿色壁垒是出口产品难以逾越的外部障碍，因此各国都把注意力转向国内，即千方百计"练好内功"。许多国家为了鼓励出口，由政府提供绿色补贴，包括对环保企业及环境治理、绿色技术的政府补贴、低息贷款或无息贷款等，这类补贴不属于非关税壁垒的范围。虽然在 WTO 修改后的补贴与反补贴的有关规则中，已经对非关税壁垒的政府补贴有了更为严格的规定，但这种绿色补贴属于不可申诉的合法的补贴范围，因此，这种方式为越来越多的国家所采用。

②推广绿色认证制度。绿色认证包括地区的认证、企业的认证和产品的认证。经国际社会的长期努力，有关认证的标准和范围已经有了明确的规定，也形成了一整套完整的制度。虽然这些制度目前还不具有强制性，但许多国家都自愿推广。因为这些国家认识到，推行绿色认证制度是提升地区、企业竞争力的有效

途径，当然也是扩大出口的重要措施。因为绿色制度的标准是国际通用的，打上绿色的标签，就提高了企业的身价，产品的质量有了保证，就等于领到一张绿色通行证，这样的企业和产品就可以在国际市场上畅通无阻，可有效地扩大出口，提高经济效益。

③制定较高的绿色标准，并严格执行，以阻止外国商品进口。这里主要是依据国际上的有关规定，制定相关的技术性标准，对进口商品和设备进行市场准入审查。实际上，随着人们对环境的日益关注，一些已经制定标准的国家正不断提高其标准门槛，另一些原来还没有标准的国家又会相继制定标准，因此就会使这一类的技术性标准越来越高，也越来越普及。这对出口国来说，尤其是对发展中国家来说，必将成为其市场准入的极大限制。不仅商品本身，包括商品的外包装材料，也都必须符合环境保护的要求。实际上，由于环境方面的市场准入标准问题，我国的农产品出口也处于非常困难的境地，如茶叶、水果、粮食、水产品等，能够达到出口要求的并不多，尤其是出口到发达国家就更难了。发达国家对绿色产品的需求很大，尤其是对绿色食品的需求特别大，如英国的绿色食品需求的80%、德国的90%是依靠进口来满足的，这对发展中国家来说是一个很好的机遇，能抓住这一机遇的企业就能得到很好的发展。

④为了保护国内的资源与环境而限制出口。现在，人们越来越认识到生物多样性对生态系统稳定性的重要意义，人们越来越认识到不可再生资源对可持续发展的重要作用，各国对这些产品的出口给予了高度的重视，开始限制这些产品的出口。

第二节　资源经济绿色转型的内部机理

绿色发展谋求人与自然的和谐发展，在操作层面上，不仅需要将生态环境的价值资本化，而且需要进行相应的制度变革。在绿色发展理念下，我们有必要用一种全新的视角对资源型经济环境下的发展理念进行分析。

一、环境与经济增长的政治经济学分析

经济增长意味着资本量的不断积累，资本增值的内在表现是价值量的增加，而价值量增加的前提条件是完整价值链的形成。商品具有价值和使用价值两个基本属性，商品的价值是通过使用价值的让渡来实现的。在整个价值形成过程中，资本只是发生了价值转移，劳动过程才是价值的创造源泉，剩余价值也是在扣除劳动成本后计算的。然而，在整个价值形成过程中，环境一直充当着使用价值的角色，没有作为成本要素被纳入价值体系中来，在价值实现过程结束后也未能得到补偿。为了进一步分析环境在一般价值形成过程中所起的作用，我们将从劳动力价值（V）、劳动力创造的全部价值（V+M）、不变资本（C）、绿色资本四个方面分析环境在一般价值创造方式中发挥的作用。

（一）环境对劳动力价值的作用机制

劳动力价值由三个方面组成：维持自身生存必需的生活资料价值、延续劳动力所必需的生活资料价值和用以培训适合再生产需要的劳动力价值。我们可以发现，在劳动力价值的组成结构中，环境的改善有助于降低维持劳动力日常生活的费用，进而使资本实现增值。而生态环境在价值形成过程中对劳动力价值的影响机理是：当劳动生产率一定的情况下，生态环境越好，劳动力日常生活维持的费用越低，需要支付的劳动价值就越少，价值增值空间也就越大。

（二）环境对劳动力创造的全部价值的作用机制

劳动力价值不变的情况下，良好的环境有利于提高剩余价值率。劳动创造的全部价值（V+M）包括劳动力价值（V）和新创造的价值（M），在劳动力维持自身费用不变的情况下，价值总量形成值的大小由新创造的价值（M）来决定。劳动创造的新价值是指在价值实现过程中通过劳动形成的新的价值。在此价值的创造过程中，环境主要通过影响价值的创造效率来对整个价值创造过程产生影响。

环境对生产效率的影响分为两种情况：

第一，对环境依赖程度高的价值创造过程，环境越好，生产效率越高，新价值量单位产出程度就越高，这时表现出资本总量的不但增加和再生产规模的扩大。

第二，对环境依赖程度低的价值创造过程，环境的好坏对于生产效率的提高影响较小，此时的环境要素不作为研究影响价值效率的主要因素。

（三）环境对不变资本的作用机制

在不变资本价值一定的情况下，环境优劣对价值总量的大小影响程度很低。不变资本（C）是指在价值创造、形成过程中以商品或者生产资料形态存在的资本，自身没有价值创造的能力，只是在生产过程中，它的价值随着物质形态的改变而转移到新产品中。不变资本价值的大小由社会必要劳动时间决定，其自身所附带的价值量在进入价值创造过程之前已经被确定，环境要素的出现无法使其增加或者减少。因此，环境的介入并不能影响不变资本的价值，进而影响总价值量的变化。

（四）环境对绿色资本的作用机制

绿色资本造就了自然垄断性价值的形成，环境要素的植入有助于其价值维度的增加。绿色资本是指在价值形成过程中，增加一种外伸途径（环保），要求生产资料部门加大在环境保护方面的一种资本投入力度。此处的绿色资本指的是在市场中植入环保产品，并围绕环保产品形成的一个价值增值活动。不同于一般的政府环境管制，环境管制意味着收费（减少价值总量），相当于抽走资本家创造的剩余价值，而绿色资本是在传统的价值创造过程中添加外力，通过增加不变资本（环境）的投入，进而增加生产资料的价值。不同于一般市场化商品，自然环境具有天然垄断性。在商品的价值形成过程中植入绿色要素，显然具有很强的市场竞争力，资本增值方式的简单性必然吸引大量的预付资本注入此领域，并形成新的价值创造方式。显然，该资本的出现意味着在社会总资本之上，再加一个绿色方面的资本，拓展了价值的维度，增加了价值创造的方式。

二、资源型经济绿色转型的内在机理研究

资源型经济进行绿色转型，必须更新发展理念，将生态理念融入经济发展的各个环节之中。

（一）科技创新推动绿色转型的内在机理研究

科技创新驱动经济发展的主要逻辑在于通过要素使用效率的提升，使企业保持长久竞争力，提高其可持续发展能力。现有文献大多将生产效率作为衡量要素使用效率的直接指标。生产效率通常被定义为企业生产要素的投入和产出比，是衡量企业可持续发展能力和长期绩效的重要指标，反映了企业的价值增加路径，决定着企业未来的发展。目前，科技创新对经济质量发展的提升路径主要有以下三种：首先，科技创新会创造新的流程、模式，改变资源利用方式，实现全要素生产率和整体效率的提升。其次，科学范式的改变，会对整个产业的技术标准产生显著影响，传统产业基于创新链、创新要素集聚推进升级，从而影响产业内的创新生态。最后，科技创新改变了企业在经营活动中的传统模式和范畴，提升了企业的非技术创新效率，深刻改善了发展质量。

绿色创新对中国企业发展质量的提升具有重要意义：首先，绿色创新是大多行业标准制定的重要考量，企业可通过推动行业标准的升级，抢占市场先机，倡导绿色消费，推动绿色经济发展；其次，绿色技术创新能够为企业形成"隔离机制"，产生独特的市场竞争力，占领细分市场，保护企业的边际利润；最后，工业转型升级的曲线拐点取决于清洁行业和污染密集行业技术效应的相对大小，因此，绿色创新对产业升级也有重要作用。企业可以通过以上绿色技术创新的三种效应来带动经济的高质量发展。

（二）产业转型升级推动绿色转型的内在机理研究

产业结构升级优化的内涵是逐步实现产业结构的高度化和合理化。高度化是指产业结构通过科技创新、知识资本、机制体制的"赋能"，使产业链本身的资源呈现出价值性、稀缺性、难以替代性、难以模仿性，使得产业链能够持续产生

高附加值；合理化是指产业不断升级的目的是寻找一个最优点，在这个点上的产业资源配置的效率和效益都能达到最优。

科技创新在产业升级过程中扮演着催化剂的角色，主要功能聚焦以下两点：首先，企业通过技术创新的累积，知识资本的嫁接、裂变，嵌入效应，实现规模报酬的递增，加上变革性、颠覆性的技术抢占市场，赢取"超额利润"，使产业中的企业资源呈现出珍贵、稀有、不完全模仿、不可替代的特性，从而提升产业结构整体竞争力及其对环境突变的抵抗性；其次，企业通过非技术创新的经验积累和试错匹配，使产业对于资源的宏观把控能力增强，在以价值可持续递增为核心的资源分配理念指导下，使资源配置的效率和效益实现稳定提升。因此，在科技创新的催化作用下，产业结构迅速升级，且升级优化效果显著。

在粗放式经济发展模式下的污染密集型产业对我国生态环境产生了恶劣的影响，绿色创新是这一语境下的又一重要话题。绿色创新通常被定义为通过对制造工艺、生产技术、中间产品和最终产品等环节或整个制造生产系统的优化改善，来消除或减少对环境的破坏。

第三节　资源经济绿色转型的现实探索

一、绿色科技支撑资源经济转型发展

"科学技术是第一生产力"，经济的发展和社会的进步都离不开科学技术的支持。绿色经济是可持续发展的现实形式，它代表着经济发展的方向，不但对科学技术提出了更高的要求，而且也为科学技术的发展指明了努力的方向——绿色科技。正如科学院院士周光召先生所说的，绿色科技是未来科技为社会服务的基本方向，也是人类走向可持续发展道路的必然选择。发展绿色经济，需要绿色科技的支撑。

（一）科学技术是一把双刃剑

1. 科学技术的双刃性

人类社会的发展史也是科技的发展历史，科学技术的发展推动了经济的发展和社会的进步。科技在其发展过程中，不断地进入生产过程，转化为现实的生产力。一次又一次的科技创新应用于生产，促进了产业结构的变革，催生了产业革命，有力地推动了社会生产力的飞跃和发展。

在人与人的关系上，科技也具有两重作用。在人类历史发展的长河中，科技在推动生产力发展的过程中，不断地改变着人们的生产关系，推动着社会制度的变革。可以说，科技是在最本源意义上的革命者。从现实的情况看，现代科技正在影响着人与人之间的关系。

在科技日新月异发展的今天，人们在享受高度物质文明的同时，却别无选择地面对严重污染的环境和频繁出现的生态危机。人们因此开始对科技的作用进行重新认识，并产生了分歧。悲观主义者认为科技发展导致了环境质量恶化，生态上的失败显然是现代技术本性的必然结果；而乐观主义者认为生态危机及环境破坏只是科技进步中的一个小小的副作用，依靠科技发展完全有能力去解决经济发展与环境保护之间的矛盾，如国际商会（ICC）在对可持续发展的阐述中就突出了技术的力量，并把技术定位、技术创新看作改善环境状况的手段。

2. 科技具有两重性的原因

科技对社会、经济的发展所具有的两重作用，其原因有以下几点。

科学技术具有两重性：一方面科学技术是客观存在的实体，可以表现为一定的实物形式，如生产工具等，具有自然属性；另一方面科学技术是为了满足人类的需要而存在的，需要也必然要通过实践才能发挥作用，具有社会历史属性。从它的自然属性来看，它只是一种工具，具有物质的普遍性。而从科技社会属性来看，它是在特定的历史条件下被创造出来的，为特定的对象、特定的目的服务。当这些条件发生了变化，科技的作用可能会发生巨大变化，同一科技可以"安邦定国"，也可以"助纣为虐"。

在这方面，我们需要把科技本身与科技的社会作用及社会后果区分开来。科技对社会所起的作用不仅受技术本身的影响，而且受到社会价值观、社会伦理等，人口、资源与环境的现状，经济发展水平等客观条件的影响。相比之下，后者的影响更具决定性。例如，在工业社会中，经济功利主义等价值观实际上主导着科技应用的方向和规模。另外，人口的急剧膨胀，人类（特别是一些发展中国家）在生存的压力下，有时不得不利用现代科技对自然环境进行着"征服"活动。如人与森林的关系就是如此，耕作农业实际上是在破坏森林的基础上发展起来的，如今的城市曾经也是森林，当然这里有一个合理的度的问题。对化肥的使用也是如此，化肥的过量使用会使土地板结，造成对土壤的污染，但为了获得赖以生存的粮食，人类有时是别无选择的。

科技本身是中性的，并无对与错之分；而人类如何应用它，就有了利与弊区分。

任何事情都有其两面性，科技也不例外，具有正反两方面的作用，差别只在于正与反两个方面的"度"的比较上，科技在其应用中是利大于弊还是弊大于利的问题。尤其是在人与自然的关系上，科技的这种两面作用更为明显。人类利用科技改造自然，实际上就是对自然进行人为的干扰，一方面是向自然索取，另一方面是向自然界排泄各种废弃物，这必然会影响人与自然的关系。生态环境具有一定的自净能力，只要这种影响被限制在自然与环境的自净阈值内，科技的副作用就不会造成太大的危害，因而从整体上看，这样的科技就表现为"有利"的科技；而如果超过这一阈值，这种技术对环境的作用就是不利的，很可能就表现为"害大于利"。这就使科技在"度"上表现出双刃性，从而危及自然环境及人类自身。

（二）绿色科技的概念与内涵

1. 绿色科技的概念

绿色科技自20世纪90年代产生以来，就得到了较为广泛的应用。绿色科技是一个相对的概念，它是随着社会的发展而不断变化的，具有一定的社会历史性。绿色科技是指在一定的历史条件下，以绿色意识为指导，有利于节约资源的消耗、减少对环境的污染，促进社会、经济与自然环境的协调发展的科学与工程技术。绿色科技包括了从清洁生产到末端治理的各种科学技术，既包括对环境污染的治理、生态实用技术、绿色生产工艺的设计技术，绿色产品、绿色新材料、新能源的开发等具体技术，又包括对在环境与社会发展中的重大问题的软科学研究。绿色科技是一种以减少或消除科技对环境和生态的消极影响、促进人类的持续生存和发展为目的，有利于人与自然共存共荣，既促进社会经济发展又对生态环境无害的技术。

2. 绿色科技的内涵与特征

对于绿色科技，可以从以下几个方面的特征中来把握它的内涵。

第一，绿色科技是既有利于生态环境又能促进社会经济发展的科技。在对于绿色科技内涵的规定性上，绿色科技必须同时满足改善生态环境和促进社会、经济发展的双重要求，且这两方面的内容缺一不可。有利于自然和环境，这是绿色科技的应有之义，是绿色科技区别于其他科技，能称得上是"绿色"的必要内容。相对于一定时期的社会平均技术水平，相对于那些还无法达到国家或地区绿色指标的生产技术，绿色科技更能节约资源，或减少污染物的排放，因而有利于生态环境的改善。除此以外，绿色科技还必须具有促进经济发展和社会进步的功能。绿色科技并不是回归原始的技术，原始农业技术并不是绿色科技。绿色科技是现代的科技，是应用高新技术来缓解经济发展与环境保护之间的矛盾，是通过高科技的手段来协调经济与环境、人与自然的关系。

第二，绿色科技是一个动态的概念，是一个相对的概念，它是相对于一定绿色技术标准而言的。绿色技术标准受一定历史条件的制约，常受到社会平均技术水平、环境剩余承载能力、公众的绿色要求等因素的影响，是一个随着社会经济的发展而变化的变量。以绿色技术标准为参照物的绿色技术，也是一个动态的概念。事实上，在不同的历史时期，绿色的标准是不同的。如在我国，几十年前煤是大多数家庭的燃料，为了保护森林，许多地方都大力推广以煤代木。但是，煤在燃烧后产生的二氧化硫严重污染了空气。而使用液化气（主要成分是甲烷）做燃料会产生二氧化碳，相对煤来说，液化气技术是一种更为清洁的技术，可以称为一种绿色技术。但是，无论是二氧化硫还是二氧化碳，它们都是温室气体的组成部分。现在推广的清洁能源是太阳能，可以轻易地储存和使用太阳能的新技术，就是现在的绿色技术了。另外，环境所具有的剩余承载能力以及公众对生态环境的绿色要求等条件，也会影响绿色技术标准的制定，进而影响对绿色技术标准的界定。

第三，绿色科技必须以绿色意识为指导。这是从开发和使用目标方面对绿色科技应有的要求。科技本身是中性的，它只有以绿色意识为指导，才能发挥它的绿色功用。再好的科学技术，若不以可持续发展的绿色意识为指导，就可能偏离绿色轨道，而且越高新的技术在偏离轨道后产生的后果就越严重，如核技术，可以使地球毁于一旦。因而某种技术只有在绿色意识的指导下；服务绿色事业，才能成为绿色科技。

总之，绿色科技是一个动态概念，既有生态环境方面的要求，又有社会经济方面的要求。只有在服务于绿色目的时的科技才能真正称为绿色科技。

（三）绿色技术体系

绿色科技的范围非常广泛，有利于生产力、有利于资源节约和改善环境的技术都可以称为绿色技术。我们可以把范围广泛的绿色科技分为清洁生产技术、环境治理技术、生态环境可持续利用技术、节能技术、新能源技术等，这些构成了绿色经济发展的科技支撑体系。

1. 清洁生产技术

清洁生产技术是指能够减少生产过程中的环境污染，降低原材料和能源的消耗，实现少投入、高产出、低污染的新技术、新工艺、新的生产流程设计等。这种技术着眼于企业的整个生产过程、产品的整个生命周期或整个产品链，尽可能地把对环境污染物的排放消除在生产过程之中，力图从污染的源头上防止污染的产生，实现"增产减污"。这种技术是一种最有前途的技术，比"先污染，后治理"的环境治理技术的成本要低得多，是更加先进的绿色技术。

清洁生产技术包括各种废气、废液、废渣的资源化技术及少废、无废工艺技术；再生资源回收利用技术；共伴生矿产资源综合回收利用技术；洁净煤技术；氯氟烃（CFC）代用品；资源综合利用技术等。每一类清洁技术又可以再细分为许多种，如国际较通行、技术较成熟且已商业化的镀通孔的清洁生产技术就有无甲醛化学镀铜法、炭黑法、石墨法、导电高分子法及高分子墨水法等多种。

2. 环境治理技术

环境治理技术又被称为末端治理技术，是指对已有的环境污染进行治理和改善的环境工程技术。这种技术发展得更早，伴随着污染的产生而产生，种类繁多，是目前绿色环保技术市场的主流。相对清洁生产技术而言，环境污染治理技术代表着更为落后的理念。但由于目前的环境污染仍然是比较严重的，因而对这种技术的需求还是很迫切的。环境治理技术包括空气净化技术、污水处理技术、废物处理技术、噪声与振动控制技术、城市卫生垃圾处理技术等，现分别介绍如下。

（1）空气净化技术

目前较为常见的空气净化技术有：消烟除尘技术与装置，粉煤灰清洁技术，排放物的脱硫、脱氮技术，低污染燃烧技术，排放过滤技术，排放控制技术，溶剂再生、更新回收，工业废气净化设备，机动车尾气治理，空气污染监测技术与设备等。

在我国，大气污染是以二氧化硫为主的煤烟型污染，大气污染物中90%的二氧化硫来自煤炭燃烧。二氧化硫污染已给国家造成了难以估量的经济和社会损失，因此减少二氧化硫排放的技术是非常重要的。

（2）污水处理技术

污水处理技术主要有工业废水处理技术及循环利用技术，水质监测技术，有机污染的处理技术，净化工厂技术，江河湖泊的氧气供应技术，江河湖泊清淤及污染治理技术，苦咸水淡化技术，膜技术与装置，滤材、滤料、水处理剂技术等。

（3）废物处理技术

废物处理技术主要有工业废物处理技术，废物热预、处理技术，污物焚烧工厂技术，电吸尘技术，新型机械吸尘技术，有害有毒（化学、生物）废物的处理技术，城市废物垃圾处理技术，废物分类技术等。

（4）噪声与振动控制技术

噪声与振动控制技术是指测定、减轻、消除或控制的技术与设备，如汽车发动机除噪声技术等。

（5）城市卫生垃圾处理技术

城市卫生垃圾处理技术主要包括卫生填埋、衬层材料与施工技术，渗沥液收集与处理技术，蒸汽收集与处理利用技术，堆肥与生化处理、堆肥处理技术，对堆肥产品制复合肥、有机肥、生物菌肥等深加工工艺与技术，城市生活粪便（未进入城市生活污水管道系统的）进行浓缩、脱水、除臭等处理的技术，各类废旧电池的处理回收技术，各类塑料制品的再利用技术与设备，各类橡胶轮胎的回收、再处理技术，各类特定废弃物（如餐饮业、医院的废弃物）处理技术，废弃物回收、储存、再循环、填埋技术；有害有毒废物的处理技术，城市垃圾处理技术，垃圾分类技术等。

3. 生态环境可持续利用技术

生态环境可持续利用技术是指那些能够促进生态环境可持续利用的技术和方法，包括一些能够促进对生态环境规律认识的技术和减少对生态环境破坏的利用技术等，如流域治理、利用技术，平原风沙区综合治理技术，生态保护和生态监测技术，生态农业技术，珍稀濒危物种保护和繁衍技术，各种资源可持续利用技术等。

4. 节能技术

节能技术是指能够节约生产生活中能源消耗的技术，包括工业锅炉窑炉的改造和节能技术，高效节能电光源、节能照明技术，节能型民用耗能器具技术，节能型空调、制冷技术，节能型机电设备，新型城市节水技术，节水农业技术等。

5. 新能源技术

新能源技术是指能够促进开发、储存、利用新能源的科学技术。目前，新能源技术主要有太阳能技术、核能技术、海洋能技术、风能技术、生物能技术、垃圾能技术、地热能技术、氢能技术等。

（四）绿色科技是绿色经济的动力与支撑

绿色经济的发展是在传统经济模式不断绿色转化的过程中实现的，而绿色科技是促进传统经济向绿色经济转变的动力，是绿色经济发展的强大支撑力。

1. 绿色科技是资源型绿色经济发展的动力与支撑

第一，绿色科技可以提高对现有资源的开采利用率，减少资源浪费。传统经济是一种粗放型经济，属于高投入、高产出的数量型增长，它的增长是以资源的大量消耗为代价的，因此而造成了资源的严重短缺现象。具体表现在：一是对现有资源的开发强度过大，许多地方采取了掠夺式的开发，造成后备资源的不足、资源的供求矛盾突出现象。二是资源利用率不高，浪费现象严重。如在对不可再生资源煤的开发与利用上，都存在严重的问题，由于利益的驱动，许多地方都办了小煤矿，大多采取掠夺式的经营方式，造成资源的极大浪费。究其原因，体制是一个方面，实用且低成本的绿色技术的缺乏也是重要的原因之一。因为这些小煤矿经营投入的资金少，没有能力提高技术水平，就不可能提高资源的利用率。

第二，绿色科技可以扩展资源的利用空间。从可持续发展的观点看，任何存在的东西都可以作为资源加以利用，这里的问题只是没有相应的技术罢了。有些本来是非常有价值的资源，可以在多方面多层次地加以利用，却由于受科技条件的限制，只是在比较低的层次上进行利用，或只是被局限在价值空间很小的领域，或是被当作垃圾白白丢弃，有的甚至造成了环境的污染。如石油的用途是随着科技的发展而不断地被发现的，对石油的开发利用程度也是随着科技的发达而不断深化的。目前，石油在生产和利用过程中仍然存在着比较严重的环境污染问题，急需绿色科技来解决。同样，其他的资源也会有这样的情况，科技的发展会不断地把一些现在还不能利用的"废物"变成将来可以利用的资源，可以使一些现在已经被利用的资源扩大它的用途。这样既促进了经济发展，提高了人民的生活质量，也充分发挥了资源的价值，减少了环境污染，因而促进了绿色经济的发展。

第三，绿色科技可以发现新型能源，为绿色经济发展注入新的动力。能源是现代经济的血液，传统能源（如石油、煤）的枯竭是制约经济发展的"瓶颈"，它的排放物还是导致环境污染的重要因素。绿色科技的发展可能会发现和利用新型能源，这些能源可能会更清洁、成本更低、储量更丰富，有的甚至可以永续利用。例如，太阳能、潮汐能、风能、闪电等的能量都是清洁的可持续利用的能源，用它们来替代传统能源，将为绿色经济的发展提供充足的清洁动力。又如原子能技术的发展，海洋技术的发展和应用，也增加了资源的来源，缓解了矿产和石油等资源对人类生存和经济发展的"瓶颈"问题。

2. 绿色科技促进了环境保护和生态平衡

第一，环境治理绿色技术的发展，可以提高治理效果。绿色治理技术主要是对已经产生的环境污染加以治理的技术，一般是指末端治理技术。20世纪60年代到70年代，这类技术在发达国家得到了很快的发展，各国纷纷加大了环保投资力度、建设污染控制和处理设施等，以控制和改善环境污染，并取得了一定的成绩。但是经过几十年的实践后，人们发现：这种仅着眼于控制排污口（末端），使排放的污染物通过治理达标排放的办法，虽在一定时期内或在局部地区可以起到一定的作用，但并未从根本上解决工业污染问题，只是一种不得已而为之的措施。尽量预防污染的产生，才是更为合理的措施。因为任何污染的产生都必然会或多或少地对周围环境产生一定的破坏，而且更为严重的是，有的污染在目前的技术条件下是很难治理的，或是可以治理但成本很高，有的还会产生"二次污染"，因此，各个国家都在强调清洁生产技术。

我国以防为主的环境政策也在强调清洁生产技术的作用，但末端治理的技术也很重要。因为地球上已有大量的污染存在，即使从现在开始就实现了零排放，但已经存在的污染也会影响我们的生活质量。况且现代的经济发展还是会或多或少地产生一些污染，有些污染可以被大自然迅速地净化掉，有的则会日积月累造成巨大的危害。另外，有些意外的事故也会产生环境污染，例如，油轮触礁漏油就会对海洋造成污染。末端治理科技的进步，可以降低环境污染治理的成本，提高治理效果，改善生态环境，促进绿色经济的发展，例如，湖泊污染的治理技术及小流域污染治理技术，为恢复和改善滇池、巢湖等地的生态环境起到了一定的作用。

发展绿色治理技术，虽然对改善生态环境是必不可少的，但也不能过于依赖这种技术，毫不顾忌地"先污染，后治理"，就会对绿色经济的发展产生不利的影响。

第二，绿色生产技术的发展，可以促进清洁生产。随着可持续发展思想深入人心，人们已经认识到，靠大量消耗资源和能源来推动经济增长的传统模式是产生环境污染问题的根源。依靠补救性的环境保护措施，是不能从根本上解决环境污染问题的，转变经济增长方式才是解决环境污染问题的根本途径。然而，传统经济增长模式的转变是以科技创新为支撑和动力的，绿色科技是推动绿色生产的动力，而且只有低成本的绿色科技才能有效地推动绿色经济的迅速发展。因为绿色科技虽好，但如果它的成本太高，也是难以推广的。如化肥和农药虽然会造成环境污染，但它的成本比有机肥和生物农药更低，因此新的肥料和防治病虫害的新技术还难以被普遍推广和应用，这个原因也制约了绿色经济的发展。

绿色科技的进步，有可能产生新的不再产生污染的生产工艺，也可能发明一种新的技术，将以前难以利用的废弃物变成新的产品，并减少垃圾，提高资源的综合利用率；还可能会形成一种新的生产流程，使各个企业之间的废弃物与原料互为补充，形成一种循环经济新模式等。这些都会有力地促进绿色生产的发展。

绿色生产技术是从生产的源头开始，在生产链的各个环节和产品的整个生命周期中，都要考虑节能降耗，预防污染，尽可能地不对生态环境产生新的压力，这是从源头上进行环境治理，从根本上促进了绿色经济的发展。

第三，绿色科技的发展可以促进人类更好地发展生态生产力。经济的发展是社会文明与进步的物质基础，而不论科技如何发达，经济的发展都必然要消耗资源，也必然要对自然环境产生一定的影响。环境问题的关键只在于这种影响是否在一定的限度之内。因为生态环境和自然资源，特别是可再生资源都具有自我恢复的能力，即环境容量和生态阈值。所以，关键是人类的行为要控制在这个限度内，不能超过生态阈值的界限，也就是适度的问题。如何掌握好这个"度"，首先要了解这个"度"是什么，即要掌握生态规律。人类对环境的污染和生态的破坏，在很大程度上是因为不了解生态规律而产生的盲目行为。由于自然界万物之间关系的极其复杂，人类受到当时科技条件的限制，不可能完全掌握自然规律，因此很难把握好这个"度"，进而可能对生态环境造成破坏。绿色科技的进步，可以提高人类观察自然和认识生态规律的能力，进而促使人类的经济活动更加合理，并趋于绿色化。如对森林资源的破坏，就是由于人类的不合理利用所造成的，遥感技术、地理信息系统、全球定位系统（3S）技术的发展及其在林业上的应用，人们就可以对森林资源进行实时监测，为森林资源的合理布局和利用以及病虫害防治等及时提供准确的数据；而计算机技术的发展可以帮助我们处理这些数据，使人们有可能正确地把握森林生态系统的变化规律，提高对森林的经营能力和水平。

3. 绿色科技可以为绿色市场的顺利运行提供有力的技术支持

绿色经济市场的建立与运行是以绿色产品的供给为前提的。绿色科技的发展，不仅可以为市场提供大量物美价廉、品种多样的绿色产品，以满足日益高涨的绿色消费需求，以提高人民的生活质量，如无氟制冷技术的发明，使绿色环保冰箱由理想变为现实，而且更重要的是，绿色科技的发展，可以为绿色市场提供及时、有效地进行"绿色"检测的技术手段，提高市场监管能力，以保证其顺利运行。因为绿色产品与其他产品的区别就在于"绿色"，但这个"绿色"需要利用一定的检测手段才能进行有效的鉴别。如果缺乏这样的鉴别手段，就可能导致假冒伪劣的绿色产品充斥市场，这必然会影响绿色经济的发展。因此需要对绿色产品的市场准入进行适当监管，以区别"真绿"与"假绿"，而这种区别又是以一定的绿色检测技术的发展为基础的。如果能够对食品的农药残留量进行及时、快速又准确的检验，人们就有希望吃上真正的放心蔬菜和其他农产品了。目前，这种技术尚不完善，这也是假冒伪劣的绿色产品充斥市场的技术原因。绿色市场的顺利运行需要绿色检测技术的支持。

（五）加快绿色科技发展的对策

1. 加强科学道德建设，强调绿色导向

科学技术的发展方向影响着社会经济的发展。科学技术研究不仅属于个人、单位或国家，而且属于整个社会，对科技的非绿色化利用会给整个社会带来巨大的损失。科技工作者的科学道德问题会影响科技发展的方向，甚至是影响社会发展的重大问题。因此，需要进行科学道德的建设，确保科技研究的绿色导向，使更多的科技工作者明确自身的工作职责和时代要求，以绿色科技观为指导，以确保科技的绿色化发展。

2. 拓宽绿色科技的融资渠道，增加绿色科技投入

现代科技需要大量的现代化设备和人力作为基础，这需要有大量的投入。而我国目前的经济发展水平不高，可供政府支配的财力是有限的，政府能用于科技经费的投入也是有限的。长期以来，绿色科技经费仅靠政府的投入，必然会制约绿色科技的发展。所以应当采用多渠道、多种方式来吸引社会投资，吸纳海外资金投入也是一个重要的渠道。

3. 加强产学研相结合，提高绿色科技的转化率

绿色科技应从市场中来，再到市场中去，而不能与现实需要脱节，永远待在象牙塔里。政府应当加强引导，促进产学研更为紧密地结合，充分发挥产业、高校与专门研究机构的优势，使有限的经费产生最大的效益。

4. 政策导向，促进绿色科技的发展和内部平衡

科技政策首先要向绿色科技研究领域倾斜，从税收、财政、信贷、投资等各个方面为绿色科技的开发研究创造良好的政策环境，以促进绿色科技的发展。另外，绿色科技政策还应当向西北较落后的地区倾斜，同时，激励企业参与绿色科技的开发与研究，政府应加大对基础性科技研究的投入力度，使绿色科技开发的结构更加合理。

5. 完善绿色科技创新的制度建设

一方面，要加强绿色科技创新的激励制度建设，特别是知识产权制度建设，确保绿色科技开发承担者的创新利益，增强其进一步开发研究的积极性；另一方面，要加强绿色科技创新的监督制度建设，形成有效的评价监督机构，对绿色科技创新活动进行监管和验收，尽量减少和避免学术腐败及科技的非绿色发展。

二、绿色制度保障资源经济转型发展

绿色经济作为实践可持续发展战略的一种新的发展模式，它是一个宏伟的社会系统工程，向绿色经济发展模式的转变几乎涉及所有社会主体的利益调整。"没有规矩，不成方圆"，制度是规范人们行为的最稳定的力量。绿色经济的发展需要绿色制度的保障，这里的制度既包括由政府强制推行的正式制度，如法律法

规等，也包括非正式的制度，如人们的生活方式、习惯及意识等。

（一）制度与绿色制度

1. 制度和制度结构

制度的概念和制度理论，是在对传统经济发展理论的批判过程中，逐渐形成和发展起来的，早在 19 世纪末就成为当时有影响力的学派之一。制度经济学的再次辉煌，既是理论变革的结果，也是实践的需要，尤其是对于那些处于从计划经济向市场经济转变的国家来说。制度经济学为社会的变革和新制度的建立提供了思路和方法。中国渐进式改革的成功实践，既为制度经济学的应用与发展提供了广阔的空间和舞台，也促进和推动了制度经济学的发展，丰富了制度经济学的内容。

在制度经济学的发展过程中，许多学者从不同的角度对"制度"作出了不同的阐述，并给了制度以比较广泛的内涵，比较一致的观点是：制度是社会的游戏规则，是为规范人们的相互关系而人为设定的一些规则，包括被人们所认可且为人们所自觉执行的非正式的规则，也包括政府规定的并建立了强有力的机制进行强制实施的正式的规则。从本质上说，制度是一种公共品，是集体为了对个体行为进行控制所采取的行动，是由生活在其中的人们选择和决定的，反过来又制约着人们的行为。

制度包括制度安排和制度结构两个层面的内容。制度安排是一个局部性的具体制度，指的是约束特定行动模型和关系的一套行为规则，是经济单位之间的一种安排，被用于支配这些单位之间合作与竞争的方式。制度结构则是一个整体性的概念，指的是一个社会中正式的和非正式的制度安排的总和。

2. 绿色制度

绿色经济的发展要求社会成员及组织要将可持续发展的标准作为自身的行为准则。对企业来说，就要求其在生产经营过程中，树立绿色经营理念，推行绿色生产，进行绿色营销，积极采用绿色新技术、新工艺，以节约资源、减少经营过程对环境及产品的污染；努力建设绿色的企业文化，促进绿色的思想观念的形成，以推动生活方式和生产方式的绿色化进程。对其他社会成员和组织来说，也都有一个如何接受和推进社会交往方式和生活方式绿色化的问题，应进行绿色消费，以达到可持续发展的要求。为此，就需要有一定的规则来约束企业的经营行为和人们的消费行为。绿色制度就是指根据可持续发展的要求，为促进绿色经济发展所作出的各种制度安排，如资源节约计划、排污费征收的规定、一控双达标制度、各种环保法规等。绿色制度创新是指对绿色制度因素进行新的组合，使之较原有组合能创造更多的产出（价值）。这里的价值是可持续发展的价值，既有经济的内容，也有资源与环境的内容。

3. 绿色制度的特点

绿色制度涉及经济发展与资源、环境保护的问题，它除了具有一般制度的共有特性，还有其独特之处。

（1）绿色制度的外部性强，协调成本大

外部性是指有些成本或收益对于决策单位是外在的事实。环境问题的经济根源在于其"外部不经济性"。绿色经济中的外部性有两种，一种是环境污染的负外部性，另一种是环境改良的正外部性。负外部性影响主要是企业的生产过程对环境造成了污染，如钢铁厂排出的气体污染了空气，影响了周围居民的生活及身体健康，居民肺病的发病率上升，因此而增加了医药费等。但钢铁厂没有将这种给周围居民带来的损失计入自己的生产成本，这是社会福利的一种损失。正外部性影响主要是指企业改良了生态环境，如学校在校区内植树，成片的树林能改善空气的质量，使该校周围的居民和企业有了更加良好的环境，由此而获得利益。

制度的实行是需要成本的，解决环境外部性的协调成本与环境外部性的影响范围有关。有些环境外部性的影响范围甚至会跨越国界，成为国际问题，如温室气体的排放就会影响全球的气候，因此，它所涉及的范围之大、利益相关者之多，又没有像国家这样的权威性的机构，使得解决国际环境负外部性问题的成本非常大。

（2）效益的多样性与定量的困难性

企业是以经济利润为目标的，它在向绿色转变中会为社会带来大量的社会效益与生态效益。但这种为社会效益是难以计量的，而企业的绿色化转变则是需要支付成本的。矛盾因此产生，企业现行财务核算的基本假设之一就是货币计量，使地方政府和企业从自身利益出发都会更加侧重经济利益，也使得对其企业社会效益进行相关监督变得更为困难。

（3）效益的长期性

进行绿色转变制度的效益具有长期性的特点。长期性，即通过以后长期的生产经营体现出来，并获得收益的。如树立绿色企业形象，需要通过长期的努力，且要投入大量的成本才能达到这一要求，能否获得收益是未来很长一段时间以后的事情。时间越长，这种不确定性就越大。在贴现率较大的情况下，这种未来收益的贴现值会变得较小，而且不很稳定，这在某种程度上就会阻止企业进行相关绿色转变。这就是现在只有少数较有实力、富有远见的企业家才会主动培养自身的绿色企业形象的主要原因。

（二）绿色制度的主要类型及内容

为了促进绿色经济的发展，各国都采取了一定的措施，形成了多种多样的制度。对于绿色制度，不同的机构和专家有不同的归类方法，如世界银行就依据制度对绿色经济作用的不同，对各国的绿色政策进行了归纳，并分为四类，如表4-1所示。

表4-1　资源与环境污染控制政策手段

利用市场	创建市场	实施环境法规	鼓励公众参与
减少补贴	明确产权	标准	信息公开
环境税	权力分散	禁令	生态标志
使用费	可交易的许可证或开发权	许可证/配额	公众知情
押金-退款制度	补偿制度	—	公众参与
专项补贴	—	—	—

我国的绿色制度建设是在20世纪80年代逐渐发展起来的，现已形成了以经济政策为主、以行政手段为辅、以全面强化社会监督和多种形式的宣传教育等为内容的绿色制度体系，具体可以分为规范制度、监督与公开制度和核算制度三类。

1. 绿色规范制度

绿色规范制度是指用来规范和约束各个行为主体的经济活动的一系列规章

制度。

（1）行政手段

这种手段是以政府的行政命令、法律法规或标准等形式对经济活动进行强制性的管理，包括资源与环境法律法规、强制性标准管理、绿色禁令、许可证与配额管理等制度形式。

①资源与环境法律法规制度。法律是规范人们行为的最高准则。资源与环境的法律法规为处理经济活动与各种资源、环境问题提供了最权威的依据，这是任何团体和个人都必须遵守的，是强制执行的。

②强制性标准管理制度。该制度是由政府制定一系列的绿色标准，并采用行政手段保障其被执行，如取缔"五小"企业制度和工程项目绿色达标制度就属于这种制度。

取缔"五小"企业制度是指对一些达不到一定规模的小煤炭、小水泥、小造纸、小炼钢、小玻璃企业予以关闭的政策。因为这类小企业的生产技术落后、人员素质低，缺乏进行相关技术改造的资金和积极性，资源浪费严重并造成了严重的污染，对生态环境的影响很大。这类企业之所以能生存，是以资源的浪费为代价的。如小煤窑在开采煤时，一是大多数只对煤层中间的部位进行掏心式开采，资源回收率在10%以下，大量的顶板煤和底层煤被弃之不管，也无法再次开采，造成了巨大的资源浪费；二是也没有正规的安全措施，易酿成严重的安全事故；三是有的小煤窑还与大矿井贯通，破坏了矿层和大型矿井的正常生产秩序。可见，小煤窑的盈利实际上是不计环境和资源成本的结果，如果要计算这些成本，绝大多数都是亏本的。

工程项目绿色达标制度是针对新上的工程项目所制定的制度，要求新上项目必须进行绿色评价，若不符合规定的绿色标准，经济效益再好的项目也不能立项，这就是工程项目中的"生态达标一票否决的制度"。

③绿色禁令制度。该制度是指政府对一些产生了严重的污染、危害生态安全的产品或活动，以政府行政命令的形式予以禁止。

④许可证制度和配额管理制度。许可证制度是政府对一些活动采取许可证的管理制度，没有取得许可证的就不得进行，这种规定在进出口贸易中比较常见，

它常和配额管理制度相联系。所谓配额管理，是指在一定时期内对某一活动，规定一定的数量范围，在此范围内不加以处罚，超过这一范围加以较为严厉的处罚，如征收高额税费、罚款等。在绿色经济中，对排污权管理就是采取这样的制度，并已经取得积极的效果。

（2）市场经济手段

市场经济手段是制定相关的经济政策，通过市场的运行来实现资源与环境外部成本的逐渐内部化，进而促进企业向绿色化转变。这种政策具有作用直接、效果明显的特点，目前已成为企业绿色制度的主要部分。

①收费政策。收费政策是最常见的环境经济政策，包括污染收费和投入收费两种。污染收费是依据"污染者付费"的原则而建立起来的一种事后控制污染的经济管理手段，其收费的对象遍及所有的排污企业、组织及居民，这里的污染包括"三废"噪声等。这一制度的执行者是环境管理部门，通过对环境污染造成的损失进行相关测定后，规定出所应收取的费用，以用于环境的治理。目前主要有排污费、垃圾处理费等。投入收费是一种事前控制行为，是对那些在生产和使用中会严重浪费资源，或对环境造成污染的产品和行为以税收等形式进行经济制约。这种政策特别适用那些使用者比较分散、污染难以监督和治理的产品，包括资源税、燃料税、污染产品税、生态环境补偿税等多种形式。资源税主要是为了提高资源价格、促进技术改进、节约资源利用或换用新型的低污染的资源而征收的。燃料税主要是为了减轻大气污染而征收的，通过实行燃料税差别政策，以鼓励人们使用污染少的新型燃料。污染产品税是指对在使用过程中会造成环境危害的产品所征的税，如化肥、农药等，国内尚未实施这一政策。生态环境补偿税是对开发利用生态环境的受益者所征收的一种税，以用于补偿维护或恢复生态环境破坏的费用，如自然资源开发税、土地增值税、下游企业对上游企业的生态补偿费用等，国内主要应用后两种形式，上下游企业之间的补偿机制正在进行探讨和试验阶段。

②补贴政策。补贴政策是政府对企业进行有利节约资源利用和减少环境污染的行为进行经济优惠或补贴，以鼓励此类行为的再发生，包括直接补贴和间接补贴两种形式。直接补贴是直接通过财政拨款、贴息贷款、补助等形式，来激励企

业减少污染量的排放或促进其转变生产方式。间接补贴则通过财政、税收、信贷等优惠政策来鼓励企业进行绿色化转变。

③建立排污权交易市场。为了解决环境收费标准难以确定、政府在管理排污权方面的信息有限性及由此产生的"寻租"行为问题，政府建立了排污权交易市场制度，目的是通过市场竞争来达到环境利用效率的最大化，促进企业在环境污染需求上的公平竞争。一般情况下，由政府先根据环境的容量确定有关部门可能产生的最大排污量，通过颁发许可证的形式来限制污染物的排放量，许可证可作为产权在企业之间进行买卖，价格由市场形成。

④其他形式。包括押金制、执行保证金制度和环境损害责任保险制度等。押金制是指对可能造成资源浪费或环境污染的产品加收一定押金，如果把这些潜在的污染物送回收集系统以避免污染，则将押金返还。这种形式简单易行，如国内的汽水瓶、啤酒瓶等的回收利用，不过这只是企业为了节省资源成本而进行的，并没有真正从环保的角度来考虑。目前，有学者开始了对电池、农药瓶等实行环保押金制度的研究。

执行保证金制度是指在从事生态环境治理活动之前，企业向政府及有关管理当局缴纳一定的费用，当该活动圆满完成后企业可以将该保证金取回。如我国在20世纪80年代就有过规定，企业在采伐森林时要从木材售价中暂扣一定比例的造林保证金，由林业管理部门监督，用于采伐地的造林更新，这一制度在当时对森林的恢复起到了积极的作用。

环境损害责任保险制度是指由保险公司向污染者收取保险费，并约定保险的责任范围和保险额度，当企业由于意外原因造成污染，其相应的经济赔偿和治理费用将由保险公司承担。

2. 绿色监督与公开制度

绿色监督制度是指对企业执行绿色规范制度的情况进行监督并将之公开的制度，不但包括规范制度的日常监督与管理制度，而且包括将这些信息公开的一些制度。绿色规范制度的日常监督与管理制度与其他规则的监督与管理制度没有太大差别，在此不加以阐述。

利用信息公开的方式进行监督的制度较为特殊，它并不强制企业达到什么要求，而只是制定一些非强制性标准，由企业主动提出申请的方式，并通过社会公证机构对企业是否达到此类标准进行鉴定，并将相关信息予以公布。信息公开的实质是通过社会公证机构将企业的绿色信息反馈给社会公众，减少社会公众搜寻此类信息的成本和信息不完全带来的不利影响。通过这种鉴定的企业，社会公众能和其他企业区别开来，便于识别，进而能获得更多的权利或收益，如市场准入制度和绿色或生态标志的认证制度等方面的信息。

（1）绿色市场准入制度

绿色产品是有利于人们身体健康和资源节约、环境保护的产品。为了确保绿色产品这一特别的品质，需要制定绿色产品的市场准入标准，以一定的标准，并通过一定的行政管理手段来保障其执行，把那些不符合标准的产品拒之市场外。把好市场准入的关口，是促进绿色经济发展的重要途径。如果没有这个市场准入的关口，让大量假冒伪劣的"绿色产品"充斥市场，就会严重地影响真正的绿色产品的销售，进而影响绿色经济的发展。绿色市场准入制度包括两个方面的内容：制定专门用于销售绿色产品的市场所需要的相关的政策、措施；为所有进入市场的产品提供一个基本的绿色标准，以防止那些对社会和环境危害严重的产品进入市场。

（2）绿色或生态标志的认证制度

这种制度强调了自愿原则，虽然绿色经济与传统经济有着质的不同，绿色产品具有不同于一般产品的特点，但因为建立一个专有的绿色市场需要的成本很高，所以绿色产品有时是与一般产品共同存在于同一个市场中，这就需要另外一种制度来对绿色与非绿色的产品进行区分，绿色或生态标志的认证制度就应运而生。绿色标志的认证是指对绿色企业或产品制定了一系列的标准和条件，并按照一定的程序进行严格考核，达到标准要求的，颁发一定的标志或证书，这样就能对绿色的企业或产品进行规范管理。在国内影响较大的是绿色食品认证的制度，在国际上则是有机食品认证制度。此外，在对企业和产品的管理方面，ISO 14000环境管理体系认证是国际上最权威的认证制度。ISO 14000 环境管理体系是由国际标准化组织制定的，其目标是通过实施这套标准来规范企业和社会团体的环境行为，最大限度地节约资源，减少人类活动对环境所造成的不利影响，改善全球的环境质量，促进环境与经济协调发展。在国内，目前申请这项认证的大多数是出口企业，因为通过了这种认证就等于领到了前往国际市场的通行证，不但可以减少各种检查和检验的费用支出，而且可以在国际市场上树立良好的绿色形象。

绿色食品认证是国内已经采用的绿色认证制度，它的标准是由国家农业部制定的，分为 A 级（符合特定的标准）和 AA 级（不允许在生产过程中使用任何化学合成品）。有机食品的标准要求比 AA 级更高，除了必须符合 AA 级的标准外，还对食品原料的生长环境有较高的要求，如高标准的土壤等。通过绿色食品认证后，可以获"绿色食品"标签，不但可以区别于其他非绿色食品，而且方便了消费者的选购。

3. 绿色核算制度

绿色核算制度是对绿色经济运行结果的核算和评价的制度。绿色核算制度是把资源、环境资本纳入国民经济统计和会计科目中，用以表示社会真实财富的变化和资源环境状况，为国家和企业反馈准确的绿色经济信息，包括绿色 GDP 的宏观核算体系、绿色会计的微观核算体系和绿色审计的再监督制度三个部分。

（三）绿色制度的创新

国家（政府）在制度变迁理论中历来占有较为重要的地位。正如道格拉斯·诺斯（Douglass C. North）所说的理解制度结构的两个主要理论基石是国家理论和产权理论。因为国家界定产权结构，因而国家理论是根本性的。

1. 绿色制度的创新需要有政府的支持

绿色制度创新是解决资源与环境的外部性问题。自然资源与环境的公共性较强，加上制度创新本身也具有很强的公共品性质，因而绿色制度创新是一个公共品的供给问题。

绿色经济取代传统经济是历史的必然，但由于信息和交易费用的存在，不能保证一个制度失衡会引发向新均衡结构的立刻移动。"制度变迁发生在何时，在什么条件下，以及达到何种程度，是集体行动理论所提出的问题。"

政府这一特殊的组织有两大显著特性：①政府是一个对全体社会成员具有普

遍性的组织；②政府拥有其他经济组织所不具备的强制力。政府可以很好地降低由组织费用、搭便车行为、不完善信息市场及逆向选择等引起的交易成本。因而政府在绿色制度变迁中具有很大的优势，以至于有的学者提出了"经济靠市场，环保靠政府"的观点。

在绿色制度变迁中，政府的影响力表现在两个方面：一是影响制度转变速度的快慢；二是影响制度变迁交易成本的大小。

2. 政府与市场的关系——诺斯悖论

在制度建设与转变中，没有政府的支持是不行的，但政府也不是唯一的力量。早在 20 世纪 70 年代，制度经济学家诺斯就发现了这里存在了一个"悖论"——政府具有强大行政干预能力，可以减轻因市场不完善和扭曲所造成的影响，但政府干预市场又会造成更多的市场不完善和市场扭曲，这就是"诺斯悖论"。政府在绿色制度的创新与变迁过程中也存在这样的矛盾。

首先，政府作为一个实体，有其自身的利益。按照马克思的观点，政府是特定集团或阶层的代理人，它的功能就是保证统治阶层的利益。中国共产党和人民政府是人民利益的代表，党和政府的利益是与社会总效用一致的。但由于中央政府并不全部地参与所有事务，绝大多数职能是由多个地方政府去实施的。地方政府可能出于本地的利益考虑，使得社会的总效用受到影响，这或许就是国内地方保护主义根本原因的经济学解释。

其次，委托—代理关系的存在，可能会扭曲政府的职能。政府只是一个抽象的实体，本身不能参与有关法规政策的管理。它只能通过政府工作人员去执行自己的职能，存在着一个委托—代理关系。这两种情况都会导致政府职能的失效（从社会效用最大化角度来看），有关改革的试验调查也充分证实了这一点。在许多地方，乡镇企业股份制改革的最大困难，并非来自企业本身（产权无法界定、财务技术问题等），而是来源于乡镇和村两级干部或明或暗的阻力。

最后，自行其是的权力、理论认识的偏差、社会利益的冲突和历史认知的局限等也会使政府在绿色制度创新中的作用失效。

3. 政府在绿色制度创新中的作用

（1）政府在绿色制度需求方面的作用

第一，政府可以通过影响一些要素及产品的价格来刺激企业对绿色转变的需求。首先，政府掌握了大量的传媒与舆论阵地，并具有进行道德教育的优势。政府可以加强对企业绿色变迁的宣传，影响人们的消费模式，扩大对人们绿色产品的消费需求，进而促进绿色产品价格上升，这样使得实行绿色变迁有利可图，这会刺激企业对绿色化制度的需求。政府加强对节约型消费模式的宣传，也可以减缓对资源消耗的增长速度。其次，通过资源与环境税收的征收势必会使一部分生产要素价格上升，导致使用这种要素的生产成本相对提高，这就降低了这种产品的市场竞争能力，就会迫使企业产生对绿色制度的需求增加。第二，政府可以制定法律规则，确保企业绿色制度需求的顺利产生。如政府可以加强对市场体系的管理与监督，打击假冒伪劣绿色产品。这样，一方面可以使人们能放心地进行绿色消费；另一方面也使企业绿色转变的利益得到保障，降低市场信息不完全性的不利影响。

（2）政府在绿色制度供给方面的作用

第一，政府可以利用自己的优势，降低绿色制度供给的成本，拓宽可供选择的制度范围，以增加绿色制度的供给，从而解决绿色制度供给持续性不足问题。第二，政府可以直接提供绿色制度供给，降低供给成本。如循环经济实施的关键是掌握有关各种产品、废弃物容量的信息，以保证产品生产的连续性。由企业自己去搜集信息，寻找合作伙伴，进行谈判，各种事前成本比较大。国家可以利用其所拥有的丰富的市场信息和财政税收特权、城镇规划等有利条件进行生态园区建设，将相关企业吸引过来，使得有效信息的范围相对集中，以减少企业各种成本，这本身就是一种绿色制度的供给。另外，对城市垃圾的集中处理、污水处理设施的建设等也是绿色制度的直接供给。第三，政府可以促进相应科学技术的发展，增强绿色制度的供给能力。技术与制度究竟哪一种更重要，这个问题一直是制度经济学争论的热点，在这里我们不必对这个问题加以深究，但有一点是可以肯定的：技术对制度的创新有重大的影响。绿色制度创新也是建立在一定科学技术基础之上的，如环境污染的定量化描述就是与一定的监测与评定技术直接相联系的，如果在技术上能很方便地进行测量与定量化描述，那么环境问题就不会像现在这样复杂了。可以说，在某种程度上，实现环境与经济可持续发展的关键是大力发展环境科学技术。目前，政府主导科研投资的方向，如果政府能将科技政策向环境与资源领域倾斜，无疑会对这一领域的技术发展起到重要的促进作用，从而也会提高绿色制度的供给能力。

4. 政府在绿色制度创新中的角色定位

前面从对绿色制度创新的特性及政府的特性的分析中我们可以看到，政府的定位对绿色制度创新的方向、速度、路径都有很大的作用。正如经济学家胡汝银先生在研究中国改革所发现的那样：改革的方向、速度、路径等在很大程度上取决于拥有最高决策权的核心领导者的偏好及其效用最大化，改革过程中社会效益的增进是以核心领导者能获得更多的效用为前提的。因此，在绿色制度变迁的不同阶段，政府的正确定位将会起到事半功倍的效果，政府应当成为绿色制度变迁的倡导者、服务者和监督维护者，而不能经常以直接指挥和行政命令等手段干预企业的生产经营活动，否则，企业的绿色创新和转变的积极性就会大大降低，"寻租行为"将会大量发生。

（1）倡导者

绿色化是一种更为先进的生产方式，但由于"路径依赖"的存在，这种生产方式必须以传统的生产方式为制度转变的起点，而传统生产方式的利益既得者会阻止新的生产方式的产生。另外，只有当单个制度安排的累积变迁达到一定的临界点，一个制度结构的基本特征才会变化，而且制度变迁的过程也是逐步演化的。

（2）服务者

当企业产生这种转变需求时，政府就应当尽可能地给予及时的信息咨询，进行绿色转换所需要的人力资源培训，制定配套的制度等，为新旧制度的转换提供必要的服务，当好服务者。

（3）监督与维护者

制度的有效实行是与监督、管理分不开的，这就需要一个公正的绿色制度转换的监督与维护者。政府天然具有监督的公正性，而企业利益千差万别，当企业从自身的利益出发而可能危害社会利益时，作为社会利益代表的政府就应对其进行相应的惩罚，以确保整个制度转变的顺利进行。当制度创新体系逐渐完善、企业绿色转变步入正常轨道时，政府则应考虑到自身的知识限制，退出直接的创新，让地方和企业成为创新的主体，而自己则应根据各地的创新绩效进行法官式的裁决。

当然，绿色制度创新的各个阶段并不是截然分开的，政府的角色也应是一个综合体，即在同一时间段，政府应是倡导者、服务者、监督与维护者的三位统一体。

（四） 绿色制度是发展经济的保障

绿色制度是推动绿色经济发展的稳定力量，通过正式的和非正式的绿色制度，可以有效地约束各个经济主体的非绿色行为，以促进社会经济逐渐步入可持续发展的轨道，推动经济和社会的绿色化进程。

1. 绿色制度是规范企业绿色发展的保障

在市场经济条件下，企业的经营目标是利润的最大化，而这样的目标经常会与生态环境的保护相矛盾。在这种情况下，如果没有绿色制度约束，如果企业可以搭便车，不必为自己所产生的外部性行为支付成本的话，它就必然会为了实现利润最大化的目标，而不顾资源的破坏和环境恶化的结果，这是受利益驱动所必然实施的行为。但如果有相应的绿色制度，如有了污染付费制度，企业必须为其所造成的外部环境损失而支付费用，需要把外部性费用内化为内部性成本，企业就会重新调整自己的行为，朝着有利于环境保护的方向转变。假设某一企业生产一个单位 A 产品可以获得 300 元的利润，但会造成 350 元的环境损失。如果没有绿色制度约束，该企业就会大量生产 A 产品，因为环境损失是由社会共同承担的，而利润是属于自己的。现在如果对生产每单位 A 产品征收 350 元环境补偿费，则该企业就会修正自己的行为。可见，绿色制度将有效地约束企业的非绿色行为。

首先，强制性的绿色制度可以制止企业污染的行为产生。如国家对污染特别严重的小企业采取强制关闭的政策措施，就可以杜绝这种企业产生污染的可能。

其次，绿色制度可以将企业对自然资源与环境的外部性影响内部化，促使企业将自然资源与环境成本纳入其经营管理的范围内，如按照污染者付费原则制定的排污费制度、排污权市场交易制度、环境与资源的税收制度以及生态补偿制度等，都可以在不同程度上对企业经营所造成的外部环境影响行为进行适当约束。

2. 绿色评价制度可以有效地约束政府行为

政府是制度的制定者。在经济主体多元化的市场经济中，各个经济主体的行为已经多样化，这就更需要作为社会利益代表者的政府制定各种制度以约束各经济主体的行为。而绿色经济作为一种新的经济发展模式，需要政府提供绿色制度，以引导企业经济发展模式的转变。但政府制定制度的行为也需要有相关的制度约束，这就是绿色评价制度。这一制度的约束对象是政府本身，它可以对政府是否适时地制定了绿色经济发展进程所需要的绿色制度，以及对其所制定的绿色制度是否科学有效等方面进行评价和考核。

首先，科学的政府宏观政策是建立在充分的信息基础上的。绿色评价制度能及时地提供更加准确有效的环境信息，可以使政府更加清楚自然资源消耗和环境污染情况，制定出更加合理有效的绿色措施，从而可以增强政府的绿色政策和行为的科学性。

其次，绿色评价制度将资源环境项目纳入地方政府的考核范围内，可以防止经济至上的地方保护主义行为发生。企业的环保行为直接受当地政府环保政策的影响，因此可以说，地方政府的经济保护主义行为是导致环境污染的重要原因。实施绿色评价制度，对地方政府的考核就不仅局限于经济方面，还包括自然资源消耗及环境污染情况，这将促使地方政府的行为从原来的经济至上主义转变为关注经济与生态环境的协调发展，进而制定出促使当地企业向绿色化转变的经济政策。

3. 绿色制度可以有效地约束消费者行为

在绿色经济的发展中，正式的和非正式的绿色制度的作用都是不容忽视的。

首先，一些非正式的绿色制度，如风俗习惯、社会公德等，在引导人们绿色生活方式的形成、促进消费等方面有着极其重要的意义和作用。绿色制度可以促使消费者将环境保护视为义务和时尚，自觉约束自己的消费行为，积极参与各种社会性的绿色行动，包括对各个经济主体进行社会监督，创造一个约束企业绿色发展的外部环境，进而形成促进绿色经济发展的重要社会力量。

其次，一些绿色激励制度会约束消费者的资源浪费与污染环境的行为。如征收生活垃圾费的制度、资源税的征收制度等都是促进消费者消费行为绿色化的行之有效的经济手段。

三、绿色文化激励资源经济转型发展

（一）绿色哲学观

1. 绿色哲学观："整体观"对"二元论"的突破

绿色哲学观是在对传统哲学的世界观和方法论的理论突破中形成的，是"整体观"对"二元论"的突破，是生态学的方法对传统的机械方法的突破，这种突破是与生态哲学这一新的学科分支的产生分不开的。生态哲学是生态学和哲学相互融合而形成的交叉学科。

"二元论"是近代哲学的世界观，它是由笛卡儿、黑格尔创立的。无论是在笛卡儿的唯物论中还是在黑格尔的唯心论中，现实的世界都是二元的。在人同自然的关系上，他们都坚持了"主体性"原则和"主—客关系"的思维方式。生态哲学则吸收了生态学的基本观点：人类与自然虽然是人类生态系统的两个单元，但作为一个系统，整体性才是其最本质的特征，因此世界是一个由人类和自然构成的整体。对整体性世界的分析方法，应当是系统的方法。虽然人类与自然是系统的两个相对独立的单元，是有本质区别的不同的"类"，但作为一个系统，它们之间的联系是更为本质的关系。因此，这种系统分析的思维方式是对传统哲学的"主体性"原则和"主—客关系"思维方式的突破。

传统哲学的"二元论"和"主体性"原则中"主—客关系"的思维方式，确立了"人类中心主义"的基本立场。作为世界主体的人乃是万物的中心，而人以外的他物都是为人类所支配，都是人类统治的对象，因此，人与物之间是统治和被统治、支配和被支配的关系。"人类中心论"因此成为西方哲学的一个专门的术语。

"人类中心主义"是黑色文明时代的哲学立场，是二元世界观、主体论和"主—客思维"的逻辑结果。既然只有人类才是自然界的主人，而自然不过是为人类的需要而存在的，它当然就只有服从和被统治被征服的"命运"。因此，人类为了满足需要，特别是无限膨胀的物质需要，就可以随意征服自然，甚至掠夺自然、牺牲自然。正是在这样肆无忌惮的掠夺中，自然资源逐渐被耗竭，自然界也成了大垃圾场，结果致使自然生态系统遭到破坏而严重失衡。在这样的哲学理念下，人的价值观视野中只有人类自己，根本无视自然的存在，人与自然之间不仅不是平等的，而且还是严重对抗的。

2. 绿色哲学观是绿色文明时代的哲学观

一方面，绿色哲学观是与绿色文明相适应的哲学观，是一种全面反映人与自然之间的真实关系的哲学观。在这种观念中，人与自然既然都是人类生态系统这一共同体的不同单元，人与自然之间就存在着相互依存的关系，是唇齿相依的"伙伴"关系，自然存则人类兴，自然灭则人类亡。人类不再是征服一切的统治者，而是和自然一样处于平等的地位上；自然不再是一个被征服的对象或客体，也不仅仅是供人类使用的工具或手段，而是与人类生存和发展休戚相关的"伙伴"和"同行者"，应该作为自身要素纳入人类发展的内涵中来。自然的意义与价值不再只属于人类，它们也具有自己内在的价值，具有生存的权利。良好的生态环境是人类实践活动的产物，是人类文明的凝聚和体现，反过来又构成了促进人类全面发展所不可缺少的外部自然条件。因此，人与自然必须和谐相处，在协调中发展，并且也只有在协调中才能共同发展。在实践上，这种哲学观要求人类保护地球上所有形式的生命及其存在的环境，保护文化的多样性和自然生物的多样性，在保护人类权利的同时，也要保护其他生命形式和自然界存在的权利，而不是以人的尺度来任意处置自然。

另一方面，共同属于同一个系统整体的人类与自然也不是绝对平等的关系。在这一点上，实际上存在着两种极端的哲学观点："人类中心主义"和"人类与自然的绝对平等论"，后者否认了人类是一种特别的生命形式。这种"特别"就在于人类所具有的文化。人是有意识、有道德的，并且通过教育使这种文化代代相传，人类历史是通过生物基因的遗传而延续与发展的历史，同时也是通过文化基因的传承而不断进步的历史。文化影响着人们的行为，也影响着自然。与自然界的各种生物之间的"自然选择"不同，人类与自然之间进行的是"文化选择"。人类不是去消极地适应自然，而是能够充分发挥人类的主观能动性，遵循自然规律，影响自然，调控自然的发展方向，创造性地与自然和谐相处，共同发展。因此，在人与自然的共同体中，人类不但是自然的依存者，而且是自然的调控者。人类将凭借着智慧、科学技术的力量，深入自然之中，以一种与自然共生的博大胸襟，感悟自然、认识自然、尊重自然和改造自然，和谐相处、共生共荣。

（二） 绿色伦理道德观

1. 绿色伦理观的形成

绿色伦理观是现代伦理学的重要内容，体现了伦理学的最新进展。随着绿色时代的到来，伦理学也在进行着绿色化的变革。现代的伦理学正在进行着几个方面的大转变：从德性伦理到制度伦理，从国家伦理到社群伦理，从权利伦理到公益伦理，从对抗伦理到共生伦理。显然，伦理学的这种变革方向，是与环境革命和生态学的发展密切相关的，或者说是吸收了绿色哲学、环境科学和现代生态学等学科发展的最新成果，形成了具有绿色理念的伦理观。实际上，伦理学正在与环境科学和现代生态学相结合，形成了环境伦理学和生态伦理学等新的学科分支。

在现代伦理观念的形成与发展的过程中，由挪威著名的哲学家阿恩·内斯创立的"深生态学"起了非常重要的作用，深生态学不但被认为是西方众多环境伦理学思潮中一种最令人瞩目的新思想，而且已经成为当代西方环境运动中起先导作用的环境价值理念。深生态学是整体主义的环境伦理学，它是在西方的环境运动由原来具体的保护转向整体性的保护和对于影响环境问题的各种因素（如政治、经济、社会、伦理等）进行整体性考虑的转折时期产生的。

伦理学的现代化过程，实际上也是绿色伦理观念的形成过程。绿色伦理观同绿色哲学观是一脉相传的，都是从整体性的世界观出发，以相互依存的系统方法为思维方式。伦理学把道德共同体的范围扩大到整个生态系统，把研究人与自然的伦理关系纳入研究的视野中，生成了新的伦理道德观念，在深层次的意识上来调整国际、代际间以及人与自然之间的利益关系。在现代伦理理念中，人与自然的对抗伦理已经转变为共生伦理：以个人权利神圣不可侵犯为核心的权利伦理也已转变为公益伦理，那些过去被认为是无主无价的自然资源与环境，现在被认为是人类赖以生存的整体性财产，是现代人和后代人共有的财产。因此，现代伦理观是以保护整个生态系统的完整性、实现整体化为目标来约束、规范人类自己的行为，重新确立人类对自然的责任、道德、义务和新的价值判断标准。

2. 绿色道德观

在传统的伦理学里，道德仅限于人类共同体。只有人才是道德的主体和客体，人的利益是道德原则唯一依据，人是道德的唯一代理人，也是唯一有资格得到道德关怀的客体。总之，传统的道德观把其他生命排除在道德范畴之外，人类对自然，对其他物种和生命不承担任何道德的责任和义务。绿色的道德观把道德共同体的范围扩大到整个系统，把自然和其他生命纳入了道德关怀的对象中。人类作为整个生态系统中唯一有意识有思想的个体，对整个生态系统负有道义上的责任。绿色道德观克服了两个极端的观点：一是把自然和其他生命排除在道德范畴之外，这是传统道德的观念；二是把其他生命同人类相提并论，认为其他物种也应当和人类一样负有同等的道德义务，即绝对平等观。

绿色道德观既要求人类对于自然和其他生命承担起应有的道德责任和义务，同时又反对把人类降低到和其他物种同样的水准上。人类作为地球上最高级的生命形式，具有主观能动性，应当负有更加重要的道德义务。当然，人类需要和自然界进行物质、信息、能量的交换，但这种交换是为了满足人类的生存和发展所必要的，而不是为了满足一些人的虚荣心，更不是为了满足那些毫无责任心的浪费行为。人类从自然界中获取物质、能量、信息，从而得到发展和进步；同时又从人类社会发展进步的成果中取出一部分反哺于自然界，使自然也得到发展，这样就形成一种良性循环，人类和自然界就能长期互惠互利，共生共荣，共同发展。这就是平等、公正原则在人与自然关系中的具体体现。在这里，充分发挥人的主观能动性是重要的桥梁。

3. 绿色价值观

绿色价值观与黑色文明价值观的主要区别在于对自然存在价值及对人类行为的评价上。

在对自然存在价值的评价上，首先应当肯定自然界的任何生命都是生态系统的有机组成部分，是不可或缺的，都有其自身的内在价值，这种内在的价值并不能由人类的主观评价来决定。因为人们对自然物的价值判断会受到一定时期科学技术水平的制约，人们不可能完全理解和掌握自然生态系统的内在规律性，因此也不可能完全认识每一种生命对整个系统的重要作用，不可能完全认识它们的内在价值。

在对人类行为的评价上，绿色价值观同黑色文明的价值观也有不同的标准。传统的价值观是以单一的经济标准为评价依据的，并且是以近期经济利益最大化为价值判断标准。在这样的价值取向下，为了满足当代人日益膨胀的物欲追求就可以不惜牺牲自然和环境。绿色价值观对人的行为的评价标准是多层次的，它以经济、生态、社会的综合效用最大化和均衡持续发展为价值判断标准，经济只是这一判断标准中的一个组成部分。判断某一项社会活动的价值有三个层次的标准：

第一，这项活动是否有利于经济、生态、社会的长期持续发展；

第二，是否有利于促进三者之间的协调与均衡发展；

第三，在此基础上能否达到综合效用的最大化。

在这样的价值观念中，资源与环境都是有价值的资本，不但都应作为成本或收益纳入社会活动的成本核算，而且这里的价值是经济价值、生态价值和社会价值的统一。这种观念是把生态价值和人的价值置于不可分割的地位上，有着同等重要的作用，并且是在人的价值与生态价值良性互馈机制中促使自然和社会、经济的和谐以及人口、资源与环境的协调发展的。另外，这种观念把后代人的生存权利也纳入了价值标准的范围内，以这样的标准来判断当代人之间、当代人与后代人之间的关系，进而促使人类的各种社会活动变得更加理性化，使人与自然之间的关系变得更加和谐。

（三） 绿色审美观

1. 绿色审美观念的形成

体现绿色文明时代精神的文化，并升华为引导、规范和约束人们行为，影响人们对发展模式选择的绿色理念，除了绿色哲学观、价值观、伦理道德观外，还有绿色审美观。

生态美学观是在 20 世纪 80 年代中期才逐步形成的，是时代的产物，当生态环境的危机已直接威胁到人类生存的时候，所有的学科都不能回避这一严重的社会问题。美学也不例外地对审美观进行重新调整。生态美学观的发展也是与生态学的发展密切相关的。当生态学已经超越了纯粹自然科学的范畴，便进入社会科学各个学科的视野，并与其他学科相结合，生态美学也是其与美学的结合物。另外，生态美学观的产生还与这个时期西方各国的"文化转向"有关，由原来侧重对文学艺术内在的、形式的与审美的特性的探讨，转向对当前政治、社会、经济、制度、文化等的探讨。在这样的文化转向中，人与自然的关系、严重的环境问题等就必然地进入各个学科的研究领域。

2. 绿色审美观同传统审美观的区别

绿色审美观是以绿色哲学为指导，以整体论的世界观和生态系统的思维方法来重新审视世界审美问题，探索人与自然、人与社会、人类自身的审美关系的。绿色审美观体现的是合乎生态规律的审美状态，是生态存在美学观。在这样的哲学观的指导下，体现系统的基本特征的整体美、和谐美就成为生态美学的基本观点。

生态美学观同传统的美学观相比，存在着许多不同的地方。由于生态美学是以整体论的世界观为指导的，同时也吸收了生态学的最新研究成果，把一系列的生态原则和规律与美学理论结合起来，因此其理论和视角都不同于传统美学。这种不同其一表现在存在美内涵的扩大上，这个内涵由传统美学的人扩大到自然，扩大到整个人类生态系统。其二表现在对"存在"的内部关系的不同理解上。在传统的理论中，美学中"存在"的是孤立的个人，这些个人之间的关系是对立的。生态美学观则以整体性为基本出发点，认为不仅在人与人之间，而且在人与自然之间都是一种和谐的关系。其三是在审美价值上的区别。传统的美学是以二元论和主体论的世界观为指导的，把人与自然割裂开来，认为只有主体的人才具有独立的审美价值，自然界的美是由人评价和决定的，因此是没有独立的审美价值的。而生态美学则认为，作为人类生态系统重要组成部分的自然界，系统中的每一个单元和物种，都有其内在的价值、具有独立的审美价值。

（四）绿色经济的发展需要绿色文化的支撑

现代人类已经认识到，人们赖以生存的地球只有一个，我们必须保护地球，应当走可持续发展的道路，发展绿色经济是必然的选择。

1. 绿色经济取代传统经济模式需要绿色文化的支持

从传统经济到绿色经济发展模式的转换，是人们进行无数次选择的过程。这种选择不仅是基于经济的选择，也是文化的选择，是人们认识了规律后的理性选择，是受到绿色文化引导、影响、制约的选择。同样，绿色文化也参与并影响着经济发展模式的选择。

其一，绿色理念作为一种内在的意识，会成为影响企业经营方式选择的内在力量。同其他企业管理者相比，具有绿色理念的企业管理者更能够全面认识企业的经济和环境的责任与义务，因此，他们在制定企业的发展战略和经营策略时，将可能选择更加有利于资源与环境和谐发展的经营模式，使得企业的经营行为与自然环境更加协调，进而促进绿色经济的发展。

其二，公众绿色意识的增强是推动企业绿色化进程的市场力量。市场需求是企业生产的起点，而绿色需求是随着社会公众绿色意识的增强而扩大的。社会对绿色产品需求的增加，将会有力地拉动绿色经济的发展，从而促进企业进行绿色化转变。绿色需求将创造巨大的绿色商机，推动绿色经济的发展和进步。

其三，社会公众绿色意识的增强是促进企业进行绿色化转变的外部力量。随着绿色意识的增强，越来越多的人开始关心环境问题，并付之于行动，特别是当企业损害了他们的环境利益时，许多人会拿起法律的武器，把企业告上法庭。因此，民众绿色意识的增强，将汇成一股巨大的社会力量，对企业的环境责任实施有效监督。现在南京市就有越来越多的市民参与污染行为举报活动，从而从外部促使企业进行绿色化转变。

2. 绿色文化有利于降低绿色经济模式的推进成本

绿色经济取代传统经济模式的过程是一个渐进的过程，而在渐进的过程中，绿色文化所起的作用是巨大的，并且是不可替代的。制度变迁的必要条件是制度变迁的收益要大于制度变迁的成本，但这是对社会整体利益而言的。对个体来说，是利益的调整过程。绿色经济作为一种新的发展模式，它的实质是内化社会主体行为的资源与环境的外部性，这实际上是如何协调社会利益与个体利益、长远利益与近期利益之间关系的过程。这个过程是艰难的，因为对某一社会主体的单元来说，经济利益是他们主要的利益，进行模式转换可能会导致某些个体经济利益的损失，因此可能会受到这些利益主体的抵制。在这样的情况下，由于路径依赖的作用，如果单纯通过正式的制度去强制推行绿色经济新模式，必然要更多地采取经济手段，如罚款等形式，使那些不进行转变的企业增加经济成本。但自身的经济利益会诱导企业逃避这种额外的成本，因此需要有充分的监督。由此而产生的"绿色"替代成本是巨大的，甚至会引起社会的不稳定。所以渐进推进是必然的选择。这里的"渐进"也就是在一定的正式制度存在并发挥作用的情况下，通过绿色文化的引导，使更多的人接受绿色的理念，逐渐有更多的人不是被迫，而是自觉地选择绿色的生产方式和生活方式。可见，渐进的过程，是绿色文化自身不断发展的过程，同时也是绿色文化不断发挥作用的过程，是绿色的世界观、价值观、伦理道德观引导着人们进行绿色转化的过程。

3. 绿色文化有利于促进绿色科技的发展和应用

绿色经济的发展需要绿色科技的支撑，但科技是由人创造发明的，科技的应用也会受到人们社会意识的制约，所以科技也是一把双刃剑。绿色文化，尤其是绿色的世界观、方法论，绿色的伦理道德观对绿色科技的发展和应用有着极其重要的作用。绿色文化将有利于推动科技的绿色化进程，能为绿色经济的发展提供强有力的科技支撑。

4. 绿色文化有利于促进社会生活方式的绿色化转变

生活习惯和生存方式是一定文化的表现形式，绿色的文化将有利于引导人们逐渐改变传统的不良生活习惯和生活方式，促进社会的绿色化进程。例如，已经成为灾难的白色污染，实际上是与人们的不良生活习惯有关。随着社会公众绿色意识的增加，这些环境问题将可能得到较好的解决。意识是影响生活方式的重要因素，绿色道德观念等绿色意识对人民生活方式的影响，有时比正式的制度更能有效地约束人们的消费行为。近年来，随着人们的绿色意识的增强，人们的道德观念也有了一些转变。所以，增强全民族的绿色意识，建设和发展绿色文化，是促进绿色经济发展的重要途径。

四、建设绿色文化促进绿色经济的发展

我国的绿色经济尚处于初级发展阶段，需要厚实的绿色文化为其发展提供良好的社会环境。这样才能够广泛动员社会成员参与绿色运动，并推动其向更高的层次发展。目前，我国需要进一步加强绿色文化建设，培育绿色文明。

（一）绿色教育先行

绿色教育包括公众教育和正规的系统教育。因为公众的绿色意识影响着其绿色消费选择，影响着大众识别绿色产品的能力，所以需要在全社会范围内开展绿色教育，特别是在农村，普及绿色文化与生态科学知识，培养社会成员的绿色意识，以提高公众的绿色科学文化素质。

（二）加强绿色宣传

在绿色经济发展的初始阶段，加强绿色宣传是必要和重要的。只有让更多的人和企业接受绿色文化，并身体力行，才能有效地促进绿色经济的发展。近几年来，我国的绿色宣传工作有了很大进步，公众也比较满意。但仍然需要提高层次和深度，要充分利用电视、广播、报纸等媒介，开辟更多的宣传渠道，通过多方位、多形式的绿色宣传来引导绿色消费，倡导绿色生活方式，通过提高全社会对绿色文明的认同程度来形成弘扬绿色伦理文化的良好氛围；并通过不断扩大绿色信息的公开范围，定期公布污染企业的信息，促使企业注重自身的绿色形象，以形成社会积极参与监督的风气，使绿色文化真正起到软约束的作用。

（三）积极开展各种形式的绿色文明创建活动

绿色文明创建活动是弘扬绿色文化的重要载体，它可以使群众亲身体验到绿色文化的内涵。目前，许多地方通过开展绿色小区、绿色社区、绿色学校、绿色园区、绿色城市的创建活动，提高了公众参与绿色文明建设的积极性，使更多的人受到绿色的教育，有利于形成全民参与绿色行动的社会风气。

第五章　绿色发展的制度保障

第一节　绿色发展中制度保障的意义

一、制度的概念

什么是制度？它有两个基本含义：一个是指在一定历史条件下形成的政治、经济和文化等各方面的体系，比如"社会主义制度""资本主义制度"。这是制度的宏观含义。另一个是微观含义，是要求成员遵守的、按一定程序办事的规则。也就是说，制度就是规则。我们常说的制度就是企业的一种游戏规则，"游戏规则"就是制度。我们将两者结合起来可以这样定义：制度是决定人们相互关系而设定的一系列社会规则，它包括人际交往中的规则和社会组织的结构、机制。制度有以下特性。

（一）制度具有适用范围

任何制度都只适用于一个共同体内部，离开这个共同体就不适用了。以前我们没有加入世贸组织，世贸组织的规则对我们就不适用；现在加入了世贸组织，世贸组织的规则对我们就适用了。

（二）制度具有公开性

制度必须公开、透明，使共同体的成员都知道。如果不公开、不透明，共同体的成员不知道，就谈不上去遵守它。俗话说"不知者不为过"，还有"法不禁止即自由"，都是这个道理。

（三）制度具有约束力

所谓约束力，就是具有强制性，不遵守制度就要受到惩罚。如果违反制度不惩罚，搞"刑不上大夫"或"区别对待"，制度就会失去权威性，久而久之制度就会被破坏了。

二、保障绿色发展的制度体系

绿色发展不是一两个制度就能保障的，必须由不同的制度形成一个完整的制度体系。因为一两个制度只能保障绿色发展的一两个方面，而绿色发展是一个复杂的社会系统工程，包含很多方面。

（一）绿色发展的政策体系

政策是执政党对组织成员作出决策或处理问题时所应遵循的行为方针的一般规定。绿色发展的政策体系包括四个层面：①基本政策。它是绿色发展最根本的指导性政策，其目的是确定绿色发展在经济社会发展中的战略地位，提出绿色发展的总体战略目标、战略步骤、主要制度和措施。②重点领域政策。它是直接推动绿色发展重点领域的政策，如环境保护政策、绿色工业政策、绿色农业政策、资源节约政策等。③制度环境政策。它是指在更大程度上为绿色发展创造良好制度环境的政策，可分为宏观经济政策、基础性激励制度和考核制度三部分。④市场协调政策。它充分发挥各级政府的支持、引导、监督作用，通过规划、法规的制定和实施，不断完善绿色发展的市场机制。

按理说，政策的约束力应该对组织的所有成员都是相同的，这才公平。但因为资源是有限的，不可能做到对组织所有成员都一样，于是就有了政策的差别性，就有了优惠政策。优惠政策是对组织的某些成员放松了要求，别人不能干的他可以干。于是政策又有了一个特性——灵活性。正是这个灵活性，使地方政府有机可乘，上有政策，下有对策，政策效果就大打折扣。绿色发展当然需要优惠政策了，优惠政策是稀缺资源，有时比增拨几百万甚至几个亿资金的作用都大。改革开放以来，中央先是给经济发展提供很多优惠政策，使得很多地区发展速度较快。现在回过头搞环境治理，留下来的政策空间已经很小了。这也优惠那也优惠，也就无所谓优惠不优惠了。优惠政策的边际收益递减，它对绿色发展的作用不再像改革开放初期那么大。所以，绿色发展不能仅靠政策，还要靠法律等其他制度安排。

（二）绿色发展的法律体系

法律是由国家制定或认可，依照法定程序制定、修改并颁布，并由国家强制力保证实施的行为规范的总称。法律体系包括宪法、法律法规、地方性法规三个层次，由宪法及宪法相关法、民商法、行政法、经济法、社会法、刑法、诉讼与非诉讼程序法等具体法律组成。绿色发展需要法律体系来保障。

法律和政策不同，"法律面前人人平等"，而政策则需要区别对待，"没有区别就没有政策"。法律和法治也不同，法律体现了统治阶级的利益，而法治是指国家的全部社会生活都在国家公布的法律的规范下进行，任何违背法律的社会现象和个人组织都必须受到法律的制裁。这个法律不仅能管老百姓，也能管政府官员，法大于权。绿色发展不仅符合统治阶级的利益，也符合全体人民的利益，所以它不仅需要法律，更需要法治。"把权力锁在法律的笼子里"，这是绿色发展的基本要求。

现在来说明，绿色发展需要政府加大对法治的供给。在市场经济条件下，市场对法治有需求，政府对法治有供给。市场对法治的需求量与为此付出的代价成反比，即代价越高，法治需求量越少。所以，在以横轴表示法治数量、纵轴表示法治代价的坐标系中，法治的需求曲线向右下方倾斜。而政府对法治的供给量与它因此获得的收益成正方向变动关系，即收益越大，法治的供给越多。所以，在以横轴表示法治数量、纵轴表示法治收益的坐标系中，法治的供给曲线向右上方倾斜。在市场经济条件下，市场想尽量降低法治代价，政府想尽量提高法治收益，双方经过竞争和博弈，在需求曲线和供给曲线的交点实现了社会的均衡。

（三）绿色发展的财税体系

财税体系是指政府以税收作为主要来源，以实现政府职能的相关举措与制度。政府收入包括税收收入、公债收入、公共收费、公有财产收入和国有企业收入，政府支出包括公共消费支出、公共投资支出、社会保障支出和政府财政补贴支出。

税收有两种，一种是间接税，指的是纳税义务人不是实际负担人，纳税义务人能够用提高价格或提高收费等方法把税收负担转嫁给别人的税种。如关税、消费税、销售税、货物税、营业税、增值税等。另一种是直接税，是指纳税义务人同时是税收的实际负担人，纳税人不能或不便把税收负担转嫁给别人的税种。如个人所得税、企业所得税、房产税、印花税等。

资源税是对使用自然资源征税的税种的总称，资源税分为级差资源税和一般资源税。级差资源税是国家对开发和利用自然资源的单位和个人，由于资源条件的差别所取得的级差收入课征的一种税。一般资源税就是国家对国有资源，如我国宪法规定的城市土地、矿藏、水流、森林、山岭、草原、荒地、滩涂等，根据国家需要，对使用某种自然资源的单位和个人，为取得应税资源的使用权而征收的一种税。资源税的征收有几个好处：一是有利于自然资源的节约使用，因为多使用就要多交税；二是有利于缩小地区之间的收入差距，因为欠发达地区矿藏比较丰富，多收上来的税费可留取相当一部分用于本地区的发展。

（四）绿色发展的金融体系

金融是货币资金融通的总称，主要指与货币流通和银行信用相关的各种活动。我国的金融体系是以中国人民银行为领导、国有商业银行为主体、其他金融机构并存和分工协作的金融系统。

金融作为现代经济的核心和血液，必须为绿色发展做出贡献。①推进绿色发展创业板市场的建立。目前在中国上海和深圳两个股票交易市场已经有几十家与环境保护有关的上市公司，还需要创立专门的融资市场，为绿色发展企业创造可持续的直接资金来源。②充分利用政策性金融的支持。国家开发银行作为政策性银行，以往参与支持了基建和环保设施建设。将来要从单个项目的支持，转变为通过各地环保部门和发改委的平台，形成有重点、有层次的总体融资支持。③开发更多的与绿色发展相关的金融产品。发达国家金融产品层出不穷，只要某一经济领域未来可能产生稳定而巨大的收益，目前又缺乏有效的融资体制支持，都可能创造出可操作的金融产品。绿色发展正需要这样的金融创新环境。应开发更多的绿色发展金融产品，如绿色抵押、生态基金、巨灾债券、天气衍生品和排放减少信用等。④创立专门的绿色发展投资基金。中央级绿色发展投资基金可以由政府财政出面设立，民间绿色发展投资基金则可以动员民间的力量，为绿色发展做出贡献。政府应加以引导，通过特定的优惠政策，促进民间绿色发展投资基金的发展壮大。

三、绿色发展中制度的作用

（一）好的制度可以减少不可预见行为

所谓不可预见行为，就是当事人在经济活动中的一个环节结束以后，不清楚下一步将会发生什么。制度可以增强或保证人们在经济活动中的预期，一个程序完了就知道下一个程序是什么，不给破坏秩序的行为留下可乘之机。有的时候我们可能不知道为什么要这么做，或不习惯这么做，但制度就是制度，照着执行就是了，从而减少犹豫，果断行事，大大提高办事效率。要使人们的行为具有可预见性，制度必须是稳定的，不能朝令夕改；制度的语言也必须是准确的，不能模棱两可。

（二）好的制度可以减少机会主义行为

"机会主义"本来是个政治词语，后来经济学借用了它，指那些不遵守市场交易规则、唯利是图的经济行为。

市场经济是一种利益驱动的经济体制，经济主体追求利润最大化是没错的，但必须有一个前提，那就是要遵守市场交易规则。经济学追求的最高境界就是帕累托最优，也为我们的经济行为设定了界限。所以说，市场经济本质是一种契约经济、诚信经济、规则经济、法制经济。制度是市场经济的必要保证，它可以减少机会主义行为。比如，为什么现在的雾霾越来越严重？有环保工程师说，主要不是因为汽车尾气，而是因为热电厂烧煤；不是因为有害物质超标排放，而是因为排放温度不够。热电厂都按要求安装了冷凝脱硫设备，本来应该脱硫后加热到80℃再排放，这样烟气就可以升到高空才扩散，不容易形成雾霾。可是热电厂为了自己的利益，不开动加热器，致使排放的烟气温度太低、湿度太高，很难扩散到高空去。发达国家的制度不仅对排放含量有要求，对排放温度也有要求。我们国家仅对排放含量有要求，对排放温度没有要求，这就让热电厂钻了空子。如果我们的制度再完善一些，执行再严格一些，就可以减少这样的机会主义行为。

（三）好的制度可以减少合作成本

山水林田湖是一个生命共同体，人的命脉在田，田的命脉在水，水的命脉在山，山的命脉在土，土的命脉在树。用途管制和生态修复必须遵守自然规律，如果种树的只管种树、治水的只管治水、护田的单纯护田，很容易顾此失彼，最终造成生态的系统性破坏。对山水林田湖进行统一保护、统一修复是十分必要的。这就阐明了生态系统整体性这一本质特征，也要求各地区、各部门、各单位要紧密合作，只有合作才能打赢生态保护的攻坚战。而要想合作，就要有制度保障，制度可以减少合作成本。

第二节　自然资源产权制度保障

健全国家自然资源资产产权管理体制是健全自然资源资产产权制度的一项重大改革，也是建立系统完备的生态文明制度体系的内在要求。建立健全自然资源资产产权制度（以下简称自然资源产权制度），有利于发挥市场调节的作用，实现资源的有效配置。

一、产权的基本含义与意义

产权是个人和组织拥有的一组受保护的使用资源的权利。它们能使所有者通过收购、使用、抵押、转让资产的方式持有某些资产，并占有这些资产在运用中所产生的收益，当然也包括负收益即亏损。产权一般包括所有权、使用权、占有权、处置权和收益权。产权和政治经济学里的所有权的概念不同，所有权是一个社会哲学范畴，是一个表达价值观的概念，主要针对生产资料，强调财产的归属，它不能分割；而产权则是一个经济范畴，是一个表达经济运行和资源配置效率的概念，针对一切资产和资源，强调的是"谁在实际占有和使用"，它能够分割。

产权的基本特性有：①排他性，是指一项财产的所有者有权不让他人拥有和积极地使用该财产，并有权独自占有、使用该资产时所产生的效益。有了排他性，产权才有了激励作用。②可分割性，如通过股份制可以将公司所有权分割成很多份。有了可分割性，才能在短期内筹集到大量资本。③可转让性，即财产所有者可以根据自己的意愿把财产转让、出租、拍卖、出售和赠送等。我国在农村实行土地承包经营责任制的初期，曾规定土地的承包经营权不可转让，造成某些地区土地的荒芜。后来做了调整，允许转让、出租和出售，不仅使土地资源得到了有效利用，也促进了规模化的经营。明确产权的意义有：①降低交易成本。明确产权，可以减少搜集信息、签订合约和监督履约的费用。②减少"公地悲剧"。③有效保护稀缺物种。比如，由于象牙的价值高，导致偷猎大象的现象不断发生，大象的数量急剧减少。④消除外部性。比如，环境污染是一种负的外部性，实行可转让许可证制度之所以能够取得效果，就是将污染排放也划定产权，允许企业进行排污权的交易，从而将市场机制引进来了，提高了效率。⑤维护市场秩序。科斯以土地为例分析说，如果土地的产权制度没建立起来，一个人要用这块地种庄稼，另一个人要铲掉庄稼盖房子，第三个人要把房子推倒建停车场，市场秩序就乱了。有了产权制度，任何人想要使用这块土地就必须给所有者付费，混乱状况就会消失。⑥提供激励机制。华盛顿州是一个养蚝胜地，不是因为它的气候好，而是这个州不仅允许私人拥有海滩，而且就连被海水浸着的地方也界定为私产，这样就调动了所有者养蚝的积极性。

二、自然资源产权制度的概念和作用

自然资源产权是社会团体或个人对某种自然资源资产的占有、支配、转让、受益及由此而派生出的其他权利的明确界定。自然资源产权符合一般产权的特征和内在要求，包括产权界定、产权配置、产权交易和产权保护四大制度或要素。但是，作为一种特殊产权，它也有和一般产权不同的地方。

（一）自然资源资产的概念

自然资源资产是指具有稀缺性、有用性及产权明确的自然资源。自然资源资产的定义涵盖了多个方面，首先，它们是那些具有稀缺性和有用性的自然资源，这些资源不仅包括传统意义上投入经济活动的部分，如矿藏、森林、草原等，也包括作为生态系统和聚居环境的环境资源，如空气、水体、湿地等。此外，自然资源资产还必须具有明确的产权，这意味着它们能够被特定的权属主体所拥有或实际控制，并且能够以货币计量并在生产经营过程中为其权属主体带来未来经济利益。并非所有的自然资源都可以被资产化，只有同时满足稀缺性、有用性和明确的所有权这三个条件的自然资源，才能被称为自然资源资产。

（二）自然资源产权制度的概念

自然资源资产管理包括自然资源资产的利用管理和保护管理两部分。利用管理的主要内容是：资源开发规划与供给保障、自然资源配置（开采权与收益分配、使用总量控制与分配）、资源交易市场管理、自然资源节约等。保护管理的主要内容包括开采区生态环境保护（尾矿、矿渣安全处置、矿山生态恢复、林草封育等）、对自然资源所在地的生态系统健康的保护等内容。

自然资源资产管理的市场化机制，主要包括自然资源资产管理制度、自然资源的价格形成机制和有偿使用制度等，主要涉及以下六个方面：①政府在自然资源资产管理中的地位，如何处理好政府和市场的关系；②完善自然资源公有产权制度，重点解决公有产权虚置问题；③改革自然资源使用权制度，明晰产权责任，有偿开采；④建立自然资源流转权制度，促进自然资源资产合理定价和保值增值；⑤强化自然资源用途管理和监管制度，促进地方有序开发利用；⑥自然资源可持续利用制度，包括体现生态价值、资源节约和保护等。可见，自然资源资产产权管理制度是自然资源管理市场化机制的重要组成部分。

自然资源产权制度就是关于自然资源归谁所有、使用以及由此产生的法律后果由谁承担的一系列规定构成的规范系统，是自然资源利用管理和保护管理中最有影响力、不可或缺的基本法律制度。自然资源产权管理主要涉及资产清查与评估、登记、确权、产权流转（行政审批与市场交易）、资源产权的使用权和收益权分配、监管等。我国的农村土地承包制、林地所有权改革就是自然资源资产产权制度，这些改革已经取得了成效。

（三）建立健全自然资源产权制度的意义

1. 实现自然资源的可持续利用

我国在较长的一段时间偏重于经济增长速度，很多自然资源没有完成产权确定，使得自然资源被过度开采和使用，价格低下，浪费严重，人均 GDP 水耗、能耗大大高于发达国家水平。同时，还因为一些自然资源没有纳入市场定价，如清洁空气、清洁土壤、良好的生态环境等，使得这些免费产品被无约束地使用，加快了自然资源耗竭的速度。如果建立健全了自然资源产权制度，这种状况就可以被有效扼制。

2. 有利于将污染的外部性内部化

污染的外部性我们知道，什么是"内部化"？实行可转让许可证制度以后，假定一个钢铁厂和一个造纸厂排出同样有害的物质，政府发放了许可证，规定每个厂每年的排污量为 300 吨，违反了这一规定要处罚。这两个厂之间达成一笔交易：钢铁厂以 500 万元购买造纸厂 100 吨排污权，这样钢铁厂每年可排污 400 吨，造纸厂可排污 200 吨。这两个厂排污总量没变，对环境的影响也没变，但排污成本却减少了。这是为什么？两个厂之所以愿意进行这种排污权的交易，说明双方都能在这种交易中获得好处，其原因就在于各个厂减少污染的成本不一样。假设钢铁厂由于生产技术特点，减少污染成本很高，比如减少 100 吨污染需要花 600 万元。而造纸厂减少污染成本低，减少 100 吨污染只需 400 万元。当双方以 500 万元 100 吨污染权的价格成交后，对钢铁厂而言，多排 100 吨污染物，节省了 600-500＝100 万元。对造纸厂而言，少排 100 吨污染物，也增加收益 500-400＝100 万元。这两个厂的交易共有 200 万元的收益，等于减少了排污成本 200 万元。就这样，由于明确了排污的产权，不用政府出面，他们自己就把问题解决了，这就是"内部化"。

环保部门按照国家二氧化硫总量控制目标，确定某地区环境容量允许范围内的排放总量，并以排放许可证的形式发放到企业。无证企业不能排污，否则会受到严厉处罚。当一个企业所分配的二氧化硫排放指标将要用尽的时候，环保部门会给这个企业以警告。企业如果短期内无法减少污染排放量，就可以到市场上购买排放指标。出卖指标的是那些用上了脱硫设施的企业，它们通过出卖指标弥补购买脱硫设施的费用。当购买排放指标的企业觉得用这些钱还不如自己购置脱硫设备时，它就有了积极参与污染治理的动力。这样，治理污染就从一种政府的强制行为变成企业自主的市场行为。

三、我国自然资源产权制度的改革

（一）我国自然资源产权制度的现状

目前，我国的自然资源产权制度主要体现在土地所有权及其他物权法律制度上，其他自然资源产权制度还在不断完善中，整体上呈现以宪法为统领、其他自然资源资产产权制度相配套的格局。在民法上，自然资源资产产权主要体现在自然资源的物权制度上。我国自然资源物权并非单一的物权类型，而是以自然资源为标的物的物权的总称。我国已经为自然资源的开发利用设置了土地使用权、土地经营权、矿业权、取水权、海域使用权等资源的利用权利。土地所有权及他物权法律制度地基本形成，森林所有权及他物权法律制度也已形成，草原所有权及他物权法律制度也在不断地完善，其他如《水法》《矿产资源法》已经制定。除此之外，土地资源的流转制度已经较为成熟，林权流转、矿业权出售等多形式流转局面基本形成。

（二）我国自然资源产权制度的改革方向

目前国际上自然资源产权运行模式主要有三种，一种是以英美为代表的土地所有者体系，土地归谁所有，那它上面和下面的自然资源就归谁所有；另一种是以日法德为代表的自然资源产权体系，土地所有权与它上面和下面的自然资源所有权是分离的，未经允许，土地所有者不能对地下自然资源进行开发利用；还有一种是发展中国家的自然资源国家所有权体系，自然资源产权为国家或代表国家利益的国有自然资源企业所有。我们国家城市土地和森林、河流、矿藏归国家所有，农村土地和山林归集体所有，所有权、承包权和经营权"三权分置"。我们认为，我国自然资源产权制度的改革应该向以下几个方面努力：

①制定《绿色发展促进法》，既考虑自然资源的经济价值，又考虑它的环境价值，将绿色和发展结合起来，使这部法律成为我国绿色发展的指导性文件。

②建立权责明确的自然资源产权体系，着重解决自然资源产权主体缺位、产权收益分配不公平、资源价格机制存在缺陷、产权交易市场不成熟等问题，将分散在各种法规里的自然资源产权制度进行修改，增强其确定性和协调性。

③考虑到一些自然资源出（如森林）具有公共产品的性质，私人经营有困难，国家可以按市价收购林木及其公司，使其成为国有资产，再往里注资，并交由有热情、有责任心的人进行管理。

四、我国农地产权制度改革的思考

"耕者有其田"是千百年来农耕者的梦想；"有恒产才有恒心"也是千百年来被无数事实证明了的真理。鉴于这两点，我国现有的土地产权制度还需要改革。

（一）土地特性

土地的特性，包括自然特性和经济特性。土地的自然特性是指不以人的意志为转移的自然属性；土地的经济特性则指人们在利用土地的过程中，在生产力和生产关系方面表现的特性。

1. 土地的自然特性

土地的自然特性包括：土地面积的有限性、土地位置的固定性、土地质量的差异性（多样性）、土地永续利用的相对性（土地功能的永久性）等。

（1）土地面积的有限性

土地是自然的产物，人类不能创造土地。广义土地的总面积，在地球形成后，就由地球表面积所决定。人类虽然能移山填海，扩展陆地；或围湖造田，增加耕地，但这仅仅是土地用途的转换，并没有增加土地面积。

（2）土地位置的固定性

土地最大的自然特性是地理位置的固定性，即土地位置不能互换，不能搬动。人们通常可以搬运一切物品，房屋及其他建筑物虽然移动困难，但可拆迁重建。只有土地固定在地壳上，占有一定的空间位置，无法搬动。这一特性决定了土地的有用性和适用性随着土地位置的不同而有着较大的变化，这就要求人们必须因地制宜地利用土地；同时，这一特性也决定了土地市场是一种不完全的市场，即不是实物交易意义上的市场，而只是土地产权流动的市场。

（3）土地质量的差异性（多样性）

不同地域，由于地理位置及社会经济条件的差异，不仅使土地构成的诸要素（如土壤、气候、水文、地貌、植被、岩石）的自然性状不同，而且人类活动的影响也不同，从而使土地的结构和功能各异，最终表现在土地质量的差异上。

（4）土地永续利用的相对性（土地功能的永久性）

土地作为一种生产要素，"只要处理得当，土地就会不断改良。"在合理使用和保护的条件下，农用土地的肥力可以不断提高，非农用土地可以反复利用，永无尽期。土地的这一自然特性，为人类合理利用和保护土地提出了客观的要求与可能。土地是一种非消耗性资源，它不会随着人们的使用而消失，相对于消耗性资源而言，土地资源在利用上具有永续性。土地利用的永续性具有两层含义：第一，作为自然的产物，它与地球共存亡，具有永不消失性；第二，作为人类的活动场所和生产资料，可以永续利用。其他的生产资料或物品，在产生过程或使用过程中，会转变成另一种资料、物品，或逐渐陈旧、磨损，失去使用价值而报废。土地则不然，只要人们在使用或利用过程中注意保护它，是可以年复一年地永远使用下去的。但是，土地的这种永续利用性是相对的。只有在利用过程中维持了土地的功能，才能实现永续利用。

2. 土地的经济特性

土地的经济特征包括：土地供给的稀缺性、土地用途的多样性、土地利用方向变更的困难性（土地用途变更的困难性）、土地增值性、土地报酬递减的可能性、土地利用方式的相对分散性、土地利用后果的社会性。

土地分类是根据土地的性状、地域和用途等方面存在的差异性，按照一定的规律，将土地归并成若干个不同的类别。

按照不同的目的和要求，有不同的分类。我国的土地目前大致有三种分类：

①按土地的自然属性分类，如按地貌、植被、土壤等进行分类；

②按土地的经济属性分类，如按土地的生产水平、土地的所有权和使用权等进行分类；

③按土地的自然和经济属性以及其他因素进行的综合分类，如土地利用现状分类。

（二）农地产权制度改革的建议

由于以上两个原因，所以农业属于弱势产业，从业者很难得到和别的产业一样的平均收益。政府若不采取特殊的扶持政策，农业很难得到发展。政府的特殊政策有两个：一是农产品的收购政策，即丰产时收购农产品，以保证农民的利益；减产时投放农产品，以保证消费者的利益。这个政策存在缺陷：由于干扰了市场机制，资源不能有效配置，也加重了政府的负担。另一个特殊政策就是进行制度创新，使得土地的所有权与使用权相统一，以减轻农业从业者的负担。目前我国农业从业者虽然不用交农业税，但还是要给土地承包者交承包费，这笔费用仍占整个收益的相当比例。考虑到我国目前的土地所有权、承包权与经营权"三权分置"的现实，一下子很难做到土地所有权和使用权的统一，但至少可以将土地的承包权和经营权统一起来，让农业从业者把承包费节省下来。为此，地方政府应该对农业从业者进行补贴，像当年支持国有企业职工买断工龄那样，花一笔钱支持农业从业者买断土地承包权。这样做不仅可以减轻农业从业者的负担，使他们能够把土地集中起来进行规模化经营，也可以做到土地承包权和经营权的统一，促进农村土地使用权的流转；还可以使进城务工的农民从土地上彻底解放出来，有一定资金在城市里安家落户。

第三节　绿色发展的其他制度保障

绿色发展除了需要自然资源产权制度保障外，还需要国土空间用途管理制度、生态补偿制度、污染物排放总量控制制度和排放许可证制度、自然资源资产离任审计制度、生态环境损害责任终身追究制度、生态保护红线制度、生态环境损害赔偿制度等制度的保障。

一、国土空间用途管理制度和生态保护红线制度

（一）国土空间用途管理的概念和意义

同一片土地，既可开发为耕地、林地、建设用地，也可以什么都不干，用于生态保护。地表植被，既可以开发其资源产品价值，也可以保留其环境功能价值。究竟干什么好，就需要从全局战略性角度，对国土空间的用途进行定位和规划，权衡利弊得失和机会成本。一旦确定国土空间上的资源开发定位，就不能随意变更。这就是国土空间用途管理。

土地按用途可分为农用地、建设用地和未利用地。国土资源是指国土范围内的所有自然资源。按其形成的自然属性，可分为土地资源、矿产资源、水资源、生物资源、海洋资源、气候资源等。按其开发方式，可分为优先开发区域、重点开发区域、限制开发区域和禁止开发区域四类。

健全国土空间用途管理制度具有重要意义。

1. 有助于提高土地资源配置效率

根据经济学原理，土地资源配置如果能与市场需求完全吻合，经济效益则达到最大化。在完全市场条件下，由于无法对破坏环境功能的土地使用进行调节，无法自主地将使用者造成的外部成本内部化，土地资源配置不可能达到最优状态。因而需要政府出面对土地空间用途进行规划和管理，以消除资源配置的扭曲现象。

2. 有助于国土资源的可持续利用

通过国土空间用途管理，划定并严守生态红线，制止任意改变用途行为，防止不合理开发建设活动的发生，使耕地和环境敏感区得到有效保护。任何一届政府为了政绩，都有可能突破生态红线搞形象工程。有了国土空间用途管理制度，就可减少这种风险。

3. 有助于减少国土资源的浪费

很多耕地被占用后圈起来又不开发，任由里面长满了荒草。只有加强国土空间用途管理，才能防止此类现象的发生，满足经济社会发展对土地的需求。

（二）生态保护红线制度

生态保护红线制度是我国的创新制度，狭义的生态保护红线制度属于国土空间规划范畴。我国生态资源本来是很丰富的，但自 20 世纪 50 年代以来，由于资源和能源的无序开发和过度利用，面临着严峻挑战。为此，政府采取了很多措施，出台了一系列保护生态资源的政策法规。国家编制环境功能区划，在重要生态功能区、陆地和海洋生态环境敏感区、脆弱区等区域划定生态红线，对各类主体功能区分别制定相应的环境标准和环境政策。所谓"红线"，就是不可触碰、不能逾越的底线。

划定生态保护红线具有重要意义：

1. 时刻准备为国家的生态安全敲响警钟

由于经济的发展，对生态资源的需求不断加大，我国生态系统被挤占、破坏的情况日趋严重。目前，我国生态系统退化趋势明显，湿地萎缩，生态系统服务功能持续下降。这种状况还没有引起足够重视。划定生态保护红线，等于安装了一个生态警钟，只有警钟敲响，才能使人们警醒，投身于保护国家生态安全的战斗中。

2. 为环境质量构筑最后一道屏障

随着经济社会的发展和人民生活水平的提高，人民群众对生态环境的要求越来越高。只有固守这道红线，人们才会安心，环境质量才能得到保障。生态保护红线就好比孙悟空用金箍棒给唐僧在地上画了个圈，在圈里面是安全的，出去了就有可能受到伤害。

3. 为子孙后代留下宝贵财富

绿色发展不仅是为我们这一代人造福，也是为我们的子孙后代造福。生态资源是有限的，用一点就少一点。我们划定生态保护红线，就是确定我们这一代用多少生态资源，留给后人有多少，不能稀里糊涂，没法给后人交代。

生态保护红线制度分为不同级别，国家有国家级的，各省区市有各省区市的。浙江省生态保护红线总面积为 3.89 万平方千米，占全省面积和管辖海域的 26.25%，基本格局呈"三区一带多点"。"三区"为浙西南山地丘陵生物多样性维护与水源涵养区、浙西北丘陵山地水源涵养和生物多样性维护区与浙中东水土保持和水源涵养区；"一带"为浙东近海生物多样性维护和海洋生物稳定带；"多点"为部分省级以上禁止开发区域及其他保护地。浙江省生态保护红线分为陆域生态保护红线和海洋生态保护红线两类，陆域又分为不同区域。湖州市属于浙北水网平原及其他生态功能生态保护区，主导功能为水源涵养和水土保持，重点保护方向为加大水污染综合治理力度和河口治理力度，净化河湖水体，优化水资源配置，严格控制地下水开采，保护古文化遗址和湿地资源等。

（三）国家公园和自然保护区制度

我国对各种有代表性的自然生态系统、珍稀濒危野生动植物物种的天然集中分布地、有价值的自然遗迹所在地和文化遗址等，已经建立了自然保护地管理体制，但这些自然价值较高的自然保护地被切割，自然生态系统和野生动植物活动空间支离破碎，在管理理念、法律体系、管理机构、土地权属、经费来源等方面存在着一定问题。于是通过建立国家公园体制试点，探索国家公园体制建设，对这种碎片化的自然保护地进行整合。

目前，国际上对国家公园的定义都包含这么几个元素：①保护面积不小于 10 平方千米的自然地区，具有优美景观、特殊生态与地形，具有国家代表性，未经人类开采、聚居或建设；②为了长期保护自然原野景观、原生动植物、特殊生态系统而设置；③应由国家最高权力机构采取措施，限制工商业及聚居的开发，禁止伐木、采矿、设电厂、农耕、放牧及狩猎行为，以有效地维护自然景观及生态平衡；④维护原有的自然状态，作为现代及未来的科研、教育、游览和启智资源。

自然保护区的定义为：对代表性的生态系统、珍稀濒危动植物的天然集中分布区、有特殊意义的自然遗迹等保护对象所在地、陆地水体或者海域依法划出一定面积予以特殊保护和管理的区域。我国将自然保护区划分为核心区、缓冲区和实验区。核心区，除经批准外，禁止任何单位和个人进入；缓冲区，只准进入从事科学研究观测活动；实验区，可以进入从事科学试验、教学实习、参观考察、旅游以及驯化、繁殖珍稀濒危野生动植物等活动。

国家公园在资源性质和主要功能上有别于自然保护区：一是自然保护区整体强调严格保护，而国家公园强调保护与利用兼顾，小面积利用，大面积保护。国家公园不可简单地理解为无人区或荒野，也不能由严格的自然保护区简单转换，更不能从自然保护地变形为城市公园、郊野公园、游乐园或旅游度假区。二是自然保护区是发挥生态系统服务功能和保护生物多样性的平台，其景观价值不一定高；而国家公园必须具有国家级的景观价值，也可能伴随着较多的生态服务功能。

（四）关于国土空间用途管理制度改革的建议

国土空间用途管理制度改革的建议：①在土地调查及确权登记发证的基础上，建立和完善覆盖全部国土空间的监测系统，完成权威、统一的公众民主参与的土地利用规划，并强化空间用途执法监察。②构建我国完善的空间规划体系，横向上理顺空间规划关系，纵向上厘清空间规划层级，操作上建立科学的空间分区标准，规划协同上将优化"三生"空间（即生产、生活和生态空间）、尊重主体权益作为共同责任。③加强法制建设，明确空间规划的法律地位；健全管理体制，强化对国土空间开发行为的统筹协调；理顺层级关系，明确各类空间规划的地位作用；创新实施机制，保障规划任务目标的实现；鼓励公众参与，夯实科技支撑基础。

二、生态补偿制度和生态环境损害赔偿制度

（一）生态补偿制度

生态补偿制度是指对个人或组织在森林营造培育、自然保护区和水源区保

护、流域上游水土保持、水源涵养、荒漠化治理等环境修复与还原活动中，对生态环境系统造成的符合人类需要的有利影响，由国家或其他受益的组织和个人进行价值补偿的制度。

我国退耕还林（草）工程就是一种生态补偿。主要通过中央财政转移支付的方式实施，是迄今为止我国政策性最强、投资量最大、涉及面最广、群众参与程度最高的一项生态建设工程。初期实行长江流域和黄河流域区分的补偿制度，向退耕户提供粮食和现金补助。退耕还林（草）工程取得良好效果，退耕户生活质量与退耕地效益均呈现出良好的态势。但这项工程也存在一些问题，如退耕还林江河下游的省区市是直接受益者，但它们却未分摊补偿投入，没有体现"谁受益、谁支付"的原则。

（二）生态环境损害赔偿制度

生态补偿是对正的外部性的补偿，生态环境损害赔偿则是对负的外部性的罚金。所谓生态环境损害，指的是由于污染环境或破坏生态行为直接或间接地导致生态环境的物理、化学或生物特性的可观察的或可测量的不利改变，以及提供生态系统服务能力的破坏或损伤。

（三）关于是补偿还是赔偿的思考

说到这里，有人可能会产生一个疑问：农民将树林或草场毁坏种庄稼，安徽将污染了的新安江排放到浙江的千岛湖，这都是对生态环境的损害，理应赔偿，为什么却得到补偿了呢？这让我们不禁想起了科斯讲过的一个故事：一个养牛人和一个种田人是邻居，养牛人的牛吃了种田人的麦子该怎么办？分两种情况：一种情况是养牛人没有权利让牛吃种田人的麦子，这时候养牛人该赔偿种田人的损失；另一种情况是养牛人有权利让牛吃种田人的麦子，这时候种田人应该给养牛人补偿，让他去修篱笆，以约束牛的行为。可见，是补偿还是赔偿，要看谁拥有产权。农民拥有土地的产权，安徽省拥有新安江上游的产权，所以他们就可以获得补偿。这里我们体会到产权的重要性，它是补偿还是赔偿的分界线。根据科斯定理，不论原始产权是否合理，只要产权是清晰的，而且交易成本很小，当事人就可以通过谈判达成协议，实现资源配置的帕累托最优。

三、污染物排放总量控制制度和排放许可证制度

（一）污染物排放总量控制制度

污染物排放总量控制制度是指环境保护部门将受污染的地区按照一定的标准划分为若干个区域，根据每个区域的污染特点及环境功能要求，制定相应的污染物总量控制标准，以满足该区域在一定时间段内的环境质量要求的一系列环境法律规范的总称。污染物排放总量控制制度主要包括总量核定、总量分配、总量控制计划的执行、监督与考核，以及相应的激励—约束机制等内容。这项制度是实现排污许可证制度和排污权交易制度的重要基础，它有利于环境质量达标、分区管控目标的实现，是环境管理法制化的重要抓手，是实现环境与经济协调发展的重要保障。

（二）污染物排放许可证制度

污染物排放许可证制度，是依法对各企事业单位排污行为作出具体要求并以书面形式确定下来，作为排污单位守法、执法单位执法、社会监督护法依据的一种环境管理制度。国家依照法律规定实行排污许可证管理制度。实行排污许可管理的企业事业单位和其他生产经营者应当按排污许可证的要求排放污染物，未取得排污许可证的，不得排放污染物。排污许可证制度的核心是排污者必须持证排污、按证排污，拒不执行的除依法处罚外，情节严重的还要移送公安机关。

我国推行排污许可证制度已经多年了，许多地方进行了积极的探索和努力，在企业排污防治方面发挥了一定的作用，但总体来说政策尚不完善，成绩不够突出。应该实施可转让的许可证制度，把市场机制引进来。

四、自然资源资产离任审计制度和责任终身追究制度

领导干部在任时，有关部门的监管难度相对较大。到了离任的时候要做工作

交接，这时环保部门、监察部门和审计部门对他以往的工作通常要进行自然资源资产审计。

（一）自然资源资产离任审计制度

自然资源资产离任审计，就是按照国家相关法律法规的要求，对领导干部任职期间内对自然资源资产的开发、利用、保护等受托管理行为的真实性、合法性进行审计，从而客观反映领导干部对自然资源资产受托管理责任的履行情况。开展自然资源资产离任审计，可以有效增强领导干部环境责任意识，使领导干部在对自然资源进行开发利用时，更加注重经济、社会、生态三种效益的协调统一。

自然资源资产离任审计主要有两种模式：一种模式是先编制自然资源资产负债表，再进行审计；另一种模式认为编制资产负债表的时机尚不成熟，应根据表5-1的审计指标体系进行审计。

表 5-1 自然资源资产审计指标体系

指标类型	指标	指标说明
主指标	水质状况	分水系计算水质状况、化学需氧量、氨氮浓度
	空气状况	主要计算地区一年中 2 级以上天数 PM2.5 浓度
	农地保有量	主要计算耕地、林地与草原某一时点上的面积
副指标	水资源总量	包括地表及地下水资源总量
	森林覆盖率	森林覆盖率＝森林面积÷本地面积
	草原退化开发面积	主要计算因退化和工业开发所占用的面积
	耕地开发占用面积	主要计算工业开发所占用的面积
	海洋水质达标率	达标率＝达标水质面积÷本地海洋总面积
	资源环境事故次数	主要计算任期内重要资源环境事故次数
	矿产可持续开发率	开发率＝矿产开发规划数量÷实际数量
	资源环境满意度	满意度＝环境满意数量÷矿产资源实际数量
	资源环境纠纷次数	资源环境纠纷及上访次数

（二）自然资源资产负债表

探索编制自然资源资产负债表，对领导干部实行自然资源资产离任审计。建立生态环境损害终身追究制是国家健全自然资源资产管理制度的重要内容。编制自然资源资产负债表，有助于摸清"家底"，引导地区资源环境保护和社会经济的发展，有助于科学评价领导干部任职期间对生态环境的贡献，有助于促进市场在资源配置中起决定性作用。

自然资源资产负债表的基本形式如表 5-2 所示。

表 5-2　自然资源资产负债表（价值表）示例

		自然资源资产	自然资源所有者权益与负债		备注
		资产	所有者权益	负债	
自然资源 1	期初存量				
	当期流量				
	期末存量				
自然资源 2	期初存量				
	当期流量				
	期末存量				
自然资源 3	期初存量				
	当期流量				
	期末存量				
…	…	…	…	…	…
合计					

（三）领导干部生态环境损害责任追究制度

追责原则包括党政同责、终身追究、协同追责等。该办法规定，对情节较轻的，予以诫勉、责成公开道歉；情节较重、严重的，给予组织处理、党纪政纪处分；涉嫌犯罪的，移送司法机关依法处理。建立领导干部生态环境损害责任追究制度很有必要。一旦损坏的生态环境经过了发酵期暴露了，不论到了哪里都要追究其责任。这不仅对他本人是个教训，对其他领导干部也是个警示。

第六章　绿色经济的新发展

第一节　绿色经济与可持续发展

绿色经济与可持续发展之间具有相互协调的关系，绿色经济是建立在可持续发展的基础上的，可持续发展也是绿色经济的重要助推器。本章着重研究二者之间的关系，总结出能够推动绿色经济发展的可持续之路。

一、可持续发展概述

（一）可持续发展

可持续发展的概念包罗万象，综合分析来看主要包括了自然资源、GDP、环境因素和社会公平。现代社会的发展是经济、生态、人文的全面发展，主要分成三个方面，即生态发展、经济发展和社会发展。可持续发展就是三者的协调一致，三者的可持续性统一。在理解可持续发展概念的时候，要注意全面性问题不能忽略其中任何一项。

生态可持续发展是整个可持续发展系统的基础，也是重中之重，另外要以经济可持续发展为主导，以社会可持续发展为保证。生态可持续发展存在于经济可持续发展的基础上，现代经济社会系统是建立在自然生态系统基础之上的巨大的开放系统，以人类经济活动为中心的社会经济活动都是在大自然的生物圈中进行的。任何经济社会活动都要有作为主体的人和作为客体的环境，这两者都是以生态系统运行与发展作为基础和前提条件的。同时任何社会生产，不论物质生产，还是精神生产，以至人类自身生产，所需要的物质和能量，无一不是直接或间接来源于生态系统。所以，在生态系统和人类经济社会活动中，生态系统是经济社会活动的基础。人类社会的发展必须以生态系统为基础。现在，越来越多的人认识到，随着现代经济社会的发展，必须考虑到生态环境改变对社会经济所起的决定性作用。现代经济社会发展必须以良性循环的生态系统及其生态资源持久、稳定的供给能力为基础，使现代经济社会的发展绝对地建立在它的生态基础上，并确保这种基础受到绝对保护和健全发展，使其能够长期地、稳定地支撑现代经济社会的健康发展。经济可持续发展是指发展不以伤害后代人的利益为前提来满足当代人的需求，保障人类发展的长期利益和后代人的持续收入。

经济可持续发展的关键要义就是着眼于解决当代的发展与后代的发展之间的协调关系，保障子孙后代的利益；要从这个基本立足点出发，优化社会总资源配置，从而解决好当代发展过程中经济社会发展和生态环境改善之间的协调关系，并形成相互适应的良性循环，不断提高保证人民群众目前需要和长远需要的供给能力，这就把人类发展的长远利益和眼前利益、局部利益和整体利益结合起来，以便满足当代人的需求和后代人的需求。因此，经济可持续发展的一个重要方面就是经济增长和人们生产经营活动的可获利性，它要求国民经济系统保持它的产出水平等于或大于它的历史平均值的能力，是个产出没有负增长趋势的系统，而且经济增长既重视数量增加，又重视质量改善，还要降低消耗，节约资源，减少废物，提高效率，增进效益，力求经济增长和经济收益的变异性较低或最低，从而保证国民经济持续、稳定、协调发展。社会可持续发展是指这种发展既能保障当今社会多因素、多结构的全面协调发展，又能为未来社会多因素、多结构的全面协调发展提供基本条件，至少不削弱这种发展能力。这是一种长时期促进社会公正、文明、健康发展的社会全面进步过程。

社会可持续发展的核心就是以人为本，一切发展都是为了人和服务人，在新的时代背景之下人更加注重全面发展，在满足物质需要的基础上注重精神生活的充实，不断提高人的生活质量和社会的公平正义。发达国家强调环境持续优先原则，把可持续发展看成保护与改善环境质量和资源，似乎可持续发展就是生态可持续发展。发展中国家强调经济持续优先原则，认为可持续发展更要注重经济发展，似乎可持续发展就是经济可持续发展。可持续发展之所以能为发达国家和发展中国家普遍认可和接受，原因在于发达国家和发展中国家之间存在一个结合点，即双方都希望生态环境与经济社会协调发展，实现它们之间的紧密结合和有机统一。一个国家的发展不光要追求经济效益，而且要讲究生态环境效益和社会效益，强调经济活动的生态合理性和公平性，摒弃有害于环境保护和资源永续利用的经济活动方式，达到经济效益、生态效益和社会效益的统一。这样，既能满足人类的各种要求，又能保护生态环境和资源，还不危及后代人的生存和发展。

（二）经济可持续发展

经济的可持续发展要求人们正确处理两个关系，一个是经济发展与资源环境的关系，另一个是当代经济发展与后代经济发展的关系。经济发展要与资源环境协调一致，坚决杜绝以牺牲环境为代价的经济发展模式，把环境保护和经济发展协调起来，寻找最优组合点。有一些发展中国家为了提升经济实力以牺牲环境和资源为代价发展经济，虽然解决了当代人的生存发展问题，但是给后代人留下了隐患。

经济可持续发展主要包括以下五个方面的内容。

第一，经济可持续发展要以自然资源为前提，同环境承载能力相适应。经济可持续发展强调经济持续发展的资源基础的维持、发展和能力建设，它特别强调环境承载能力和资源永续利用对经济发展进程的重要性和必要性。如果未来人口不增长，经济可持续发展意味着未来人拥有与当代人同样的资源基础，以获得同样的福利产出。如果人口将持续一段时期的增长和生活质量的上升，经济可持续发展就意味着人类的资源基础必须获得相应的发展。经济可持续发展的实现，要运用资源修复原理，增强资源的再生能力，引导技术变革使再生资源替代非再生资源，并运用行之有效的政策，限制非再生资源的利用，使其趋于合理化。在经济发展的同时必须保护环境，必须改变以牺牲环境为代价的生产和消费方式，控制环境污染、改善环境质量，同时要保护生命支持系统、保持地球生态的完整性，使人类的发展保持在地球承载力之内。传统经济核算中被称为利润的那部分产出中有一部分应被视为资源转移或资源折旧，利润的这一部分只能用于资源的维持和替代资源的开发，只有这样的经济发展才是可持续的。

第二，经济可持续发展并不否定经济增长，但要重新审视实现经济增长的方式。经济可持续发展反对以追求最大利润或利益为取向，以贫富悬殊和资源掠夺性开发为特征的经济增长，它所鼓励的经济增长应是适度的，注重经济增长质量提高。经济可持续发展是以低度消耗资源的国民经济体系为运行机制和基本途径。以耗竭资源为基础的消耗型经济，只能是暂时的、不能持续的。经济可持续发展强调资源再生能力，合理开发与利用资源，降低资源的消耗，提高资源利用率和人口承载力；反对掠夺开发与恶性开发，制止高消费与恶性消费，杜绝挥霍浪费。这样，才能实现经济效益最佳、生态效益最好、社会效益最优的有机统一。

第三，经济可持续发展要求实现公平与效率的统一。公平主要指人类在分配资源和获取收入或积累财富上的机会均等。经济可持续发展要求给世界同代人以公平发展的机会，改变发达国家利用发展中国家的资源来实现自己的经济增长；要求在国家的范围内给予人民全面参与政治、经济和社会生活的权利；创造制度条件使人们在市场竞争中处于同一起跑线上，采用经济政策消除悬殊的贫富差距。同时，应该认识到全人类赖以生存的自然资源是有限的，一代人不能为了自己的发展和需求而损坏后代人利用自然资源和生态环境的权利，而应自觉地考虑到资源的代际公平分配，明智地担负起代际间合理分配资源和占有财富的责任。效率是指资源的有效使用和有效配置，它是经济可持续发展的内在要求。在经济发展过程中，有限的资源必须得到优化配置和合理利用。在公平与效率的关系问题上，经济可持续发展认为两者相辅相成、互相促进和高度统一。一方面，增加效率，提高生产力为公平地分配资源和收入再分配提供物质基础；另一方面，发展机会的均等必然会提高人们的生产积极性，从而促进效率的增加。

第四，经济可持续发展与知识经济有着自然的联系。随着部分发达国家完成了其工业化进程，知识经济的雏形已在少数发达国家中产生，知识在经济中的作用显著增强，从而为人类经济活动减轻对资源、环境的压力提供了可能。经济可持续发展促进知识经济的诞生，为知识经济的形成和发展提供了一个人与社会、经济与自然协调发展的环境。反过来，只有发展知识经济才能实现经济可持续发展。在农业经济和工业经济时代，自然资源是经济发展的主要物质资源，而在知识经济中，知识减少了人们对原料、劳动、空间和资本的需要而成为经济发展的主要资源。知识使得人们把自然资源的潜力充分发挥出来，并加以合理有效地利用。知识和技术进步又是原材料革新的动力源泉，不可再生资源的利用越来越被新的物质代替。知识与技术对环境的影响是巨大的。环境污染本身主要是当代工业生产对资源的滥用引起的，而以环境清洁技术为标志的环保产业的迅猛发展正是知识经济发展的结果。知识经济本身就是促进人与社会、经济与自然协调的可持续发展的经济。

第五，经济可持续发展以提高生活质量为目标，同社会进步相适应。经济可持续发展要满足现代人的基本需要，包括物质的、精神的和生态的需要，提高人的素质，实现物质文明、精神文明和生态文明的高度统一与协调发展。经济可持续发展是一个涉及经济、社会、文化、技术及自然环境等的综合性概念。实行经济可持续发展，不能把经济、社会、技术和生态因素割裂开来。

（三）绿色发展

绿色发展是在新的时代背景之下产生的一种新的发展模式，绿色发展要受到环境和资源承载力的约束，通过保护自然环境实现可持续发展的一种新型理念和模式。绿色发展的核心要素是合理利用资源、保护环境和维护生态系统平衡。绿色发展的目标是实现经济、社会、人文和环境的可持续发展。绿色发展的途径是依靠绿色环境、绿色经济、绿色政治和绿色文化等实践活动实现生态化的发展目标，最终实现人与自然协调发展的目标。因此，绿色发展成了当今世界的重要发展趋势，许多国家在绿色理念的指导下，把绿色发展作为推动本国社会发展的重要举措和基本国策。可遗憾的是，至今为止，对于绿色发展概念的界定，尤其是对其内涵的解读始终没有一个科学和清晰的共识。这不仅导致概念使用上的混乱，而且不利于绿色发展本身的理论建构，更不利于制定针对性政策，以充分发挥其对发展实践的指导作用。我们认为，在绿色发展这个系统概念中，内含着绿色环境发展、绿色经济发展、绿色政治发展、绿色文化发展等既相互独立又相互依存、相互作用的诸多子系统。

1. 绿色环境发展

绿色环境发展是绿色发展的自然前提。绿色环境发展是指通过合理利用自然资源，防止自然环境与人文环境的污染和破坏，保护自然环境和地球生物，改善人类社会环境的生存状态，保持和发展生态平衡，协调人类与自然环境的关系，以保证自然环境与人类社会的共同发展。工业革命之后，地球环境因为煤炭等化石能源掠夺性的大量采用开始从传统的绿色走向了灰色，由此导致的环境污染和生态失衡直接危及人类的生存。一般而言，地球环境问题主要包括环境污染和生态破坏两个方面。环境污染指人类活动产生的废水、废气、废物对自然环境的伤害；生态破坏指人类活动造成的生态结构失衡和生态系统再生能力丧失。当人类向环境索取资源的速度超过了资源再生的速度，或向环境排放的废弃物超过了环境的自净能力时，势必导致地球生态系统失调，使得自然环境和人文环境质量迅速下降，最终直接危及自然和人类的生存与发展。

一方面，人类的发展离不开绿色环境提供的各种自然资源和人文资源；另一方面，绿色环境发展又是人与自然保持和谐、人类文明得以延续的保证和前提，是社会可持续发展的必要条件。因此，面对愈益广泛和严重的全球环境和生态问题，绿色环境发展刻不容缓。当人类把掠夺和征服自然视为某种价值实现时，环境污染、生态破坏、人类生存危机的出现就不可避免。人类目前所面临的所有环境问题和生存危机，是在拥有空前发达的科学技术和先进生产力的背景下产生的。先进生产力虽然给我们带来发展的繁荣和福音，但也导致了自然环境、人文环境、生存环境的多重危机。这意味着绿色环境的发展并非单纯先进的生产力和发达的科学技术水平所能决定的，意味着绿色环境的健康发展，首先要解决的不是科学技术的手段问题，而是人类的生态理念和对绿色环境发展的认知问题。这就要求我们必须把绿色环境发展与可持续发展理念紧密联系起来，并将其放到生态文明建设，以及重铸人类社会发展价值目标的大背景中去加以反思。承认自然环境的绿色价值，追求天人合一的境界，尊重并维护绿色环境系统的完整、稳定、永续，这是人类社会得以进一步发展的前提，更是人类文明得以延续的保证。近代以来，单纯追求无发展的经济增长所导致的发展异化现象，使人们深刻认识到：绿色环境发展是可持续发展思想的具体体现，更是可持续发展战略的实现形式和必由之路。

可持续发展在鼓励经济增长的同时，强调通过发展的综合决策，做到自然资源的永续利用和生态环境的健康发展，力图通过人与自然的和谐发展，实现环境保护目标、经济增长目标和社会进步目标。可见，一方面，绿色环境发展是实现可持续发展的前提；另一方面，也只有实现了可持续发展，绿色环境发展才有可能。

2. 绿色政治发展

绿色发展的制度保障是绿色政治的发展，绿色政治把反对环境污染、维护生态平衡作为社会政治发展的基本出发点和最终归宿，构建能够保护自然环境、保障生态健康发展的政治结构模式，以建立公正、平等、和谐的政治民主、公民自由的生态社会新秩序。

绿色政治理念最早可以追溯至启蒙时期的思想家卢梭。具有原始状态特征的自然可以最充分地展示和表达人之内心状态、完整人格和精神自由，而所谓的人类文明反而是对人之心灵的关押和奴役。为了摆脱社会的压迫，抛弃文明的偏见，卢梭呼吁让人类回归自然，此言虽然有失偏颇，但毕竟是人类绿色政治理念的萌芽。尽管启蒙时代就产生了最早的绿色政治理念，但是，绿色政治思想的体系化以及绿色政治作为一种思潮的迅速发展却发生在 20 世纪 70 年代。面对工业革命造成的全球环境和生态日趋严重的污染和破坏，人类的生存危机空前严重地凸显，发达工业化国家的环保人士组成了绿色和平组织，从政治的高度反对传统政治制度和经济发展模式对地球生态系统的忽视和破坏，呼吁实现国际社会中不同群体、不同阶级、不同性别、不同种族之间公平对待、和平共处的新型政治关系。通过将环保问题演化和转型为政治问题，使生态思维、生态理念、生态诉求开始进入政治领域。尤其是 20 世纪 90 年代以来，世界绿色政治运动非常明确地从单纯关注生态环境问题，转为关注公众与政府共同担忧的可持续发展问题，尤其关注发展过程中公共决策和政治运行过程中的绿化问题，并将生态智慧、社会正义、草根民主、非暴力、全球责任、尊重多样性和永续发展等作为绿色政治组织的基本信念、指导原则和价值追求。

绿色政治发展是一种完全不同于传统政治发展的政治思维新模式，它将自然关怀和环保理念引入政治维度，引导人们通过协调人类与自然关系的路径来实现社会的政治发展。绿色政治发展不仅挑战了传统人类中心论的思维模式，也扬弃了生态中心论的思维模式，向人们展示了一种全新的绿色生态政治的发展观。21

世纪的人类愈益清晰地认识到，实现人与自然共生共荣的绿色发展目标，仅仅依靠绿色环境发展和绿色经济发展是难以如愿的。要解决环境问题，保持经济与社会的协调和持续发展，绿色政治理念和绿色政治发展是必不可少的。历史唯物主义认为，经济与政治的关系是辩证统一不可分的，经济发展虽然是政治发展的基础和前提，但是，倘若没有适应经济发展的政治发展在制度层面的保驾护航，经济发展便会停滞不前甚至倒退。绿色经济发展目标的实现，有赖于通过绿色政治发展，追求人类自身的和谐，不断优化人类的政治生态环境。无疑，绿色发展并非局限于绿色环境发展和绿色经济发展，还逻辑地包含了绿色政治发展，以及绿色政治发展过程中要予以解决的人权问题、基层民主问题、妇女问题、贫困问题、和平问题等直接决定着人类社会能否实现可持续发展的诸多重大的政治课题。倘若不能解决这些世界性的重大政治问题，那么无论是绿色环境发展还是绿色经济发展都是徒有形式毫无内容的空壳。在中国，从可持续发展战略到落实科学发展观再到生态文明社会建设，完成了生态问题向政治问题的转型，既为绿色和科学的发展提供了政治上和制度上的有力保障，也使生态问题在政治层面得到了空前的重视。

进入 21 世纪后，人类的最大危机是在恶劣环境下的生存危机，由此导致了政治主体利益诉求的重大变化——维系政治主体之纽带的不再是阶级利益，而是整个人类共同面临的生态利益。传统的、反差鲜明的多色政治被当代的绿色政治取代，它主张按照生态要求重新确认人与人、国与国、民族与民族之间的政治关系，强调从人类整体利益的角度对人类的发展目标、政治结构和政治原则进行必要的调整。

3. 绿色文化发展

绿色文化发展是绿色发展内在的精神资源。传统意义上的绿色文化大都是狭义上以绿色植物为标志的文化，诸如森林文化、环境文化、林业文化、草原文化、花卉文化等。随着环境危机的日益严重化，以及可持续发展理念的日益全球化、深刻化，绿色文化的概念也从狭义走向了广义，不仅指一切不以牺牲环境为代价的绿色产业、绿色生态、绿色工程，而且还泛指具有绿色象征意义的生态意识、生态哲学、生态伦理、生态美学、生态艺术、生态教育等可以彰显人类与自然可持续发展的文化。

据此，可对绿色文化做如下界定：作为一种文化现象，绿色文化是与环保意识、生态意识、生命意识等绿色理念相关的，以绿色行为为表象的，体现了人类与自然和谐相处、共进共荣共发展的生活方式、行为规范、思维方式以及价值观念等文化现象的总和。作为特定的时代产物，绿色文化反映了生态文化系统内部各要素之间的相互关系和相互作用。其独特的内涵和发展，使之成为有别于传统的、新兴的、先进的文化类别。它既包括思想道德素质，也包括科学文化素质；既包括历史积淀的传统，也包括文化创新；既包括文化产品的生产，也包括软环境工程的建设。人类的生存发展既依赖于良好的自然环境生态，也离不开良好的绿色文化生态。

绿色文化生态的破坏，会直接割断历史文化传统，严重阻碍人类自身的发展。绿色文化发展是基于一定的绿色理念和绿色价值取向进行的文化行为。其表现形式多种多样，有附着于经济活动中的绿色营销、绿色设计、绿色消费、绿色管理、绿色旅游等盈利活动；有附着于政治活动中的绿色新政、绿色组织、绿色政党进行的环境保护、扩大民主、维护人类和平等政治宣传活动；有附着于非经济、非政治形式的绿色教育、绿色传播、绿色文学等文化宣传活动。绿色文化的发展可以改变人们非绿色、去环保的生活方式和消费模式，以创造有利于保护环境、节约资源、保护生态平衡的生活方式。

二、绿色经济与可持续发展之间的关系

（一）可持续发展战略是人类社会发展的必由之路

可持续发展战略认为，社会发展应该是既满足当代人的需要，又对后代人满足其需要的能力不构成危害的发展。具体说就是谋求经济、社会与自然环境的协调发展，维持新的平衡，制衡出现的环境恶化和环境污染，控制重大自然灾害的发生。它强调了发展的协调性，并认为发展与环境保护相互联系构成一个有机的整体。可持续发展的意义就在于，既要推动经济的发展，又要保护生态环境，使发展和环境趋于协调。可持续发展理论是在环境与发展理念的不断更新中逐步形

成的，是对传统发展模式反思的结果。可持续发展是以环境条件为基础、生态环境为依托的发展。因此，经济发展、社会进步和环境保护构成了可持续发展的三大支柱，它是兼顾经济、社会和环境效益的综合性发展模式。在可持续发展中，人口、资源、环境则成为影响发展的关键性因素。近年来，随着环境与资源问题逐渐成为世界各国关注的焦点，人们逐渐认识到，经济繁荣景象的背后隐藏着资源环境危机。资源环境是经济发展的物质支撑，资源的耗竭、生态环境的退化是国家财富的重大损失。作为衡量一个国家或地区经济增长和繁荣程度的 GDP，它直接反映着经济增长的现实结果。

由于传统的 GDP 未将消费的资源、生态环境破坏造成的损失计算在内，其中心的意义是社会和个人的福利增加，不能全面反映一个国家的财富和经济福利，也就不能全面反映可持续发展水平。为了真实地反映 GDP，人们提出了绿色 GDP 的概念。近年来，一些发达国家纷纷对其国民经济计量体系进行了调整，以绿色 GDP 代替传统的 GDP。其核心是把产品生产、资源耗费的计量、管理与生态环境结合起来。绿色 GDP 是扣除环境污染、生态破坏损失后的 GDP。传统的 GDP 表述的是经济增长，而绿色 GDP 代表的是经济发展，是真实反映可持续发展、社会福利、社会进步的国民经济指标。

目前，为促进可持续发展战略的实施，环境保护部决定采取以下六大措施促进循环经济发展：一是加快制定促进循环经济发展的政策和法律法规；二是加强政府引导和市场推进作用；三是促进经济结构战略性调整；四是倡导绿色消费；五是探索建立绿色国民经济核算制度；六是建立循环经济的绿色技术支撑体系。实现可持续发展，坚持以人为本，从人的因素着手，关注和解决人的问题；更重要的是提高人的素质，增强人的环境意识，增强人与自然协调发展的观念；选择健康、文明绿色的生产和生活方式；培养人与自然协调共存的能力，才能从根本上解决环境资源的问题，从而真正实现可持续发展战略。

（二）发展绿色经济是实现可持续发展战略的重要组成部分

当今世界，社会经济的绿色水平日益重要。我们要确保可持续发展战略的顺利实施，就绝不能走先污染、后治理的老路，必须在现有的条件和工作的基础上，充分利用经济手段和市场机制来促进可持续发展，同时达到经济快速增长、消除贫困和保护环境的目的。而同环保密不可分的绿色经济则能把环境保护和可持续发展统一起来。我国的经济增长在某种程度上，是以生态环境成本为代价的。人口众多、资源利用率低、生态环境呈恶化的趋势，是我们不得不面临的严峻现实。随着绿色文明、绿色革命、绿色运动的蓬勃兴起，出现了巨大的绿色市场、绿色产业、绿色产品、绿色消费，全球进入了绿色生产力、绿色经济时代。绿色经济对保护和维护自然资源、生态环境及实施可持续发展战略重大的、长远的、全局性的效益是无可限量的。绿色经济是经济再生产与生态再生产相统一的持续经济，是在经济知识化和全球化条件下市场竞争与生态竞争相统一的持续经济，是经济效益、生态效益和社会效益相统一并最大化的持续经济。它强调以人为本，以发展经济，全面提高人民生活质量为核心，保障人与自然、人与环境的和谐共存，同时又能促进经济持续、快速、健康地发展，使自然资源和环境得以永久利用和保护。绿色经济的兴起，将会使国民生产总值以乘数效应增长，对经济产生巨大影响。由于发达国家的绿色壁垒，我国在加入 WTO 后，在国际贸易方面不断受到绿色壁垒的困扰。而发展绿色经济，将有助于绿色产业的兴起，有助于绿色生产力的实现，进而提高生产力的发展质量，有助于打破发达国家的绿色壁垒，提高我国经济发展的质量和国际竞争力。

（三）在可持续发展战略指导下发展我国的绿色经济

我国的经济发展正处在工业化的高速起步时期，当代人类社会面临的一些问题，譬如庞大的人口群、相对短缺的资源、不断加剧的环境污染等，在我国都有体现，大力发展绿色经济应成为我国发展可持续发展战略的重要组成部分。我们的目标应该是在实现经济快速发展的同时，建立一个资源节约型的经济体系，以尽可能少的环境代价实现经济的快速发展。因此，如何在可持续发展战略的指导下打造我国的绿色经济，是摆在我们面前的一项重要任务。

建立绿色经济制度。发展绿色经济要以建立一系列的绿色规则和绿色考核制度为保障，即建立生态环境政策和经济一体化的经济制度。只有将自然资源和生态环境成本纳入规范经济行为和考核经济绩效中，才能达到促进经济与资源环境协调发展的目的。

绿色基础制度。包括绿色资源制度、绿色产权制度、绿色技术制度、绿色市场制度、绿色产业制度、绿色产品设计制度等。从资源、产权、技术、市场、产业、产品设计等方面，为绿色经济发展提供基础和保障。

绿色规则制度。包括绿色生产制度、绿色消费制度、绿色贸易制度、绿色营销制度、绿色管理制度等。从生态环境和经济绩效方面，对各种经济行为进行规范和约束，实现在经济发展中对经济资源和生态资源实行有效的配置。

绿色激励制度。包括绿色财政制度、绿色金融制度、绿色税收制度、绿色投资制度等，为绿色经济发展提供动力机制和制度保障。

绿色考核制度。包括绿色会计制度、绿色审计制度、绿色国民经济制度等。定量地将生态环境成本的存量消耗与折旧及保护与损失的费用纳入经济绩效的考核中，实现对经济主体真实绩效考核。

推行绿色理念，开展绿色教育。目前，我国公众的环境意识依然薄弱，因此，通过宣传和教育，增强人们的生态和环境保护的意识，将是非常迫切的一项任务。所以，推行绿色理念，宣传和提倡绿色生活方式，倡导绿色消费，对决策管理者进行环境与可持续教育等都将有利于绿色经济的发展。

建立绿色国民经济核算制度。目前，我国的国民经济核算体系尚未将环境的投入（包括自然资源的投入、生态系统的投入和环境容量的投入）计算在内，一定程度上造成了某些地方为盲目追求 GDP 增长速度，忽视资源和生态成本，造成生态环境进一步恶化，也给国家经济发展带来了风险。各国的历史经验表明，单纯以经济增长为目标的发展模式不可能持续。因此，建立绿色国民经济核算制度已成为一项十分迫切的任务。绿色核算体系的建立将对实现经济增长、社会进步和环境保护的三赢目标具有广泛而深远的意义。

调整传统工业结构，发展绿色生产。首先，加快产业结构的调整和技术支撑，将现代科学技术渗透到资源的开发和利用中，用消耗少、效益高的高新技术来代替和改造传统产业，实现产业结构的优化，促使工业布局向资源节约型和质量效益型转变。其次，推行清洁生产，推广和应用清洁工艺和清洁生产是工业发展的国际潮流，是防治工业污染、保护环境的根本出路。因此，大力推行清洁工艺和清洁生产，将使我国的工业发展发生质的飞跃。将传统的企业非持续发展模式转变为现代企业可持续发展模式，实现绿色转型和绿色调整，建立生态化与知识化、可持续化与集约化相统一的新型绿色企业，使原来的产业形成既有利于产业发展又有利于自然资源和生态环境的良性循环，将是新世纪企业发展的主导模式。

建设生态农业。我国正处在传统农业向现代农业转型时期。传统农业由于生产力水平低下，难以承载大量增长的人口。现代农业则由于化肥、农药等对环境和农产品的污染，危害人类的生存和发展，因此，合理利用生态资源，发展农业生物技术，发展生态农业，将是实现农业可持续发展的关键。

提倡绿色消费。绿色消费是一种以自然、和谐、健康为宗旨的消费形式。随着绿色潮流的到来，绿色消费已成为一种国际时尚。其产品按照有利于环境保护、符合生态规律的思路进行设计和生产。我国应大力发展绿色科技，开发、推广绿色产品，提倡绿色消费，使绿色消费成为一种自觉行动，以此来推动清洁生产技术和绿色产品设计的发展。虽然目前我国消费者的绿色消费意识逐渐增强，但与发达国家相比仍有待提高，通过多途径倡导绿色消费的观念，绿色消费观念将大大推动我国绿色产业的发展。

三、绿色发展与可持续发展

（一）可持续发展与绿色发展战略的关联性

可持续发展战略是在人口、资源、环境日益严峻的背景下产生的，其是以保护自然资源环境为基础，以激励经济发展为条件，以提高人类生活质量为目标的发展战略，是一种新的发展观、道德观和文明观。在可持续发展中，人们的经济活动以及社会的发展不能超越资源和环境的承载能力，人与环境必须和谐相处，保护环境、爱护环境。只有保护环境，才能实现经济、社会的可持续发展。绿色发展战略是以效率、和谐、持续为目标的经济增长和社会发展方式。在现代社会发展过程中，绿色发展战略符合社会发展的要求，其出发点是保护环境，发展目标是实现经济、社会、环境的可持续发展。从而可以看出，绿色发展战略符合可持续发展的内在要求。在可持续发展道路中，保护资源、不断提高环境质量、减少污染是经济可持续发展的基础，而要促进经济的可持续发展，就必须做好环境保护工作，积极开展绿色发展战略。加快绿色发展一方面可以强化人们的绿色意识，另一方面还可以优化资源配置，减少环境污染，规范经济行为，提高经济效益，实现经济的可持续发展。

（二）实现可持续发展与绿色发展的策略

1. 树立绿色观念

绿色观念既是实现绿色发展的根本，同样也是实现可持续发展的内在动力。企业要想实现绿色发展，获得好的经济效益，就必须树立绿色发展观念，强化环保意识。在企业发展过程中要摒弃先污染、后治理的道路，树立绿色发展观念，走出一条经济与环境协调发展的新道路。在企业经营过程中，要树立绿色营销观念，将环境因素纳入企业的决策要素中，寻找绿色消费者，打造绿色营销市场。为了使绿色产品顺利送达消费者手中，并且防止仿冒，民营企业要沟通并建立可靠、畅通的绿色分销渠道，选择有信誉的批发商、零售商，设立绿色专柜、绿色专卖店或绿色连锁店，开展生态商业销售活动。

2. 开发绿色产品

随着可持续发展战略的提出，人们已经认识到当前的环境形势，同时对绿色产品的需求也越来越大。绿色产品是绿色发展的重要内容，大力研发绿色产品既是可持续发展战略的内在要求，同时又是提高市场竞争力的有效手段。为此，在开发产品过程中，产品的开发要结合环境资源保护思想。在产品设计中既要考虑到经济效益，同时也要考虑到环境效益。要提高产品的使用系能，减少产品对环境的危害，加大产品的回收利用性，实现资源的循环利用。

3. 加强绿色管理

在现代社会发展过程中，环境问题的产生与管理工作有着直接的关联，在经济利益的驱使下，许多企业偏重于经济效益的创造，但是缺少对经济效益创造过程管理的重视，以致在企业经济活动中对环境造成了破坏。在可持续发展理念下，保护环境、走绿色发展道路已成为社会发展的必然要求，但是要想实现绿色发展，绿色管理至关重要。绿色管理就是应用环境保护的思想观念开展管理工作。在企业发展过程中，企业要制定相关的管理制度，建立绿色卫生操作规范体制，在生产过程中要按照规定穿戴衣帽，对那些不健康的行为进行严厉打击。同时，要加强绿色教育，强化绿色管理意识，对企业生产经营活动进行全面监督，确保企业生产经营活动全程绿色化。

4. 培养群众的绿色消费意识

在可持续发展道路中，环境保护离不开广大人民群众的参与。从某种角度上讲，群众绿色消费意识的高低直接影响着可持续发展。因此，在坚持绿色发展道路中，要加强广大人民群众绿色教育，强化人民绿色消费意识。相关部门要善于利用一切可以利用的手段，如网络、广播、电视等向广大消费者宣传可持续发展、绿色发展的重要性，倡导广大消费者走上绿色发展道路。大力倡导绿色消费，呼吁公民关注绿色消费，强化广大消费者的环境保护意识和绿色消费意识。作为消费者，在购买产品的时候应当优先选用绿色产品，抵制那些不健康、非绿色的产品，进而创造一个环保、健康、绿色的消费环境，使得那些非绿色产品没有生存的空间。

第二节　绿色发展中的环保产业

一、环保产业的概念与分类

绿色发展离不开环保产业。环保产业就是环境保护产业，指的是能够提供具有环境保护、污染控制、生态保护与恢复等功能的产品与服务的企业群体。环保产业大致可以分为以下几类：①公共环保产业。该产业主要用于防止、治理和恢复公共环境的破坏，如污水处理、空气净化，噪声控制等。②治污技术产业。该产业主要用于污染治理技术开发、设备制造、药剂研究、标准制定等。③废弃物利用产业。该产业主要用于废弃物的回收、分类、提纯、再制造和使用等。④绿色产品生产和销售产业。绿色产品又称环境友好产品，指的是资源消耗少、不会造成环境污染、不会对人类健康带来危害的中间产品及最终产品。⑤环境服务产业。该产业包括环境咨询、监测、诉讼、休闲旅游等。

二、环保产业的特征

（一）环保产业是弱势产业

环保产业之所以是弱势产业，除了起步晚、成本高、见效慢等原因外，还因为人们对它的需求缺乏弹性，环保产业越发展，它的收入却越低。

（二）环保产业是高科技产业

环保产业的运行对技术有高度的依赖性，比如对污染物成分的分析、对大气成分的分析、对特定污染物的治理方法，以及清洁生产技术、绿色产品生产技术，废弃物再利用技术、新能源开发技术等，哪一项都是高科技。很多技术我们都不过关，需要从国外引进。很多人以为，环保产业就是街道卫生保洁的产业，需要什么技术？他们其实理解错了，街道卫生保洁只是环保产业最外围的部分，它的核心部分无一不涉及高科技。我们从环保产业的分类中就不难看出这一点。如垃圾焚烧处理与污染防治技术、铬盐清洁生产新技术，超滤技术，微生物处理废水新技术等。仅垃圾焚烧技术就不是一把火那么简单，需要研究垃圾焚烧产生的烟气有什么成分，它对环境有什么影响，如何控制有害物的产生等。垃圾处理本来是为了保护环境，如果技术不过关，反而会破坏环境。

（三）环保产业提供了公共产品

公共产品具有非竞争性和非排他性，很多环保产品尤其是公共环保产业提供的产品就具有这两个性质。比如某个环保企业通过努力使某条河水变清洁了，清洁了的河水谁都可以享用，不用竞争，这是非竞争性；没有给环保企业交费也可以享用，这是非排他性

（四）环保产业具有带动作用

环保产业的带动作用主要表现在以下几个方面：①通过制度制约型带动机制对污染环境的传统产业进行改造。比如，政府要求污染企业进行改造，有的企业说它们产业特殊，缺乏相应的技术和设备；现在环保产业提供了治污的技术和设备，企业就没有借口了。于是政府就可以通过制度要求所有的企业都要这样做，这样全行业的技术改造就可以顺利进行。②通过产业关联型带动机制带动已有产业的扩大和新兴产业的形成。比如，废弃橡胶是仅次于废弃塑料的高分子污染物，对废弃橡胶的回收和利用原来只是翻新，后来发展为再生胶和胶粉的制造。③通过社会需求型带动机制创立新兴的绿色发展产业。比如，我国对土地的需求十分旺盛，同时又有很多的废弃土地存在。环保产业可以通过废弃土地复垦，建立家庭农场、农业生产合作社，实现土地的规模化经营。④通过成本效益型带动机制促进治理污染由被动防御性投入向主动生产性投入转化。被动防御性投入就是只花钱治污却无法从中受益，它的成本高、效益低；主动生产性投入就是环保产业通过专业攻关和技术创新，从废物中提取有价值的成分，实现外部成本内部化，从而降低治污成本，提高治污效益。

三、政府促进环保产业的措施

由于环保产业具有以上特征，因此政府应该对它进行扶持。扶持的办法主要有以下几种。

（一）政府奖励

政府的奖励政策涵盖了对科学研究、创造发明以及公众参与环境保护行为的激励。以下是一些具体的应用领域和措施：

1. 科技创新奖励

政府设立奖项，如国家科技进步奖、专利奖等，对那些在节能减排、环境保护领域做出突出贡献的个人或团队进行奖励。

2. 研发资助

提供资金支持，鼓励企业和研究机构开发新的环保技术、产品和解决方案，以减少资源消耗和环境污染。

3. 税收优惠

对从事环保技术研发和应用的企业给予税收减免，降低其运营成本，提高环保技术市场竞争力。

（二）税收优惠

不少发达国家为了保护环境、节约资源，已经实施了各种税收优惠政策，促进废弃物资源化产业。

（三）政府采购

政府采购是支持环保产业的一个重要渠道。美国几乎所有的州都有对使用再生材料的产品实行政府优先购买的相关政策和法规，联邦审计人员有权对各联邦代理机构的再生产品购买进行检查，对未能按规定购买的行为将处以罚金。我国的政府采购没有相应的要求，国家作为最大的"消费者"，每年的政府采购量可占到 GDP 的 10%～15%，如果能优先采购使用再生材料的产品，那将对环保产业产生巨大的影响。

四、环保产业的发展模式

（一）选择性市场化运营模式

环保产业的发展是经济增长方式转型、产业生态化的重要组成部分。虽然环保产业的产生和发展在很大程度上依赖环境政策的选择和引导，但从整个社会发展历程来看，环保产业的产生是社会分工细化的必然结果，是经济、社会发展到一定程度的产业链条的延伸和扩展。从这个角度来看，环保产业有其走向市场化运营的必然性。

环保产业涉及的领域广，包括从事末端治理生产环保产品、生产洁净产品、环境服务、资源综合利用和保护自然生态环境。针对不同的环保产业部门，笔者认为笼统地将环保产业推向市场，采取市场化运营的模式是不负责任也不现实的。可以根据环保产业自身的产业分类，采取不同程度的市场化运营模式。自然生态保护型环保产业主要指从事改善生态环境及保护生态环境不会进一步恶化的各种经营活动，提供的产品是优质生态环境，是典型的公共物品。自然生态保护型环保产业的发展主要依靠政府投入，产出物的消费具有不可分割性和非排他性特点，因此，基本上不具备市场化的条件。除去此类不能也无法市场化、完全需要政府承担的部分之外，环保基础设施在我国目前的情况下也无法推行完全的市场化。环保基础设施若完全由政府承担，需要强大的经济基础和高素质的公众环境意识，政府需要有完善的税收体制和法律体制才能够运行。我国目前没有这些基本的条件，也在走着一条环保基础设施由政府负担的路线，显得十分吃力。如果将这部分完全推向市场，由于技术水平、资金等因素，将难以实现。因此，比较可行的办法是将环保基础设施部分引入市场机制，但不主张完全市场化。也就是说，政府在环保基础设施领域仍是投资的主体，但设施运营可以走市场化模式，通过经营权转让的形式，如 BOT 模式，即政府授予私营企业一定期限的特许经营权，允许其融资建设和经营特定的公用基础设施，并准许其通过向用户收取费用或出售产品以清偿贷款，回收投资并赚取利润。特许权期限届满时，该基础设施无偿移交给政府，通过这种形式尽快形成有一定数量和规模的环保设施运营专业化公司，从而实现高质量的服务和高质量的环境，实现环保基础设施经营专业化和市场化。这种方式在我国进行公路建设时期，也曾被使用过并取得了很好的经济效果和社会效果。

环保产品、环境服务、环境咨询这类行业本身就是市场化的产物，离开市场就难以进行，应该大力推广产业化经营模式，尽可能地利用市场自身的规律来调控这些行业的发展。而目前，环境咨询、环境研究、环境工程的可行性评估等都是我国环保领域的薄弱环节，直接影响了我国环境服务市场化的速度，从这个角度看，加速环境咨询业的市场化能够推动整个环保产业市场化运营的速度。

在推行环保产业市场化运营的过程中，政府要转变直接生产、经营环保产品和服务的模式。政府的工作应集中在决策把握、监督管理、协调引导等宏观处理上，而具体的产品生产和服务交由企业，根据市场规律生产和销售。环保基础设施问题上，可以采取环保设施管理部门企业化运营和以租赁或者授权合同委托给私人公司运营两种模式。环保设施管理部门要改革现有的事业单位管理的模式，不能以只有投入没有产出为经营特点，要实行一定的财政补贴目标下的自负盈亏管理。针对现在环保设施管理部门技术能力有限、人力资本匮乏的现状，可以通过合同吸引私人企业参与运营管理，依靠私营企业或部门的高效管理和技术，使环保基础设施正常运转。如此一来不仅有助于缩小政府规模，降低政府成本而且可以提高公共服务的质量、效率和水平。

总之，将市场机制与政府调控机制有机地结合起来，逐渐实现环保产业结构优化和环保产业布局合理化，使环保产业的规模扩大、比例协调、发展水平和经济效益持续提高，使环保产业能够快速、有效和持续发展。

（二）技术引进与消化创新模式

我国目前在大型城市污水处理、垃圾焚烧发电方面，已基本具备自行设计、制造关键设备及成套设备的能力；工业一般废水的治理技术、工业消烟除尘技术和工业废渣的综合利用技术等已达到当代国际先进水平，但信息咨询服务的规模和技术手段与国际先进水平具有较大差距；环保基础设施建设所需的一些单项或成套综合技术还不过关；解决高浓度、难降解工业有机废水、脱硫、酸沉降、固体废弃物资源综合利用的产品和设备基本依靠进口；饮用水源保护、环境污染及自然资源破坏的恢复技术都远低于国际水平。

长期依赖进口产品和设备一方面需要大量的资金，另一方面也不利于我国环保产业的长久发展。产业的发展离不开技术，尤其是像环保产业这类高新产业，技术创新可以使企业在价格竞争中获得更为有利的地位。如果没有技术支撑，企业不具备持久的竞争力，必将被市场淘汰。我国的环保产业如果仍停留在低水平的重复建设，不向技术型转变，必将被国际市场淘汰。针对我国环保技术不高的现状，现阶段依靠进口环保设备来解决环境问题只是暂时的，未来环保产业的发展方向应当由依赖产品进口向引进高新技术转变，既可通过购买专利的方式，又可通过技术投资的方式。将更多的现代科技成果转化为环保技术，带动我国的生物技术、微电子技术、航天技术、计算机技术、自动控制、传感技术、新材料技术等广泛进入环保领域。在引进技术的过程中，要抓好技术选型、技术消化、技术后续开发（二次开发）三个环节，实现关键技术国产化。尤其要注意二次开发，这既是由于我国环境需求背景与该项技术出口国之间存在差异，又是由于我国本身的环境需求背景的多样性。经过二次开发后的环境技术，会更适宜于我国市场，也会成为我国自己的知识产权。在引进技术设备来解决我国的环境问题的同时，政府应鼓励环保产业的技术创新，将大学、研发机构、咨询公司等环保科研机构与环保企业紧密地联系起来，形成产学研相结合的模式，吸收高级环境保护技术人员及其他相关高级专业人才，不断提高环保产业队伍的专业技术水平，创立自己的产品，提高国际市场的竞争力。

（三）产业园区发展模式

我国环保产业现在呈现区域间发展不平衡，区域内也不成规模的特点。事实上，并不是每一个排污企业都有条件、有能力建立废物处置设备，企业的污染物排放问题更多的是需要专门负责污染治理的公司来处理。相对于每个排污企业都设有污染处置设施来说，规模化的污染防治将显著减少企业的污染防治成本并提高污染处理的环境效果。因此，环保产业不能停留在分散设厂、生产的阶段，而要形成规模化的产业园区，使治污防污集中化、专业化，这样可以减少不必要的重复建设，降低生产成本，充分利用环保资金，合理配置资源，最大限度地减少污染排放，改善环境质量。

优先发展起来的沿海地区，可以充分发挥技术密集和人才密集的优势建立环保高新技术及其产品的研究开发基地与高新技术孵化、辐射基地；还可以创办环保高新技术产业开发区，加速产业集中，使其发展成为集科研、服务、销售机构于一体的，具有高技术研究开发、生产、销售、服务全功能的产业园区。发展产业园区可以使企业金融、技术开发、产品设计、市场营销、出口、分配等多方面实现高效的网络化互动合作。尤为重要的是，在产业园区内企业间正式或非正式地接触时，信息和知识尤其是隐含经验类知识很快地流通，从而促进创新。

五、环保产业市场化发展的建议

目标：以环境质量改善为核心，以提升我国环保产业有效供给为目的，坚持供给和需求两手抓、政府和市场两手发力，既要加强政府引导，驱动潜在需求转化为现实市场，又要突出市场导向，充分发挥市场在资源配置中的决定性作用，采取切实措施释放市场需求、拓宽市场空间、激发市场活力、规范市场秩序、健全服务体系，营造有利于环保产业发展的社会环境和保障条件。

（一）构建我国环保产业市场化发展政策体系

1. 构建意义与原则

（1）构建意义

环保产业具有极强的公益性和广泛的行业渗透性，其发展是一个综合经济、科技、环境等多个复杂因素的动态互动过程，具有复杂系统的特性。在我国，环保产业仍是一个新兴的行业，相较其他行业，环保产业对政策的依赖性更强。为此，构建一套针对环保产业属性、行业特点和市场发展机制的政策体系对于推动环保产业市场化发展至关重要。

（2）构建原则

①系统化、层次化原则。这是指通过本体系方案，建立从发展战略、到宏观政策、微观具体政策的系统化政策框架，形成系统化、多层次的政策体系。

②针对性、可行性、可操作和前瞻性原则。研究、制定政策的目的在于实际应用，并使其成为环保产业发展目标的定向管理手段。为此，应体现政策的针对性、可行性、可操作性和前瞻性。

③协同作用原则。依据各政策在体系中的层次地位、调控对象、调控手段及各政策所起的作用，考虑政策间的协调、联动及整合中的协同问题，以形成和增强政策体系在执行中的综合调控能力。

④稳定性与动态性原则。考虑经济—社会—环境背景及政策发展变化，注意把握政策的稳定性和可变性，适时对政策体系进行修改和完善，甚至进行结构性调整。

2. 环保产业市场化政策体系的基本内容

当前，我国的市场经济发展模式倾向于"行政管理导向型市场经济模式"。因此，促进环保产业及市场化发展的政策体系，宜采取"政府宏观调控的环保产业政策"体系。基于此，将我国环保产业市场化发展政策体系归结为五大体系的协调与互动关系，即环保产业市场化发展的管理政策、经济政策、技术政策、结构政策和布局政策。

（二）完善环境管理及环保产业管理体制机制

强化政府管理，提高执法力度，是加快环保产业潜在市场向现实市场转化的有效手段，也是促进环保产业发展的重要措施。

1. 完善和落实环境监督管理体制和机制

（1）完善环境监督管理体系，明确监管职能

真正形成环境保护部门统一管理、行业管理部门分工负责、地方政府分级管理的环境管理体制，将各自的权利和责任具体化、明确化、规范化，各司其职，各负其责，相互配合，形成合力，以促进环境质量的改善为目标。做到"五个分开"：即将环境保护统一监督管理部门和分工负责管理部门的职责分开；将环境保护的责任和环境保护的监督分开；将中央环保部门和地方环保部门的职责分开；将行业部门和地方政府的环境保护职责分开；将地方各级政府的环境保护职责分开。

具体做法是，负有环境统一监督管理职责的各级环境保护部门实行垂直管理体制。各级环保部门只负责环境保护的宏观监督管理。目前已有的具体的环境监督管理职责精简、分权至各行业管理部门和各级地方政府，由其全权负责监督管理。职责分工如下：①国家环境保护部门履行统一监督管理的职责。一是依法统一制定与环境保护有关的制度规章规范标准要求；二是通过第三方考核体系，依法对各行业管理部门和省级党委政府履行对本行业本辖区环境质量负责的法律责任的情况、贯彻落实国家各项环境管理制度规章规范标准要求的情况，以及环境质量改善的情况进行考核，提出考核报告，提交全国人大和国务院，并向全社会公布。②地方各级环境保护部门，履行地区监督管理的职责。依法逐级对下一级党委政府

以及分管的行业管理部门，履行对本辖区环境质量负责的法律责任的情况、贯彻落实国家各项环境管理制度规章规范标准要求的情况、环境质量改善的情况进行监督考核，提出考核报告，提交同级人大和上级党委政府，并向全社会公布。③各行业管理部门和地方各级党委政府对环境保护监督管理负有分工负责责任。

（2）强化监督考核，建立全国环境质量逐级考核和问责制度

以坚持责权结合，明确地方政府、各级环保部门、各有关行业部门、排污者、治污者的责任为基础；以改善环境质量为目标，建立全国环境质量逐级考核和责任追究制度。通过环境质量考核引领政府和企业履行保护环境的责任，建立提高环境质量的价值取向。对环境质量改善负有法律责任的行业管理部门和地方各级党委政府，重点考核其所在辖区环境质量的改善情况。对治理污染保护环境负有法律责任的企业，在考核其是否排放达标的同时，还要重点考核其排污许可总量的完成情况。对地方党委政府的环境质量考核结果报送上一级党委政府，并向全社会公布，没有履行法定职责和未完成污染减排任务的党委政府应接受上级党政部门和上级人大的监督和问责。违法超标排污和超总量排污的企业应接受法定环境管理部门的监督和问责。各级党委政府和企业，同时接受社会公众的监督。

（3）通过省市试点，完善省以下垂直管理体制设计

需要从法律与制度上科学划分环境保护事权，既维护好地方保护环境的积极性，又能保证环境监察执法的独立性。具体措施如下。①出台实施细则，明确改革的时间表、路线图。②通过试点，明确各部门环保工作的具体职责。对涉及环境保护部门的职能、范围、方式、责任等应具体化、法制化，厘清各级各部门的职责，做到权责统一，分工明确。调整理顺各级环保部门与地方政府及其相关部门的工作关系，明确责、权、利和有关考核、奖惩机制等系列关系。③增加地方环保机构人员编制，提高省级财政预算保障。通过改革，切实解决机构设置和人员编制不合理、不完善以及相关部门职能定位不清楚、不准确的问题。探索在乡（镇、办事处）设置生态环境保护工作站（所），延伸环保管理网络，实现环境监管全覆盖。

（4）健全市场调节和社会参与、监督的体制

无论是省以下环保机构监测监察执法的属地管理，还是省以下环保机构监测监察执法的垂直管理，都是体制内的监督形式。在经济社会的转型期，垂直的体制内监督可以或多或少地遏制地方保护主义，提高监管的效率。但是，如果忽视市场的调节及体制外的社会参与和监督，垂直管理的体制对于环境问题只能治标，很难治本。构建更多运用经济杠杆进行环境治理和生态保护的市场体系，着力解决市场主体和市场体系发育滞后、社会参与度不高等问题。基于此，国家在开展省级以下环保机构监测监察执法垂直管理体制改革设计时，必须同时健全市场调节和社会参与、监督的体制，引入并强化公众问责机制，使新的环境监管体系可问责，增强环境监测监察垂直执法的独立性。

2. 严格环境执法，促进环保产业潜在市场向现实市场转化

严格环境执法，应以完善的法律法规为依据。与过去相比，新环保法的实施，加大了对环境违法行为的惩处力度，进一步刺激了排污者治污的积极性。但目前调整后的处罚力度仍偏低，不足以对排污者构成足够的震慑。对此，笔者提出以下建议。一是进一步加大对污染企业的行政处罚、行政强制、民事赔偿和刑事处罚力度，建立健全行政裁决、公益诉讼等环境损害救济途径，并运用多种处罚手段，如除财产罚外，增加人身罚（声誉罚）等，使违法者一旦触碰法律红线，就无法继续生存，这样才能起到足够的震慑和警诫作用。二是加强联合执法、综合执法，与相关部门进行执法整合，形成合力。三是加强环保监督执法能力建设，充分运用环境监测仪器、物联网、大数据等最新科技成果。四是创新执法工作思路，从单纯地监督污染物排放向全面监督与污染物排放密切相关的物资、材料、能源等的流动与消耗转变，从单纯地依靠环保部门数据来源进行监督向在国家大数据平台和商业化大数据平台基础上利用多部门数据进行协同监督转变。五是在环境监测社会化的进程中，做好顶层设计，完善相关法律法规，扫除社会机构承担部分执法性监测职能的体制机制障碍等。

3. 完善环保产业管理体制，建立政府—行业中介组织，加强其与企业的互动

市场机制下的环保产业管理模式大体上可以分为3个层次：政府层、中间层和企业层。政府层主要是通过制定环保产业发展的战略和规划，以及促进产业发

展和市场转化的导向性政策和经济技术政策,引导全行业的发展。政府层的管理需要综合金融、财政、税收、环保和技术质量监督等部门的密切配合与协作。中间层包括行业协会等行业中介组织,主要是在政府和企业之间发挥桥梁和纽带作用,把国家环境政策、环保产业发展目标、技术产品发展重点、市场信息传导给企业,将环保企业的意见和要求转达给政府,并根据环保产业的特点,制定行规行约,组织行检评估,组织制定行业标准,开展技术交流推广等。企业层次是环保产业行业管理的落脚点。我国环保产业的传统管理体制框架中政府、中介和环保企业间是逐级连接的关系。

4. 建立部门协调及分工整合机制,合力推动环保产业健康发展

建议由环保产业的主管部门牵头成立环保产业推进工作领导小组,相关部门作为成员单位参加。领导小组负责环保产业发展的宏观调控和综合决策,开展战略规划的顶层设计,负责督促检察各部门对政策规划的执行落实情况,并负责部门间的协调,确保政策制定和落实环节的无缝对接。各相关部门结合各自职能开展相关政策的研究制定、组织实施落实及监督管理工作。从而形成有机统一、协调、系统的环保产业管理机制,全面提升国家对环保产业发展的宏观调控能力。

建议国家相关部门加大落实国家相关规划的力度,制定支持环保产业发展的降级政策;组织工信、建设、统计、环保等部门,研究制定环保产业统计标准,并建立常态化统计制度,定期向社会公布产业发展信息。建议国资委出台相关政策,鼓励大型国企、央企投资兴办环保产业,提高我国环保产业的集约化程度和国际竞争力;建议有关部门出台鼓励金融机构支持环保产业发展的政策。环境保护部门应发挥对环保产业的引导及监督管理职能,抓好环境保护发展方针、政策、法规、制度、标准、规划的制定和组织实施,做好环保市场引导和执法监督工作。

(三) 激活环保产业有效需求

1. 加强政策规划引导,释放环保产业市场需求

(1) 强化环境法规政策标准的导向作用

①加强环境法规、政策的贯彻和落实。一是全面贯彻落实各项环境法律规章

制度和政策标准规范，加快完善和实施落实法规政策的相关细则和办法。通过环保政策法规标准规范的执行，倒逼排污企业采用治污措施，促进企业实施清洁生产工艺和绿色技术的转型升级，引导环保企业进行新技术研发应用，进一步释放环保产业的市场需求。二是建立常态化的执法检查机制和执法效果评估机制、政策实施配套及实施效果评估机制。在制定环境保护政策及环保产业相关政策时，应出台配套的实施细则，进一步明确政策执行主体及相应的责任，并同时规定政策绩效评估办法；对环保法规、规划、标准的执行情况定期进行跟踪、评估，并公布评估结果；对执行不到位的督促调整，对不执行或错误执行的追究相关责任。

②加强法规政策标准体系的研究及制修订工作，提高环境政策标准的科学性、适用性和可操作性。结合环境质量改善的核心目标和污染物总量控制要求，进一步完善环境标准体系，对相关环境质量标准、污染物排放标准、污染防治技术政策等进行完善。加强对土壤、重金属、VOC等复杂污染物及新型污染物排放标准的研究制定，加快重点行业污染防治技术政策和工程规范的制修订进程。

③在政策标准的实施上，因地制宜，实施精细化管理。改变目前不分不同区域的环境污染程度、环境容量大小、环境质量好坏的具体情况，全国"一刀切"统一执行同一污染物排放标准的粗放型管理做法。污染物排放标准仅为判断污染物排放浓度是否合法的基本底线，超标排污要受到法律的处罚，同时还应考虑时间上和空间上，区域的环境容量及区域环境质量管理的目标要求。因此，企业排污既要符合污染物排放标准对排放浓度的合法性要求，还要符合环境质量和环境容量管理对排放总量合法性的要求。

（2）加强对环保产业的规划政策引导

①制定与环境污染治理互融互促的环保产业发展规划。应改变过去只重视污染治理不重视环保产业发展，把环保产业和污染治理分离成"两张皮"的状况。环保部门应围绕环境保护的目标任务，统筹供需双方市场情况，将发展环保产业的任务措施纳入环境保护规划，并制定加快发展环保产业促进环境污染治理的阶段性规划，和与之配套的具体措施，使环保产业发展和环境污染治理相互融合相互促进同步发展。

②建立环境保护规划预告制度。环境保护规划对促进环保产业发展具有引导、预告的作用，规划目标和投资规模决定了同期环保产业发展的市场容量、市场规模和产值潜力。但长期以来，规划缺乏与环保产业支撑能力的衔接，导致规划目标在具体实施中往往难以实现。同时，在规划实施的同期，也未给予明确的环保产业发展指导，包括产业发展重点、技术重点、市场预测、现有市场技术、设备和企业服务支撑能力、市场需求旺盛的鼓励技术和产品目录等，一定程度上导致环保产业市场的无序发展。因此，建议在国家环境保护总体规划及污染防治单项规划等制定的同时，充分考虑本规划在实施过程中产业界的支撑能力，同时明确对产业的需求，包括技术需求、设备需求、咨询设计需求、工程建设队伍的需求、运营队伍的需求，以及提高产业支撑能力所需要的政策机制等，对环保产业发展予以明确引导。同时，建议定期制定环保产业支撑能力评估和发展需求分析及预测报告，为各省级环保部门制定环境保护规划、实施环境管理提供支撑，也为环保企业及投资者提供指引。

③做好环保产业政策顶层设计。加强环境经济政策和环保产业政策的部际协调，针对环保产业属性、行业特点、发展机制等制定一套鼓励、引导、促进环保产业发展的配套政策措施，注重政策执行环节的细化与落实。

2. 拓宽市场空间，推进环境服务市场化进程

（1）深入推进政府采购环境公共服务

①扩大政府采购环境公共服务的范围。配合推进政府职能转变和简政放权，对环保部门相关管理事项进行全面梳理，将现有充当"运动员"角色的事项全部交由市场，由具备能力的社会机构承担。采购范围可涵盖节能减排、投融资、环境审计、环境监理、环境检测分析、环境影响评价、清洁生产审核、工程咨询、节能环保产品认证、环保技术评估、技术验证、污染治理设施运行绩效评估、信息平台服务等。

②规范和创新政府购买环境服务方式。根据实际采用公开招标、邀请招标、竞争性谈判、竞争性磋商、单一来源采购等方式确定承接主体。在采购环境服务过程中，注重发挥行业协会商会的专业优势，优先向符合条件的行业协会商会购买行业规范、行业评价、行业统计、行业标准、职业评价、等级评定等行业管理

与协调性服务，技术推广、行业规划、行业调查、行业发展与管理政策及重大事项决策咨询等技术性服务，以及一些专业性较强的社会管理事务。

③加强对政府购买环境公共服务的监管。应按照公开、公平、公正的原则，推进政府购买环境公共服务信息公开和信息共享，鼓励社会监督。加强政府购买服务的财务管理、合同管理、绩效评价和信息公开，督促承接主体严格履行合同，确保服务质量。应建立全过程预算绩效管理机制，加强成本效益分析，推进政府购买环境服务绩效评价工作，评价结果向社会公开。加大对各采购主体的违法惩处力度。

（2）以发展效果为导向的环境综合服务为突破口，推动环保产业服务模式转型升级

经过多年的发展，我国环保产业的服务模式发生了显著的变化，由单一提供治理设备，发展到承接治理工程，再到提供治理运营服务，环保企业相应地由设备提供商发展为工程承包商和运营服务商。近期，随着环境问题的加剧和全社会对其关注度的提升，倒逼着国家环境污染治理需求的大幅提升，与公众对环境的直观感受相对应的环境质量和效果被提升为环境治理的目标。环境污染治理方式转变为以"社会化、专业化、市场化"为主导的第三方治理。政府对环境服务的采购，相应地由购买环保产品设备和工程向购买环境服务和环境质量转变，由重治理过程向重治理结果转变。这就要求环保产业的服务需面向环境效果，由产业单一环节、单一要素、单一领域的末端治理向多环节、多要素协同、多领域全方位治理的一体化、系统化、优质化、多样化综合服务模式转变，从而实现环保产业服务的转型升级。

①创新环境服务的商业模式，推进环境绩效合同服务模式。在污水处理、污泥处理处置、垃圾处理、生态修复、区域环境综合整治、废物资源综合利用领域，推行环境绩效合同服务。建立完善环境绩效合同服务的依效付费机制、效益共享机制，提高项目实施效率，确保环境效益。基于环境质量改善和污染物减排效果付费、项目收益分配共享等支付方式，制定环境绩效合同范本、付费考核方式、服务标准等。

②在环境基本公共服务领域，大力推行政府采购环境综合服务。在城镇污水

处理、垃圾处理、工业同区污染集中治理、流域水污染治理、区域生态环境修复与生态保护等领域，以环境效果为政府采购的目标，向治理企业采购环境综合服务，通过社会化的治理服务模式，提高污染治理的效率和水平。

③鼓励企业通过打捆、打包服务的方式，对一定区域的污染治理项目进行有效整合，提供一揽子、系统化的治理服务。永清环保、桑德、北控水务等企业的成功经验表明，该模式可以更有效地利用资源，提高效率水平和整体收益能力；同时，也利于政府部门实施监管，在一定程度上降低了监管成本。

（3）重点推进环境污染第三方治理、政府与社会资本合作模式

加快推进环境污染第三方治理、政府与社会资本合作（PPP）模式试点工作。在深入总结试点经验的基础上，进一步明确第三方治理和PPP模式的适用范围，避免政绩工程和模式泛化，针对两种模式在具体实施中的障碍和瓶颈，以建立健全保障机制为重点，完善有效的配套措施。

①推进环境污染第三方治理的措施。

一是加快推进试点工作，引导市场、完善机制。以工业园区、排污企业污染第三方治理为重点开展试点，引导工业污染治理市场逐步放开，形成公平、竞争和有序的市场环境；探索建立第三方运营服务标准、管理规范、绩效评估和激励机制、投资回报机制及稳定有效的价费机制，完善风险分担、履约保障等。

二是加强对第三方治理的监管。加强环境管理部门对第三方运营的环保项目和设施的监管，可以工业园区的污染集中治理、污染场地修复、黑臭水体治理等为突破口，以污染源在线自动监测为抓手，对重点项目设施的污染物排放实施严格监管，建立第三方运营的黑名单制度。推进建立环保企业第三方治理信息公开制度，通过公众监督与政府监管相结合共同完善对第三方治理的监管。

三是建立完善第三方治理的政策支撑体系。针对第三方治理中影响企业积极性的重复征税等问题，积极协调有关部门，推进出台降减增值税等措施，降低第三方治理成本；探索实施高于排放标准的奖励或补偿措施，鼓励企业进行技术创新，提高污染治理水平。

四是在具体推进中，要注意以尊重市场为原则，避免政府强制推行，不得对排污企业和治污企业"拉郎配"。以污染物的达标排放为目标，排污企业可自主

选择自行治理或采取第三方治理的方式。对重点监控行业及企业，若采取自行治理的方式在一定时期（如半年或一年）内无法连续稳定达标的，可通过行政代执行的方式，由政府出面进行公开招标，选择由第三方治理单位进行治理。

②推进 PPP 模式的措施。

一是进一步明晰在环境领域政府和社会资本合作的范畴和模式。在环境综合整治、河道治理、重金属污染治理等方面引导和实践 PPP 模式，化解地方环保项目融资难、专业程度不高、技术水平不足等问题，提高项目实施的专业化程度。鼓励捆绑、资源组合开发、资源综合利用、基于绩效付费或超额收益分享等模式创新。

二是建立和完善相关责任分担和风险分担机制、投资回报机制。建立政府支付责任及其保障体系，进一步明确政府应承担的监管职责，并分担土地、政策、价格等风险；企业承担治理服务职责，并分担技术风险；建立合理的投资回报机制，确保社会资本的投资收益。

三是加强对 PPP 项目的监管，开展绩效评估，逐步建立"绩效标杆制度"，促进提高环境公共服务质量。

四是完善有利于 PPP 项目实施的政策措施。跟进和落实对项目的扶持措施，优化专项资金使用方式，从"补建设"向"补运营"转变，由"前补助"向"后奖励"转变；探索环境 PPP 支持基金设立、环境金融产品创新、相关配套政策优化调整等，逐步健全促进环境领域顺利推进 PPP 实施的政策机制。

3. 激发市场活力，综合采用经济措施引导和激发环保市场主体的积极性

推动建立"财政引导、市场运作、社会参与"的多元化投入机制。通过完善财政资金引导、税收优惠、价格政策、付费机制、资金回报机制、金融政策创新、产业发展基金等，引导和激发企业投资与治理的积极性。

（1）加大国家财政对环保的投入，优化政府补贴体系

一是在进一步加大政府投入的同时，改进财政资金的投入方式，以提高财政资金的投资效益和效果。应加大对解决关键复杂环境问题、重点领域的技术装备研发及促进其转化应用的投入，投入方式由"事前投入"，转为对使用后产生实际效果的"事后补助"或"事后奖励"。二是建立国家环保产业发展基金，用于

环境保护先进技术的开发转化、工程示范、产业化应用的奖励资金，以及国家重大环境治理项目的周转资金、贷款贴息、污染物排放达到国际先进水平或者优于国家排放标准的奖励、地方政府改善环境质量成就突出的奖励等。

（2）健全社会资本投入市场激励机制，为民间资本进入环保市场提供渠道和保障

一是平等对待民间投资者，消除投资障碍，降低投资风险，健全回报机制，保障合理的投资利润。二是鼓励社会资本建立环境保护基金，弥补环保资金供需缺口。在基金注资方式上，以财政资金为引导，撬动社会资本投入；在资金投入方式上，不局限于直接固定资产投资，较多地采用贷款、担保、补贴等与社会资金捆绑使用；在资金投入方向上，侧重花钱买机制，重点支持第三方治理、PPP、采购环境服务，激励环保产业发展；在基金管理运作上，通过专业化资本运作形成资金蓄水池，确保基金持续滚动增值。三是支持环境金融服务创新，推进建立多元化环保投融资格局。鼓励金融机构对有发展潜力的中小型环保企业予以融资倾斜，对重点项目提高授信额度、增进信用等级。

（3）建立环保产业新型定价机制

推动建立基于环境外部成本内部化、能够真正反映污染治理和生态建设成本的环保产业价格机制。一是完善市政污水处理、垃圾处理等领域价格形成机制，建立基于保障合理收益原则的收费标准动态调整机制。二是探索建立以效果定价、以品质定价的环保产业新型定价机制，研究建立相应的定价指南、导则、标准等，推进以环境绩效确定收益的环境保护服务合理定价。在地方试点的基础上，逐步完善后全面推行。

（4）推行排污权有偿使用，完善排污权交易市场

加快实行排污许可证制度、排污权交易政策，支持开展排污权、收费权、政府购买服务协议及特许权协议项下收益质押担保融资，探索开展 PPP 服务项目预期收益质押融资。

4. 规范市场秩序，建立规范统一、公平公正的环保产业市场环境

（1）整顿环保产业市场秩序

建立公平、开放、透明的市场规则，清理和废除妨碍全国统一市场和公平竞

争的各种规定和做法：打破国企、央企以及地方公用事业管理部门所属企业对本地区项目的垄断，确保全国统一市场，不同所有制类型企业享受投资建设或运营管理环境保护项目的同等待遇；对环境公共服务项目，规范招标采购程序，采用公平、公正、公开的方式选择项目单位。

（2）加强对环保市场的事中和事后监管

一是建立环保工程项目过程性管理规范，重点加强对环保工程项目招标中过程性工程技术参数的要求，防止低水平恶性竞争。二是加强"三同时"验收时对环保工程建设质量的验收，确保经环评确定的环保措施和投资落实到位。三是加快建立环境监理制度，全面推进建设项目的环境监理。四是重点加强对环保设施运行情况的监管，建立健全环保设施运行绩效评估体系，评估结果向社会公开，并作为环保执法监督的依据。环保部门组织建立评估体系、制定评估标准，采购行业协会或社会化机构承担的评估服务，并对评估单位的评估服务进行监督、考核，考核结果予以公开。五是加大对环保工程招投标、建设及运营各环节弄虚作假及各种违法行为的处罚力度，建立弄虚作假、恶意竞争，以及环境工程建设质量低劣、运营绩效差的企业黑名单制度，制定关于环境服务机构环境违法的处罚办法。

（3）推动环保产业行业诚信建设，加强行业自律

加快推进和完善环保产业行业信用体系建设，推动构建守信激励与失信惩戒机制。政府应做好履行契约的率先垂范，引导企业重合同、守信用；充分发挥行业协会在行业自律方面的作用，进一步完善行规行约，加强行业信用体系建设，引导企业守法规范经营。全面推广企业环境行为信用评价和环保产业行业企业信用评价，推动建立覆盖各级政府、部门、企业的信用档案系统，建立信用举报投诉制度和不诚信企业黑名单制度，公开信用信息，接受社会监督。

（四）提升环保产业有效供给

1. 促进技术自主创新，完善成果转化机制，提高环保产业核心竞争力

（1）充分发挥环境标准对环保产业的引领作用

建立环境标准制（修）订计划预告制度和环境标准制（修）订的环保产业

基础评估机制。通过标准预告为环保企业的技术研发提供指引，为环保装备设施的升级改造预留足够的时间，避免形成有了标准却无经济可行的技术手段的尴尬局面。在对环境标准的实施效果进行评估时，应增加标准实施中环保产业支撑能力的评估，将标准实施与环保产业的发展实际和发展能力相关联。同时，应吸收环保产业有关机构和企业参与标准的制（修）订，将产业界对标准的意见反馈环节前置，确保标准内容符合产业实际，具有较强的可操作性。

（2）完善环保技术创新体系与成果转化机制

加快推进建立政府引导、市场竞争的技术创新与成果转化机制，加强以企业为主体、市场为导向、产学研有机结合的环保技术创新体系建设。针对节能减排的新要求，进一步发挥政府的引导作用，鼓励和支持骨干企业创建一批国家急需的环保工程技术中心、重点实验室。以大型环保骨干企业、研究机构为依托，建设一批上下游产业链条较为完整、产业结构比较健全的环保产业技术创新联盟，加速环保高新技术的开发和产业化。培育建设一批专业化的科技成果孵化培育及成果转化机构，引导鼓励高校、科研机构与环保企业的深入合作，加速环保科技研发与成果产业化进程。

（3）推动重点领域实现关键技术突破

一是解决当前环保产业发展急需及薄弱领域的技术供给问题，在工业废水治理、农村污染防治、重金属污染防治、土壤修复等领域，引导和支持企业及科研单位对重点环保装备和关键备件、材料进行攻关，形成能有效解决中国环境问题、具有自主知识产权的原创关键技术，改变关键技术设备受制于人、依赖进口的局面。二是研发储备一批基于有效改善环境质量，解决综合复杂环境问题的污染物协同综合治理技术，解决当前"糖葫芦"式的简单工艺单元累加模式所导致的效果不理想、投入不经济等问题。三是借力"互联网+"技术，带动环保产业技术进步与产业升级。鼓励将互联网、云计算、大数据、物联网等技术运用到污染治理、环境监测/检测、环境监管、信息公开等领域，提高环境管理与污染治理的效率和水平，促进环保产业的技术升级和实现智慧环保。

（4）加大资金支持和政策激励力度

加大财政资金对环保新技术研发、示范推广及产业化的支持力度。对涉及解决重大及复杂环境问题的基础研究、前沿技术研究项目采取财政专项资金直接补助的方式，如水专项资金、大气专项资金、土壤专项资金等。对符合支持范围的项目，采取直接、事先补助或全额资助、贷款贴息等方式；对企业新研发并实现产业化的首台套设备按一定标准给予补助；对于成熟技术和产品的推广使用，采取"以奖代补""先建后补"等方式，以鼓励和推广为目的，加大资金支持，促进环保产业的技术创新与应用推广。

（5）加强知识产权保护

联合有关市场监管、知识产权等部门加大对环保产业领域知识产权侵权行为的打击。在环保产业发展基金中设立知识产权专项基金，支持对知识产权侵权行为的调查取证和诉讼。将知识产权侵权记录纳入环保信用和行业信用体系。

2. 促进集聚建设，优化环保产业结构和布局

（1）鼓励环保产业集群化发展

在产业组织结构调整中，除继续支持企业集团化发展外，应重点鼓励产业集群化发展。以龙头企业为主导，通过产业链的延伸带动配套企业发展。产业链中的配套企业发展壮大，既可形成新的龙头企业，又可促进其他龙头企业发展和集聚，形成产业群体，使产业整体竞争力得到增强，从而壮大产业经济。

（2）支持以促进关键核心技术应用为核心的企业联盟

选择环境问题急迫、目前治理效果难以满足环境管理需求的领域，如制药、印染、酿造等高浓度工业废水的治理，由技术研发单位、设备工程公司、运行企业和行业用户企业等组成联盟，针对某一行业生产工艺过程及污染物产排情况，研发能实现资源能源高效利用和污染物有效减排的关键核心技术，并运用到工程实践中。通过联盟间企业的交流对话、分工协作、利益共享等机制，实现环保新技术的转化应用。

（3）以促进环境综合服务型集聚区发展为突破口，推动环保产业转型升级

鼓励支持环境综合服务型产业集聚区发展，优化服务型环保产业集聚区的发展环境，积极培养、引进环境服务型企业，以为解决复杂环境问题提供系统性解决方案为核心，发挥集聚区在提供信息服务、促进成果转化和市场合作、发挥智力支撑和综合服务等方面的作用，促进传统环保产业转型升级，提升污染治理的

水平。

（4）发展生态环保产业聚集区，助力传统产业绿色、循环、低碳发展

一是在现有环保产业集聚区内增加不同类型的产业实体，如重资产运营公司、技术服务公司和设备公司，涵盖环境相关的商务运营服务、人才服务、技术研发服务、金融服务、信息交互服务、宣传会展服务、设备原材料服务等多个领域。通过不同性质的产业聚集，形成产业结构合理、功能高效、关系协调、发展潜力巨大的生态聚集园区；二是与生态工业园、循环经济产业示范园发展紧密融合，发挥环保产业的技术支撑作用，助力传统产业的绿色、循环、低碳发展。

（5）科学规划建设环保产业集聚（园）区

建议制定针对环保产业集聚（园）区发展的标准规范，加强顶层设计；通过规划和产业政策引导，建立国家环保产业试点示范园区；加大政策扶持力度，建立环保产业集聚区监督管理及绩效考评制度，推动集聚区建章建制和发挥应有的作用。

在集聚（园）区内容建设上，进一步优化以制造业为基础的园区建设布局，突出地区产业基础和资源优势，促进实现产业链上下游的资源整合，避免地区间雷同、重复建设；发展环境服务型集聚（园）区，鼓励环境金融、信息、教育、科技、咨询等环境服务机构向园区集中，推动服务机构间、服务机构与环保企业间的联合与合作；支持发展向地方政府、工业园区和排污企业提供面向环境效果的系统实施方案的环境综合服务，通过科技、资本与服务的结合，打造优质的集聚（园）区服务环境，不断提升集聚（园）区服务水平和产业集聚能力。

在集聚（园）区的区域布局上，在现有环保产业集聚的基础上，构建"一心""三核""四重点"的环保产业集聚网络。"一心""三核"是通过以点带面的辐射作用，打造"京津冀""长三角""珠三角"环保产业集聚区。"一心"即以北京为中心，在全国范围内建立"1+N"综合服务型环保产业园区。将北京园区打造为世界级环保产业综合服务中心园区，培育发展具有国际竞争力的全国型环境综合服务园区，在全国范围内形成"1+N"综合服务型环保产业园发展格局。"三核"即以环保产业的"一带一轴"布局为基础，分别以天津、上海、广州为核心，打造以"生态环保服务""商业服务""技术贸易服务"为特色的功

能聚集区。"四重点"是以长沙、武汉、重庆、西安等城市为重点，布局我国中西部环保产业聚集区，在承接东部地区制造业转移的基础上，通过环保产业集聚建设，带动中西部环保产业的快速发展。

在地区园区建设层面，应依据国家关于集聚区建设的总体规划和要求，因地制宜，紧密结合当地环保产业基础和地区环境保护需求，制定符合地区实际，能够发挥地区优势和特色，满足地区环境保护需要，能够有效整合当地环保产业资源，促进环保企业实现资源共享、产业共生的集聚区建设规划，避免跟风、模仿，盲目建设；建立和完善集聚区管理规章制度，建立为集聚区企业服务的系统平台，为集聚区企业的发展提供良好的环境；在积极争取政府的政策支持的同时，积极探索市场化的运作手段，吸引有实力的投资商、环保企业参与集聚区的规划、建设和运营。

3. 培育扶持骨干企业发展，提高行业集中度

加快环保高新技术产业化，形成规模经济，需要提高产业的集中度，培育一支具有较强竞争力的骨干企业队伍。

①鼓励和支持环保企业与高校、科研机构合作，推进科技成果在工程实践中的应用，提升环保企业的技术水平，增强环保企业的技术竞争力。

②鼓励和支持创建环保产业技术创新联盟、国家急需的环保工程技术中心、重点实验室等，扶持在各专业领域具有一定实力的龙头环保企业发展，加速环保科技成果产业化进程。

③抓住经济结构调整和国有企业改革的有利时机，引导一些有条件的国有大中型企业，合资经营创办高新环保技术企业，利用其资金、人才、设备、管理的优势，形成环保产业的骨干企业。

④引导吸引具有较强投资实力的重资产企业投资环保产业，通过兼并收购环保企业、整合产业链等，形成具有投资、建设、运营等全产业链服务能力的大型环境综合服务企业。

⑤引导众多的规模较小的环保企业适应现代化大生产要求，进行资产重组，向规模化、集约化方向发展。

4. 推动环保产业与传统产业互动融合、协同共赢发展，拓展环保产业持续增长空间

要实现将环保产业培育成国民经济战略性支柱产业的目标，推动绿色发展，就必须大力推进环保产业与其他产业的融合发展，形成真正的大环保产业格局。产业融合是现代产业发展的重要特征，随着现代产业的不断发展，外延不断拓展，内涵不断丰富，产业间的融合进程不断加快。环保产业渗透性强、关联度高，既是钢铁、化工、纺织、生物等产业的下游产业（原材料使用者），又是对传统产业生产过程中产生的污染物进行处理控制的技术设备提供者。这种自然的融合关系为进一步互动、协同发展提供了条件和基础。

（五）强化产业基础性及社会化服务

1. 加强行业统计，建立供需两个维度的核心环保产业常态化统计制度

长期以来，我国环保产业调查统计工作存在以下问题：统计制度未实现常态化和规范化，一次性调查数据价值有限；现行调查的范围过于宽泛，对环保工作的支撑度不突出；一次性全面调查组织实施难度大，难以上升为定期制度；仅从供给侧调查无法掌握环保市场的实际规模与需求，难以反映环境保护政策落实及推进效果等问题。针对这些问题，建议将环保产业的统计范围聚焦到为环境污染治理和生态保护提供直接支撑的环境保护产品和环境服务两大核心领域，这里称其为"核心环保产业"，研究建立能够反映供需两个层面，更高效、更富时效、更能反映环保工作成效的常态化的环保产业统计制度及方法。

从产业供方维度，可建设两条路径，一是充分利用已有的统计调查制度（包括国家经济普查、工业定期报表制度，以及机械制造、石油化工、建材等相关行业的统计调查制度）获取环保产业数据；二是探索建立重点环保企业数据采集制度，通过实施非全量调查的重点调查，对部分典型企业进行定期统计跟踪，研判全行业的发展趋势。从产业需方维度，可探索利用具有成熟基础的环境统计制度获取环保产业相关数据。

2. 充分发挥行业组织及社会力量的服务作用

（1）发挥行业组织、科研机构、服务平台等的决策支撑服务作用

在环境保护规划、政策、标准制定过程中，充分吸收行业协会、学会、商会等行业组织意见，确保环境保护的政策标准措施与环保产业发展有机协调。在环保产业规划、政策措施的制定中，更多地依托相关行业组织、研究机构、服务平台开展前期深入调研、行业咨询与规划政策编制等，确保环保产业规划政策符合行业发展实际，便于政策的执行和落地。

（2）发挥行业组织及相关机构提供行业技术服务的作用

以中国环保产业协会、中国环境科学学会、中国环科院、环境规划院等为依托，建立国内外环境技术、市场、政策、法规、标准等信息平台，以及提供技术交流、技术推广、技术评价/验证、咨询服务、评估服务、人员培训、行业统计调查、信息收集、信息共享等技术性服务，为环保企业和环保产业发展提供良好的智力支撑。

（3）发挥行业组织和相关机构维护市场秩序、参与市场监管的作用

通过相关组织和机构开展第三方治理、综合环境服务、污染治理设施运行等绩效评估，协助政府部门对污染治理市场主体实施监督管理；支持中国环保产业协会等行业组织开展和推广环保企业信用等级评价、建立企业诚信档案和负面清单（黑名单）等，促进行业诚信建设，推进行业自律，引导环保企业健康有序发展，促进环保产业提质增效升级。

（4）支持"环境医院"等新业态发展

"环境医院"立足于解决复杂环境问题，通过"患者挂号，大夫出诊，药方抓药"实现需求和服务的高效对接。对政府而言，"环境医院"能切实解决环境问题，提高公众满意度。对环保企业而言，"环境医院"能够为企业带来更大市场，并因解决更大规模、难度更高的环境问题而提升企业地位和品牌价值。对于公众，"环境医院"是科普基地，是政、企、民良性沟通的友好界面。推动"环境医院"的市场化发展，前期可通过试点的方式，在亟须解决复杂环境问题的地区先行先试，探索可持续发展的建设和运营方式，同时，需要政府给予税收、土地、政策性资金、人才引进等方面的支持。

3. 深入推进信息公开，建立环保产业信息共享与公众参与机制

（1）大力推进环保产业信息公开

建立环保产业信息公开制度，以解决长期以来我国环保产业发展中信息缺乏、信息渠道不畅、信息不透明不对等问题。环保产业信息的内容主要包括环境管理与决策信息、环境污染状况信息、环境污染治理信息、环境保护需求信息、环保产业行业发展状况、环保企业、环保技术设备、环保投资等市场信息等。信息公开的主体包括政府、行业组织或其他机构、企业（污染企业和环保企业）三大类。

政府主体以发布环保产业需求信息为主，包括环境相关政策、环境管理制度实施情况、环境执法监督情况等。具体包括：环境法规政策、规划、标准，环境污染状况信息、重点污染源信息、环保设施建设及运行信息、投资信息、环境保护重点工程项目信息，以及环保核查、建设项目环境影响评价、环境监测、环境执法信息等。除个别涉及安全、敏感的信息外，政府应尽最大可能向社会公开信息，并确保信息的及时性、准确性与完整性。

行业协会、环境科研院所及相关机构以提供环保产业行业及市场信息为主，包括基于行业统计调查的环保产业市场规模、技术进展、热点及重点领域发展进展及未来趋势分析，环保企业发展动态、市场项目信息等。信息发布主体应保证所提供信息内容的客观性、真实性、准确性和可溯源性。

（2）完善环保产业公众参与机制

环保产业与环境保护密不可分，环保产业是环境保护事业的支撑，环境保护的公众参与即包含了环保产业的公众参与内容。在环境保护政策、规划、措施、环境保护标准制定，推动环保产业发展的政策、措施、标准的制定，以及污染源污染排放监督、环境治理工程建设、环保设施运营监督等方面全面引入公众参与，构建政府—社会—公众良性互动的环境保护和环保产业发展机制，以促进实现环境保护和环保产业决策的科学性、公正性和有效性。具体推进思路：一是以信息公开为基础，明确公众可参与的具体事项范围、形式和内容；二是解决公众参与渠道不畅问题，制定公众参与的程序，开辟公众参与的新路径，通过政府、行业协会、环保科研机构、公共服务平台、新闻媒体等多种渠道，综合运用网

站、报刊、微信、微博等媒体手段，进行广泛的宣传；三是完善制度建设，探索符合实际的公众参与模式和方法，加强政府部门与行业组织间的合作，确保环保产业公众参与工作持续健康发展。

（六）加强国际交流与合作

1. 注重"引进来"质量，以提升我国环保产业核心竞争力

紧紧围绕引进国外先进技术、消化、吸收与再创新这个重点，把引进与国内自主研发和创新结合起来，提升环保产业创新能力，提升环保产品和生产工艺的技术水平，加快重点领域重大技术和产品的开发步伐。

优化利用外资结构，提高利用外资质量，从利用外资单纯进口设备转变为利用外资进口设备和引进先进技术并举；从利用外资单纯进口成套设备转变为利用外资进口关键设备和国内制造并举；从偏重"硬件"（技术设备）引进转变为"硬件"和"软件"引进并举，更多地引进"软件"（管理经验），适当限制成套设备进口，推动我国重点领域设备的成套化、集成化。

2. 实施"走出去"战略，鼓励环保企业外向型发展

逐步扩大环境服务贸易规模，优化环境服务贸易结构，提升我国环保产业国际竞争力。推进环保技术与产品出口创汇、环境工程对外服务，鼓励和支持环保企业到境外承接环境投融资、环境咨询、工程建设、设施运营等系统化综合服务。以国家提出"一带一路"倡议为契机，通过组织开展多种形式的国际环保技术交流活动，与沿线国家共建环保技术合作园区及示范基地，支持中国环保企业承接沿线国家污染治理工程项目建设与运营服务等，进一步推动中国环保产业"走出去"。

参与和引领国际规则制定，破除环境服务贸易非关税壁垒，推动环境服务贸易自由化与便利化。加大对我国参与环境服务贸易领域国际谈判的支持力度，从而实现通过政府间协议、国际谈判机构、技术援助、培训、示范项目等推动我国环境服务贸易的快速发展。加大对出口产品与服务的支持力度，增加出口退税、减免国内税费；加强双边和区域环境合作，引进资金、先进技术和管理经验，完善有关产品和生产工艺的环境标准，促进对外贸易。

第三节　绿色发展中的路径选择

绿色发展有两条路径：一条是从高梯度地区向低梯度地区按顺序推移；另一条是无序的，或由低梯度地区向高梯度地区跨越。我们认为前者具有一般规律性。

一、梯度推移和反梯度推移理论

（一）梯度推移理论

梯度推移理论是将生产布局学和产品周期理论结合起来的产物。在生产布局学里，梯度被用来在地图上表现地区之间的经济发展水平的差距，以及由低水平地区向高水平地区过渡的空间变化历程。梯度图是这样编制的：首先在每个基层行政单位的中心，标出该地区的人均国民收入（或其他经济指标）数；其次，把数值相同的点用光滑的曲线连接起来；最后，经过比较，标出高、中、低不同的梯度。梯度图类似地形图，不过一圈圈表示的不是海拔，而是经济发展水平。按经济发展水平来划分，可分为高梯度地区、中梯度地区和低梯度地区三类。我国海拔的梯度是从东南沿海向中部地区、西部地区逐步升高，而经济发展的梯度则刚好相反，从东南沿海向中部地区、西部地区逐步降低。

梯度推移理论来源于产品周期理论。产品周期理论认为，产品是有生命周期的，它的一生要经历初创、成长、成熟、衰老四个阶段。

第一阶段：初创阶段，即产品的研制和开发阶段。在这一阶段，产品生产的技术尚未成型，研发费用在成本中占较大比重。对于发达地区来说，由于劳动力相对稀缺，所以寻找节约劳动力的生产方法是他们从事技术创新的主要动因。因为发达地区拥有较多的科技人员和较高的科技水平，所以能集中大批高素质的科技人员从事研发工作。由于资本相对丰富，所以发达地区能在研发设备上投入大量资本，并且承担风险的能力比较强。正因为这些原因，发达地区成为新产品输出地区。由于初创时期研发成本很高，所以新产品的价格也比较高，贫困地区买不起，买卖主要发生在少数发达地区。

第二阶段：成长阶段。当产品进入成长阶段以后，技术已经确定下来并被普遍采用，新进入的厂商不会受限于技术，因此企业之间的竞争比较激烈。为扩大生产和销售，企业投入大量资本，于是生产由技术密集型转变为资本密集型。由于发达地区资本充裕，所以产品将主要由发达地区向中部地区扩散。

第三阶段：成熟阶段。在这个阶段产品已实现了标准化，并普及到广大市场中，厂商的生产达到最佳规模。这时原材料与劳动工资是最主要的成本，尤其是低工资的劳动，成为本阶段决定产品价格的最重要因素。产品开始由中部地区向贫困地区输出。

第四阶段：衰老阶段。在这个阶段一方面由于出现了新产品，新产品在性能、品质等方面具有优势，老产品的价格大大降低；另一方面，在贫困地区有很多廉价原材料和劳动力，老产品及其生产便大量涌入了贫困地区。

区域经济学者将梯度的概念与产品生命周期理论结合起来，创造了梯度推移理论。其主要观点是：①区域盛衰取决于产业结构。区域经济的盛衰主要取决于产业结构的优劣，而产业结构的优劣又取决于主导产业的性质。如果一个地区的主导产业是朝阳产业，则说明这个地区不但当下经济发展实力雄厚，未来一个时期仍能保持住发展的势头。这种地区因此被列入高梯度地区。如果一个地区的主导产业是夕阳产业，则该地区经济发展必然缓慢，或已陷入危机之中。这种地区属于低梯度地区。②创新活动按梯度逐步推移。创新活动，包括新产业部门、新产品、新技术、新的生产管理与组织方法大多发源于高梯度地区，然后随着时间的推移和产品周期的变化，按顺序逐步由高梯度地区向中梯度地区和低梯度地区转移。这中间可能出现跨越，就是创新活动从一个高梯度地区像"蛙跳"一样越过一些低梯度地区直接到了另一个高梯度地区，但很少可能从高梯度地区越过中梯度地区直接到了低梯度地区。这是因为梯度不仅表明了收入水平的差距，也是接受新事物能力的差距。只有中梯度地区才有能力接受并消化发源于高梯度地区的创新部门和创新产品，才有能力把这些产品更广泛、更深入地销售到各自控制的市场中去。而低梯度地区尽管有这个愿望，却缺乏这个能力。如果不顾收入水平和接受能力的差距，想一下子就由高梯度地区跨越到低梯度地区，很可能欲速则不达，走更多的弯路。

（二）反梯度推移理论

梯度推移理论引入我国以后，引起了理论界的争论。大部分人还是赞成梯度推移理论的，但有一种观点认为，梯度推移理论必然会阻碍落后地区的开发建设，使落后地区只能亦步亦趋地跟在先进地区后面前行，永远赶不上先进地区。这同社会主义经济布局的基本要求是矛盾的，也同世界新技术革命给落后国家、落后地区带来的跨越发展的机会不相适应。现有生产力水平的梯度顺序，不一定就是引进和采用先进技术和经济开发的顺序。引进和采用先进技术只能由经济发展的需要和可能来决定。只要经济发展需要，而又具有条件，就可以引进先进技术，进行大规模开发，而不管这个地区处于哪个梯度。低梯度地区也可以直接引进和采用世界最新技术，然后向中梯度地区、高梯度地区进行反推移。这是反梯度推移论。

还有一种观点认为，技术的空间推移可分为三种类型：一是纯梯度式，二是纯跳跃式，三是混合式。这三种形式都是存在的，但在不同时代、不同国家，三者作用的大小不同。在生产力水平低下的时代，由于空间推移的规模很小，速度很慢，这时梯度推移的作用明显；随着生产力的发展，特别是运输、通信手段的现代化，技术空间推移的规模持续扩大，推移的速度不断加快，这时跳跃式就起作用。在同一个历史时期内，在发达国家，跳跃式占优势；在不发达国家，梯度式占优势。这种观点被称为并存论。

梯度推移理论讲的是大多数情况，并不排斥个别技术发源于低梯度地区，再向中梯度、高梯度地区转移。反梯度推移理论认为，只要经济发展需要，而又具有条件，就可以引进和采用先进技术。那么这个经济发展需要和条件又是由什么决定的？当然还是由经济发展的梯度决定的。处在什么梯度，就会有什么样的需要和条件。没处在那个梯度，就产生需要和条件，这只是个别情况、偶然现象，不能作为规律。

二、梯度推移与跨越模型

200 多年前，法国科学家乔治·居维叶（Georges Cuvier）创立了灾变学说，用以说明地层断裂、大陆海洋的变迁这些突变现象。他说，微小的作用力即使连续作用数百万年也不可能产生诸如阿尔卑斯山那样的岩层断裂和倒转。但后来，人们发现了大量连续变化引起突然作用的事例，如 1969 年英国物理学家托马斯·安德鲁斯（Thomas Andrews）发现，可以不经过沸腾而通过一系列中间过渡状态就由液体变成气体。尽管如此，真正从理论上搞清楚连续变化引起突然变化的机制问题，却不是一件容易的事情。不过，这个问题终于解决了。有趣的是，它首先不是在物理学或别的学科解决的，而是在数学学科解决的。

人们早已掌握了连续变化的数学工具——微分方程，也掌握了描述不连续变化的数学工具——概率论。那么，如何来描述那些界于连续变化与不连续变化之间的过程呢？这类问题虽然棘手，但在化学、生物学乃至社会科学中又十分常见。

突变理论研究了自然连续变化引起突变的机制，并试图用统一的数学模型来把握它们。托姆经严格推导，证明了一个重要的数学定理：当那些导致突变的连续变化因素少于四个因素时，自然界形形色色的突变过程都可以用七种最基本的数学模型来描述，它们分别是折叠型、尖点型、燕尾型、蝴蝶型、双曲型、椭圆型和抛物型。这些模型具有高度的概括性和普适性，已引起了数学家、哲学家、自然科学家和社会科学家的广泛关注。我们这里仅用其中的一个模型——尖点模型。

我们知道，水由液态变为气态有一条途径，就是把它加热到100℃，让它沸腾。还有没有别的途径呢？有的，就是控制温度、压力等参数，让水避开沸腾过程由液态连续地变为气态。

根据同样原理，我们可以用尖点模型描述一下区域经济的梯度变化过程。曲面上每一点表示不同的生产力水平，曲面由高到低，表示所处的梯度由高到低。中间也有个光滑的折叠，折叠中间表示生产力的不稳定状态，其他部分是稳定状态。产品生产由高梯度地区到低梯度地区有两条途径：一条是梯度推移，表示随产品周期的变化，产品生产由高梯度地区按顺序经过中梯度地区，然后到低梯度地区。这中间绕过了尖点，是个平稳的变化过程。另一条是梯度跨越，即产品生产由高梯度地区不经过中梯度地区，直接到达低梯度地区。这中间要经过不稳定区域，是个飞跃。

有人会想：既然可以梯度跨越，为什么还要梯度推移呢？处在低梯度地区的人们渴望很快改变落后面貌的心情是可以理解的，但梯度跨越的代价是很沉重的，需要慎重考虑。梯度跨越的一个代价就是动荡，因为它要经过一个不稳定区域。

梯度跨越的另一个代价是容易产生过热现象和过冷现象。过热现象和过冷现象是许多跨越过程都出现的现象，例如，我们用纯净水做实验，并排除振动等干扰，就可以知道水在常压下并不是加热到100℃就沸腾，而是要超过100℃；水蒸气在常压下并不是温度到达100℃就会冷凝，而是要低于100℃。

三、绿色发展的梯度推移

绿色发展的路径和经济发展的路径是一致的，因为发展是硬道理，绿色只是它的一个约束条件。我们之所以认为我国的绿色发展是从东部地区发源，然后向中部地区、西部地区按顺序渐进式推移，有以下几个原因。

一是因为东部地区经济比较发达。一方面，东部地区经历了先发展后治理的过程，资源浪费和环境污染问题比较严重；另一方面，东部地区人们的生活水平高，对环境和健康问题比较重视。这样一来，绿色发展既有需求又有供给，很快就形成了共识。生态文明和物质文明是对立统一的关系，没有物质生产，就没有生态文明；没有生态文明，物质文明又失去了约束。只有两个文明相互促进、相互约束，才能共同发展。东部地区具备了这个条件，所以就有了绿色发展。

二是因为绿色发展需要制度保障和经济保障，而这都是和一个地区的制度水平和经济发展水平相联系、相匹配的。经济发展沿着从东部到中部再到西部的路径展开，绿色发展也只有沿着这个路径展开，才能水到渠成、瓜熟蒂落。只有经济发展到一定程度，人们的环境意识才能得以强化，人们才能把对美好生活的向往转化为行动自觉。

三是绿色发展是个新生事物，道路坎坷曲折，只能"摸着石头过河"，容不得跨越或抄近路。西部有的地区提出了"跨越式发展"的口号，之所以鲜有成功的案例，就是因为这样要冒很大的风险，要在环境上做出很大的牺牲和让步。所以，绿色发展一定是循序渐进的，而不是突飞猛进的。

四是西部地区不能再走资源依赖的老路，也不能再走先发展后治理的老路。东部地区依赖的资源是不可移动的，如沿海、近江的地理优势，可以节省交易成本。西部地区拥有的资源大多是可移动的，如石油、煤炭。这样的资源容易让人产生依赖心理，从而忽视本身素质的提高和产业结构的升级换代。先发展后治理的机会成本也很高，污染起来很容易，治理起来却很难。应该认真接受东部地区和中部地区的经验教训，走出一条西部绿色发展的新路子。

第四节　新发展理念中的其他理念

新发展理念包括创新、协调、绿色、开放、共享这五个方面。它们既是独立的，各有不可替代的功能，又相互渗透，紧密地联系在一起，形成了一个完整的体系。

一、创新发展理念

改革开放多年来，我国经济快速发展主要源于劳动力和资源环境的低成本优势。进入发展新阶段，我国在国际上的低成本优势逐渐消失。与低成本优势相比，创新具有不易模仿、附加值高等突出特点，由此建立的创新优势持续时间长、竞争力强。实施创新发展战略，加快实现由低成本向创新优势的转换，可以为我国持续发展提供强大的动力。

在创新发展中科技创新具有重要意义。科技创新不是简单的线性递进关系，也不是一个简单的创新链条，而是一个复杂的全面的系统工程。这个系统工程有很多主体参与，有很多要素互动。这里主要有两种力量推动了科技创新，一种是作为推动力的技术进步；另一种是作为拉动力的应用创新。技术进步是技术不断发展、完善和新技术不断代替旧技术的过程。应用创新就是以用户为中心，注重用户创新，发现用户的现实与潜在需求，进一步提供技术进步的动力。技术进步和应用创新这两个力量可以被看作既分立又统一、共同演进的一对"双螺旋结构"。

最能说明创新双螺旋的例子莫过于手机的创新了。由于半导体技术的进步，使手机发展成为智能手机，功能不断增多，应用越来越广，由原来简单的通话、短信，发展成为集摄影、照相、支付、导航、游戏、视频、网购等功能于一体的小电脑。随着智能手机的兴起，传统的照相机、报纸、杂志、电视等行业日渐萧条，连小偷都要失业了。这是好事还是坏事有待人们评说，但无可争辩的事实是，创新改变了一切，这是历史潮流，顺之者昌，逆之者亡。

二、协调发展理念

协调发展主要解决经济发展不平衡的问题，而这主要是由地区差距引起的。经济发展之所以不平衡，主要原因是一些地区拥有沿海沿江等地缘优势，而另一些地区则没有这些优势。所以在同样的制度条件下，我国东部地区发展就快，西部地区发展就慢。要想解决发展不平衡的问题，除了西部地区自己的努力以外，中央政府还需要对西部地区予以扶持，使各地区实现协调发展。但由于中央政府所掌握的资源也是有限的，所以要采取适当措施促进东部地区与西部地区的合作，以减轻政府的压力。

地区之间的合作与地区差距有密切的关系，差距比较小的，合作比较容易；差距比较大的，合作比较困难。这是因为，差距比较小的，合作双方都能获利，每一次合作都是一次帕累托改进，双方合作的积极性就高；差距比较大的，富裕地区就很难在合作中获利，合作的积极性就低。而在我国的东部和西部地区，有的地区差距比较大，有的地区差距比较小，所以中央政府要区分不同情况，花大力气促进差距比较大的地区的合作，把好钢用在刀刃上，以降低协调成本，提高协调效率。

三、绿色发展理念

绿色经济的绿色发展理念是实现可持续发展的重要途径，其核心在于促进经济增长与环境保护的协调发展。以下是绿色经济的主要绿色发展理念：

（一）绿色发展、低碳发展和循环发展的协同

绿色经济强调将绿色化、低碳化、循环化理念融入到资源开采、产品制造、商品流通、产品消费和废弃产品回收再生利用的整个过程，以实现碳达峰碳中和目标为引领，积极推动能源革命，大力发展可再生能源和新能源。

（二）政府引导与市场调控的结合

推动绿色低碳循环发展需要政府的参与，建立健全正向激励和负向约束机制，同时充分发挥市场的导向性作用，激发企业和公众的绿色发展积极性。

（三）绿色低碳循环发展的法治轨道

加快推动相关法律法规的绿色化进程，统筹推进应对气候变化法、能源法、煤炭法、电力法、节能法、可再生能源法等法律法规的制修订，构建起体现国家和地区特色、指标水平先进、系统完整的绿色环保、节能低碳和资源循环利用标准。

（四）绿色投融资机制建设

通过推广绿色电力证书交易等手段，倒逼企业使用新能源、鼓励节能节电，促进资源节约和高效利用，为绿色低碳发展建立更高质量的正确价格信号体系。

四、开放发展理念

开放发展就是拆除障碍，让商品、服务和生产要素能够在国家之间、地区之间流动。流水不腐，户枢不蠹，可见流动的重要性。各种生产要素就像血液一样，只有流动起来才能使机体充满活力。

五、共享发展理念

共享发展主要解决的是社会公平正义问题。所谓共享，顾名思义就是说发展

的成果不能只是少数成员享有，也不能只是大多数成员享有，而是社会全体成员共同享有，一个都不能少。

（一）共享不是平均享有

共享不是发展成果由社会全体成员平均享有。平均主义损害了人们提供劳动、资本、土地和企业家才能的积极性，而这些生产要素供给不足，会导致发展成果这块大饼越做越小，每个社会成员分到的也只能越来越少。所以，发展成果只能根据每个社会成员在社会财富创造中所提供的生产要素的多少来分配，不仅是多劳多得，而且是多资多得、多地多得、多能多得。如果仅仅是多劳多得，人们提供资本、土地和企业家才能的积极性就会受到影响，而这些要素的提供也是创造社会财富的必要条件。在市场经济条件下，生产要素的价格是由供给与需求来决定的，当某种要素供过于求时价格就低，提供这种要素的社会成员的收入就低；当某种要素供不应求时价格就高，提供这种要素的社会成员的收入就高。于是在市场的调节下，生产要素就会向最缺乏、最需要的地方流动，资源就能得到有效的配置。但与此同时，人们的收入差距也显现出来了。这不是坏事，能对市场起到激励的作用。只要市场交易是公平的，不存在强买强卖等不正当竞争现象，那么这种收入差距就是公平的，不存在谁剥削谁、谁压迫谁的问题。但如果这种收入差距过大，出现了两极分化，就会对社会公平和正义提出挑战。这个问题市场无法解决，必须依靠政府出面，通过税收、政府补贴等方式予以调节。

（二）教育和医疗的共享是最大的共享

社会成果的分配主要是由生产要素的供求关系决定的，但社会上总有一些成员由于种种原因不能提供任何生产要素，比如正在接受教育的学生，或正在接受治疗的病人。他们是不是就不能享受发展成果了呢？不是。如果是的话就不叫共享了。这时候需要政府出面给这些社会成员以补助。我们现在用一个模型来说明，政府给教育和医疗的补助，比对所有行业的平均补助更能提高社会福利水平。

我们说教育和医疗的共享是最大的共享，第一是因为教育能提高人的素质，提高人的生产能力，而医疗能够保障人的身体健康，维护人的生产能力。第二是因为教育和医疗的共享是社会最公平的共享。因为现代社会每个人都会接受教育，每个人都会生病，政府加大对教育和医疗的补贴，每个人都会从中受益。当然，由于每个人的禀赋和身体素质不同，受教育和生病的机会不同，享受的补贴也会不同，但多少都能享受得到，这就是共享的本来含义。

（三）共享的类型与边界

绿色发展的成果如果是公共物品，那么共享是没有问题的，因为公共物品具有非排他性和非竞争性。如果不是公共物品，那么共享就有一个前提，那就是对发展成果进行分配时，要使各方的利益都有所增加，而不是减少或不变。

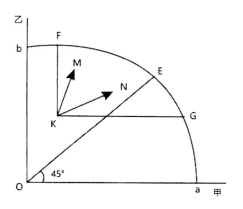

图 6-1　共享的类型与边界

在图 6-1 中，假设某个社会由甲和乙两个人组成，横轴表示甲的利益，纵轴表示乙的利益，ab 是现有制度条件下的利益可能性边界，OE 表示利益平均线，K 表示现实的利益分布点，则由 K 点到直角扇面 KGF 中任何一点均为社会利益的帕累托改进。比如从 K 到 M，两人的利益都有所增进，只不过乙的利益增加得多，甲的利益增加得少。又如从 K 到 N，两人的利益也都有所增进，只不过甲的利益增加得多，乙的利益增加得少。但是从 K 到 G（或 F），表明甲（或乙）的利益增加了，但乙（或甲）的利益并没有增加，虽然也是帕累托改进，却表明乙（或甲）没有享受到成果，不能称为共享。所以，KG、KF 是共享边界。我们要避免跨越共享边界，使每个人都能享受到社会进步的胜利果实。

共享不仅有边界,还有不同类型。因为 KM 离平均利益线 OE 越来越远,表明两人的收入差距越拉越大,称为发散型共享。因为 KN 离平均利益线 OE 越来越近,表明两人的收入差距越拉越小,称为收敛型共享。因为实现共同富裕、缩小贫富差距是社会主义的目标,所以政府应更多地支持收敛型共享。

由于 K 靠近纵轴,表明乙的利益积累得多,比较富裕;甲的利益积累得少,比较贫穷。所以,甲对收敛型的共享更感兴趣,对发散型的共享则缺乏兴趣,但还可以接受。达到或超过 KG 则不行了,所以 KG 也被称为甲的底线。那么能不能由此推断 KF 是乙的底线呢?还不能这么说,这是因为乙本来就比较富裕,与甲的差距拉大并不符合自身的长远利益,所以会愿意在一定条件下将自己的利益与甲分享。这种分享可能暂时会使乙的利益受损,所以不属于帕累托改进,但因为对社会的整体利益有好处,乙也因此可以从中得到某种补偿,所以可称为卡尔多—希克斯改进。

参考文献

[1] 王振. 中国区域经济学 ［M］. 上海：上海人民出版社，2022.

[2] 丁玉龙. 数字经济、信息通信技术与绿色发展 ［M］. 芜湖：安徽师范大学出版社，2022.

[3] 胡天杨. 双碳目标下绿色金融助推绿色发展的理论机制与评价 ［M］. 武汉：武汉大学出版社，2022.

[4] 梁坤丽. 高质量发展资源经济的绿色发展转型研究 ［M］. 北京：中国商务出版社，2023.

[5] 蔡森. 我国绿色金融创新发展策略研究 ［M］. 北京：九州出版社，2018.

[6] 李志青. 绿色发展的经济学分析 ［M］. 上海：复旦大学出版社，2019.

[7] 岳利萍，康蓉，李伟. 绿色发展的政治经济学 ［M］. 北京：中国经济出版社，2019.

[8] 高伟. 小城镇绿色低碳发展的路径与对策 ［M］. 北京：中国发展出版社，2018.

[9] 宋琳琳. 坚持绿色发展建设美丽中国 ［M］. 沈阳：辽宁人民出版社，2019.

[10] 范恒山. 绿色发展的思路与机制 ［M］. 北京：中国言实出版社，2023.

[11] 王树众. 碳中和与能源绿色发展 ［M］. 西安：西安交通大学出版社，2023.

[12] 赵泽林，欧阳康. 中国绿色发展理论与实践研究 ［M］. 武汉：华中科学技术大学出版社，2023.

[13] 伍业钢，李百炼. 生态关系中国绿色发展的生态智慧与生态技术 ［M］. 南京：江苏凤凰科学技术出版社，2023.

[14] 汪京序，郭廓，吴丽娜. 生态文明背景下绿色发展路径问题研究 ［M］. 长春：吉林人民出版社，2021.

[15] 杜建国，许玲燕，金帅. 推进绿色发展的路径选择与保障机制研究 ［M］. 上海：上海三联书店，2021.

[16] 刘文玲，桑晶. 企业绿色发展模式研究基于典型企业案例 ［M］. 北京：中国发展出版社，2021.

［17］王康，赵志强. 绿色投资对经济发展的影响研究［M］. 长春：吉林出版集团股份有限公司，2023.

［18］丁黎黎. 中国海洋经济绿色增长效率评价及提升路径研究［M］. 青岛：中国海洋大学出版社，2023.

［19］王仲颖，高虎. 建设资源节约、环境友好的绿色发展体系研究［M］. 北京：中国经济出版社，2019.

［20］任阳军，田泽. 中国绿色经济效率的测度与提升对策研究［M］. 南京：河海大学出版社，2022.

［21］高明华. 经济新视野绿色经济背景下企业碳排放信息披露研究［M］. 厦门：厦门大学出版社，2022.

［22］徐夏楠. 中原经济区绿色低碳发展行动方案［M］. 北京：中国经济出版社，2018.

［23］王明喜，罗昊. 碳市场推动首都经济绿色转型机理与经验［M］. 北京：中国经济出版社，2022.

［24］贺腊梅. 绿色发展背景下旅游经济增长研究［M］. 成都：四川大学出版社，2022.

［25］张文博，权衡，王德忠. 生态文明建设视域下城市绿色转型的路径研究［M］. 上海：上海社会科学院出版社，2022.

［26］贾君君. 绿色经济学［M］. 合肥：合肥工业大学出版社，2020.

［27］孟根龙，杨永岗，贾卫列. 绿色经济导论［M］. 厦门：厦门大学出版社，2019.

［28］唐动亚，吴加恩，康贺. 当代中国绿色经济发展研究［M］. 长春：吉林人民出版社，2019.

［29］冯长. 生态文明与绿色经济研究［M］. 北京：北京工业大学出版社，2018.

［30］周长益. 绿色发展经济学概论［M］. 杭州：浙江教育出版社，2018.